中国历代张天师评传

主编 张金涛 执行主编 盖建民

中国历代张天师评传 卷二

张崇富 著

江西人民出版社
Jiangxi People's Publishing House
全国百佳出版社

《中国历代张天师评传》编委会

张金涛简介

张金涛，男，贵溪市人，汉族，1964年9月11日生，系祖天师张道陵血胤后裔。1983年入道教正一派。同年，经中国道教协会会长黎遇航推荐入北京中国道教学院学习，两年后以优异成绩毕业。1986年当选为中国道教协会理事，同年，当选为江西省政协委员。1987年起任嗣汉天师府主持，同年当选为鹰潭市政协常委、市人大代表、江西省青联副主席、中华全国青联常委。1991年，被授“大法师”称号。1992年当选为中国道教协会常务理事。1994年，被推选为龙虎山道教协会会长。同年，被美国夏威夷中华文艺大学授予“道学硕士”学位。2003年当选为第十届全国人民代表大会代表、鹰潭市月湖区政协副主席。2005年，当选中国道教协会副会长。2007年当选为第十一届全国人民代表大会代表，并当选为江西省道教协会会长。2011年当选为鹰潭市政协副主席。2013年再度当选为第十二届全国人民代表大会代表。

自1987年主持嗣汉天师府工作以来，他率领全府道众坚持走爱国爱教道路，承上启下，继往开来。多方筹集资金，重建了头门、二门、法箓局、玄坛殿，修复了万法宗坛，兴建了玉皇殿、敕书阁等天师府的主体建筑,使破旧的天师府焕然一新。同时，他先后多次率团出访马来西亚、美国、澳大利亚、印度尼西亚、新加坡及港澳台地区，弘道扬法不遗余力。并主编了《中国龙虎山天师道》、《道教文化管窥》、《嗣汉天师府志》等著作，积极参与编辑出版《龙虎山道教音乐谱集》、《天师道音乐磁带》及天师府风光VCD光盘，发表道教学术论文数十篇。2013年5月，由龙虎山道协申报的“龙虎山古建筑群”被评为第七批全国重点文物保护单位。2010年，天师府和鹰潭市道协被评为江西省“创建和谐寺观教堂”先进集体。同年天师府、正一观分别被评为“江西省重点宫观”。2013年7月，“正一天师道音乐”列入第四批国家级非物质文化遗产名录。由于他在抢救天师道文化和开展社会慈善等方面贡献突出，1987年被江西省人民政府授予“宗教为四化建设服务先进奖”，1993年被中国道教协会授予“全国道教爱国爱教先进个人”等称号。他的事迹已载入《中国当代名人录》。

盖建民简介

盖建民，男，1964年2月9日生。哲学博士，现任教育部人文社会科学重点研究基地四川大学道教与宗教文化研究所所长，教授、博士生导师，国家“985”工程四川大学“宗教、哲学与社会研究创新基地”学术带头人，《宗教学研究》副主编，2004年入选教育部首届新世纪优秀人才。主要从事道教历史与文献、道教医学、道教科技研究，著有《道教金丹派南宗考论——道派、历史、文献与思想综合研究》（北京：社会科学文献出版社，2013）、《道教医学》（北京：宗教文化出版社，2001）、《道教科学思想发凡》（北京：社会科学文献出版社，2005）、《道教医学导论》（台北：中华道统出版社，1999）、《科学淘汰与科学汲取》（桂林：广西师范大学出版社，1996）等个人专著；主编《道教科技研究丛书》，合作主编普通高等教育“十五”国家级规划教材《中国宗教通论》（北京：高等教育出版社，2006）；合著《中国道教思想史》《道教医学精义》《道教文化新典》等多种；辑校有《白玉蟾文集新编》（北京：社会科学文献出版社，2013）《白玉蟾诗集新编》（北京：社会科学文献出版社，2013）；参编《三玄与丹道养生》、《金丹派南宗》（甲乙丙）、《方域道迹考原》等系列专集12部（台北：中华道统出版社1999—2002年，副主编）。

专著《道教科学思想发凡》荣获教育部第五届人文社会科学研究优秀成果奖(2009年9月)暨福建省政府第七届社会科学优秀成果一等奖（2007年12月），专著《道教医学》荣获福建省政府第五届社会科学优秀成果一等奖（2003年10月）。主持完成国家社科基金项目《道教金丹派南宗研究》（2011年优秀结项成果）、教育部重点研究基地重大项目《道教科技文献的整理与研究》等，目前主持国家社科基金重点项目《道教与中国传统天文历法互动关系研究》。

目　录

第一章

第十二代天师张恒评传

一、博通经史 分形化景

第十二代天师张恒，字德润。第十二代天师的名字，有点争议。《龙虎山志》、《汉天师世家》和《江西通志》都称第十二代天师为张恒，而《历世真仙体道通鉴》、《三洞群仙录》以及白玉蟾的《赞历代天师》[①]则称第十二代天师为张仲常。不过，无论是张恒还是张仲常都是字德润，这些文献所述的第十二代天师的生平事迹也完全一致。因此，张恒和张仲常，很可能就是同一个人的两个不同的名字。至于张恒为什么又叫张仲常的复杂问题，我们就此避开，权且交给考古学家去处理。

张恒为第十一代天师张通玄的长子，乃是天师世家中一等聪明的人物。张恒还在很小的年龄时，就表现出了惊人的记忆力。据说他能够一目十行，只要是看过的经史书传，就能过目不忘，家中的藏书很快被他浏览一遍，父母不得不从外面借书来满足他惊人的求知欲。少年时期的张恒随着多年书卷的陶冶，气质文雅，一表人才。随着年龄的增长，他的学识才智已远远超过了他的同辈。不仅如此，《龙虎山志》夸他“天资敏达”，他虽然嗜书如命，博闻强识，但绝非读死书、死读书的书呆子。“敏达”就是敏捷通达的意思，也就是说张恒对在学习

① 盖建民著:《道教金丹派南宗考论:道派、历史、文献与思想综合研究》，社会科学文献出版社 2013 年版，第 1032 页。

和生活中遇到的问题反应非常敏捷，而对掌握的知识也能够融会贯通、举一反三。用今天的话来说，张恒简直就是一位学识渊博、拥有创造性思维的创新性人才。更重要的是，张恒并不因为自己的聪明才智而看不起他人，他为人极为谦逊，处事低调、不居功、淡泊名利、礼敬师长、孝悌忠信，口碑极佳。正因此，张恒的学识和品德深受他的老师、父母和族人的青睐和器重。张恒的父亲张通玄天师，深谙"人弘道，非道弘人"的道理，天师道未来的发展关键是人才，故心中暗暗将他列为继承天师之位的不二人选，对他寄予厚望，疼爱有加，大加栽培。张恒也不负众望，家传的经法符箓、斋醮科仪、天文术数、堪舆风鉴、卜筮医术，一点即通，一学即会，大有长江后浪推前浪，青出于蓝而胜于蓝的趋势。就在第十一代天师张通玄 97 岁羽化登仙之后，张恒以极高的声望被族人推举为天师道第十二代嗣教天师。

如果说第十一代天师张通玄以符水治瘟疫、救人无数而闻名遐迩的话，那么，第十二代天师张恒自继承家学以来，除天资敏达、博学多才外，更以擅长幻术而远近闻名。张恒擅长的幻术令人眼花缭乱，如点石成金、撒豆成兵、划地成河、撮土成山、装天缩地、移物搬运、冬日开花、旱地钓鱼、变无变有、变大变小等。凡是亲眼看过张恒展示幻术的人，无不感到震撼。因为这些幻术表演，彻底颠覆了人们对这个世界的固定的看法和刻板的印象，感到这个世界并非像我们的各种感官所感受到的那样，还存在着各种更神秘更无法解释的现象。《道德经》云："上士闻道，勤而行之；中士闻道，若存若亡；下士闻道，大笑之。"这恰恰是说明天师道发展必须面临不同的群众基础：有些人上根利器，有些人资质平平，有些人顽劣难化。张恒深知面对不同的人群，就要用不同的方法去接引他们。众所周知，炫耀幻术，乃是修道者的大忌，也跟张恒低调的性格极不相符。又有多少人知道张恒是希望用这种方法去接引那些下根之人，从而达到道被众生、弘扬道法的目的，不过，普通人哪里知道张恒的良苦用心呢？看过他表演幻术的人，一传十十传百，张恒的名声很快就传了出去。

二、高宗召见　无为对答

虽然天师世家，人才辈出，高道如林，然而天师道的发展却并未因此而一帆风顺。自从第三代天师张鲁归顺曹魏之后，天师道在中原地区得到发展，随后向东南传播。由于失去了汉中及二十四治的根据地，天师道的教团组织日渐涣散，因此魏晋时期如何整顿天师道教团、如何挽回天师道发展的颓势，就成为那个时代天师道发展的核心问题。在北方，寇谦之大声疾呼“专以礼度为首”，对天师道的教义和制度进行了全面的改革，建立新的天师道教团。在南方，第四代天师张盛携印、剑、经箓自汉中入龙虎山，重新修复老祖天师张道陵原来的玄坛及丹灶遗址，并于每年以三元日（正月十五、七月十五、十月十五）登坛传箓，天师道的法脉因此源源不绝。不过，随着天师胤嗣在各地的散开，声称天师后人的人不少，私传法箓的人也有，更为严重的是，有些地方甚至还出现了假冒嗣教天师而行骗的事情。这种事情也让唐朝的统治者极为头疼。众所周知，唐朝乃是中国历史上最为强盛，同时也是极为崇道的一个朝代，唐代的皇帝为了达到“君权神授”的目的，宗老子为祖先，认道教为本家，全国上下掀起了崇尚道教的热潮。在这种时代风潮的背景之下，得到了太上老君真传的祖天师张道陵及其后裔自然就成为人们关注的焦点。祖天师张道陵的后裔都在哪儿？天师道的法脉传承情况如何？谁才是当今真正的嗣教天师？上次全国流行的大瘟疫，多亏了张通玄天师出手，用符水祛除瘟疫，解救百姓疾苦，功德无量。这次，第十二代天师张恒善幻术的事情，又传到唐高宗李治的耳朵里，此时的高宗刚即位不久，他非常好奇，立即派使者去龙虎山召请张恒。唐高宗想亲自验证一下这位被人们传得神乎其神的天师，因为他心里有太多的谜团亟待解开，所以，盼望张恒能够早点到来。

那么，唐高宗是何许人也？唐高宗李治（628－683），为唐太宗李世民第九个儿子，唐朝第三任皇帝，即位后废黜皇后王氏，立武则天为皇后，在位时间达34年之久。如果说唐高祖李渊是宗老子为祖先，认道教为本家的始作俑者，那么唐高祖李治则把这崇尚之风推向了高潮。唐高宗在乾封元年（666）率先封老君为“太上玄元皇帝”，将《道德经》列为上经，使之成为选拔人才必须学习的考试内容。唐高宗的第二个举措就是将道士道姑隶归于管理皇室宗族事务的机构“宗正寺”管理，实际上就等于是承认道士和道姑是皇帝的本家，这极大地提高了道士和道姑的社会地位。从唐高祖李渊开始，唐朝的皇帝对张天师后裔的兴趣有增无减。在当时全国上下都传唱着吴筠一首叫着《龙虎山》的诗：

道士身披鱼鬣衣，白日忽上青天飞。龙虎山头好明月，玉殿珠楼空翠微。

据说当年太上老君亲自授予祖天师张道陵雌雄二剑、都功印、二仪交泰冠、驱邪被褐、鱼鬣衣、方裙朱履等宝物。这些宝物今天都在何处？当今嗣教天师是不是跟张道陵天师一样是活神仙呢？这个都使得唐高宗的好奇心有增无减，而张恒善于幻术的传闻，则直接促成这次召见事件。

《四库全书》史部，诏令奏议类，诏令之属，《唐大诏令集》卷九记载唐高宗册封张道陵和陶弘景的事实，这显示了唐高宗对天师道的重视。诏令如下：

后汉张天师教达元和，德宗太一正一之道，幽赞生灵；梁中散大夫贞白陶先生，高尚尘表，博达玄微，综辑真经，传授后学。并令有司审定子孙，将有封植，以隆真嗣，天师册为太师，贞白册赠太保。

张恒风尘仆仆来到长安，受到了唐高宗的礼遇。高宗见天师，仙风道骨，心中大喜，不禁开口就问："天师，听说你们天师世家都是留侯张良的后人，祖天师张道陵是留侯第几代孙？嗣教天师传到你这里应该是第几代了？"

"回陛下，祖天师张道陵为老祖留侯的第十代孙，嗣教天师传到我这里是第十二代了。"

"听说祖天师先在蜀中鹤鸣山创教，天师的后人怎么到了江右龙虎山呢？"

"陛下，江右龙虎山本来就是祖天师炼大丹的场所，丹成之后神兽白虎衔符而至。后老君亲自授予祖天师剑印等宝物，前往蜀中青城山战鬼降魔，降服了'六大魔王'、'八部鬼帅'，立二十四治，传播'正一盟威之道'。第四代天师张盛，于西晋永嘉年间回江西龙虎山，寻找祖天师炼丹遗址，重修宫观，逐步发展。于是，龙虎山逐渐就成天师一系的祖庭。"

高宗感叹道："没想到天师世家还如此曲折！那么，天师，我非常好奇，老君授予祖天师的那些宝物都是些什么？如今还在吗？"

"陛下，这些宝物是汉安元年正月十五日，老君授予祖天师的。有三五都功诸品经箓、三五斩邪雌雄剑、玉印、鱼鬣衣，二仪交泰冠、通天玉简。不少老君亲授的宝物都遗失了。如今，三五斩邪雌雄剑仅剩一把；'阳平治都功印'一颗、丹印一颗，祖传卞和玉印一颗，三五都功诸品经箓大都还在，别的东西，历经战乱和火灾都不幸遗失了。"

高宗听完此言，深感惋惜。接着又问："天师，为什么老君所传的印，名字叫'阳平治都功印'呢？"

"回陛下，印文上的'阳平'就是指阳平山，是天师所立二十四治中的首治。所谓的'治'，就是修道用的净室，是神仙修炼的场所。'都功'是经箓的名称，也是神仙之品位。'阳平治都功印'也是制服鬼神的重要法器，为正一宗坛的镇坛之宝，历代天师亲自收藏，凡上章、书符，都是必用的。正一之道的箓、法和印必须配套使用，否则就没有威力。”

“原来这样。”唐高宗说，他今天算是对龙虎山天师道的知识恶补了一番。

“天师，我听说世上不少人假称自己是天师后人，嗣教天师。怎样才能区别真伪呢？”

“陛下，这个很简单。嗣教天师都拥有祖天师传下来的三五斩邪雌雄剑、阳平治都功印和经箓。如果没有这些法信，又妄称天师的人必定是冒牌。”

高宗召见张恒天师之时，也正是其初膺大任之际。唐高宗深感国事纷扰，千头万绪、错综复杂，每每力不从心，一筹莫展。因此，每遇方外高人，总喜欢问一个相同的问题：“什么才是治国安民之道？”

这个问题是一个十分难回答、十分棘手的问题。皇上问这个问题时，并没有什么负担，传出去大家只会说皇上为人谦卑，礼贤下士。但是如若处置不当，回答者就会变成帝王之师，变成训导皇上，伤及九五之尊的颜面。另外，高宗也借这个问题来考察被问的人，回答者的学识，往往会因此而显露无遗。这个问题似乎成为唐高宗的撒手锏，屡试不爽。

“陛下，臣乃一介山野草民，哪敢谈什么治国安民之道？若说治国安民之道，太上玄元皇帝老君早就说过了：‘治大国若烹小鲜。’昔汉文帝、汉景帝以德化民，轻徭薄赋，与民休息，结果国力大增、人民殷实，史称‘文景之治’。我大唐高祖皇帝和太宗皇帝，任人唯贤、知人善用、广开言路、以农为本、厉行节约，结果出现了能跟‘文景之治’相媲美的‘贞观之治’。究其实质，都是以老君的无为思想为治国的根本。当今万民正逢太平盛世，天下得陛下为主，实乃万民之福啊！”

张恒天师的一番话，正说到高宗的心坎上，于是龙颜大开。唐高宗李治自己本身是非常推崇老子的“圣人处无为之事，行不言之教”的无为思想的。

《旧唐书》卷七十三记载的唐高宗跟礼部侍郎令狐德棻的对话，就体现了唐高宗对无为而治的思想的推崇。

高宗曰：“今之所行，何政为要？”

德棻对曰：“古者为政，清其心，简其事，以此为本。当今天下无虞，年穀丰稔，薄赋敛少征役，此乃合于古道，为政之要道，莫过于此。”

高宗曰："政道莫尚于无为也！"[1]

唐高宗心里一高兴，于是突然想起来问一问张恒天师的私事。高宗自幼身体虚弱，患有风眩病，常常头疼目眩，严重的时候甚至连看东西都成问题。当时求遍名医，均没什么效果。

"天师，实不相瞒，我一直饱受风眩之疾，听说道医藏龙卧虎，有许多杏林高人，不知你能否举荐一人，替我治疗一下我的风眩之疾？"

"这没问题，我举荐秦鸣鹤为陛下治病。秦鸣鹤善针灸，医术精湛，是治疗陛下风眩的不二人选。不过，他的治病的手法很特别，治疗时往往用针刺头出血。"

于是，高宗立即下令，征召秦鸣鹤进京。据说这件事武后听说后勃然大怒，认为张恒举荐秦鸣鹤在天子头上放血，为大不敬，罪当问斩。好在高宗说情，这件事才算不了了之。张恒天师得知真相后，深感皇宫乃是非之地，不能久留，于是回到住所，念动"九遁术"口诀："九宫遁，八卦行；中无依，太虚隐。成诸术，必忘形，天地假，一炁真。成变化，妙通神。"倏忽就消失得无影无踪。第二天高宗再派人去找张恒天师，可是哪里还有什么人影。对张恒的不辞而别，高宗颇感失望，但考虑张恒是方外人士，也就没太计较。不过，他还是坚持找人把张恒举荐的秦鸣鹤找来了，武后再次发怒，几乎要杀了秦鸣鹤。好在秦鸣鹤医术高明，还真的把高宗的风眩给治好了。

《医说》卷二"针愈风眩"记载了这件事情。

鸣鹤曰：风毒上攻，若刺头出少血即愈矣。

天后自帘中怒曰：此可斩也，天子头上岂是试出血处耶？

上曰：医之议病，理不加罪，且吾头重闷，殆不能忍，出血未必不佳。

命刺之，鸣鹤刺百会及脑户出血。

上曰：吾眼明矣！

言未毕，后自中顶礼拜谢之，曰：此天赐我师也。躬负缯宝，以遗鸣鹤。[2]

---

① 见《旧唐书》卷七十三，"令狐德棻"。

② 《医说》卷二，参见《钦定四库全书》子部。

三、自阙潜归　夜醉于瓮

回到家中，张恒回想起京城的经历，犹感惊心。跟道友和家人谈起京城事情，总是感叹说：“吾几落世网，今换吾素矣。”又说“吾神仙之狡狯者”。不少文献对此有所记载。

《汉天师世家》记载：

十二代天师，讳恒，字德润。经史过目，悉不忘。唐高宗遣使召至，问以治国安民之道。对曰：能无为，则天下治矣。上嘉之。尤善幻术，自言：吾神仙中之狡狯者。一日，自阙潜归，叹曰：吾几落世网。学道于家，尝推瓮于室中，对妻子茹荤饮酒，夜发瓮皆在瓮中，经日不坏。年九十八而化，元至正十三年，赠上清玄德太和真君。

《历世真仙体道通鉴》卷十九（见《道藏》第5册第510页）“张仲常”条称：

张仲常字德润，仲达之长子。通览儒书，亦有神异。唐高宗召至阙，潜归，叹曰：吾几落世网。学道于家，传守真人之法，能分形变化，尝推瓮于室中，与妻茹荤饮酒，夜醉于瓮傍，吐其中，经日不坏。年九十八岁卒。一云日埋瓮于室中，对妻子茹荤饮酒，夜发瓮，皆在瓮中，经日不坏。

《三洞群仙录》卷六（见《道藏》第32册第269页）“德闰瓮中”条称：

《天师内传》：张仲常字德闰，天师玄孙，常应聘至阙，潜归叹曰：吾几落世网。室中常埋一瓮，每对妻子茹荤饮酒，夜皆在瓮中，经日不出。

张恒天师把自己比喻成大山里自由飞翔的鸟儿，性本爱丘山，几乎被世俗的大网网住，关进鸟笼子里，失去了自由。还好，张恒天师是神仙中人很狡猾聪明的那类，没那么容易被关进鸟笼子里。有了这次经历，他对朝廷后来的征召一概拒绝。哪有回到大山里的小鸟，还会再飞回鸟笼子里去的呢？

此后，人们又再次见到张恒天师的幻术。这次的幻术更为特别，他在家里埋上一个大陶瓮，每天对着妻子孩子饮酒吃肉，到了晚上打开大陶瓮一看，全家人都在里边。令人神奇的是，那时候并没有冰箱，而张恒放在大陶瓮里边的酒肉菜肴从来不会腐烂。有的人以为张恒终日饮酒吃肉，颇为消沉。其实，这又误解了他的用心，这又是他接引修道者的权宜法门。听那些高人说，张恒瓮中饮酒的含义颇深，正所谓“醉眼看世人，壶中天地大”。当世人以妄为常，对世界的认识和看法是颠倒的。“醉眼看世人”就是要将人们颠倒的世界观重新颠覆过来。“壶中天地大”是喻一物一世界，一瓮一宇宙。修道之人须明了人身乃小宇宙，不能让各种狭隘的情绪堵塞这个小宇宙，而应当向身外大宇宙开放。去感受季节的变迁，宇宙的变化，随着自然之流，不排斥，不抗拒，倾听宇宙的天籁之音。

张天师第十二代孙除嗣教天师张恒之外，《吴中人物志》“列仙”中还记载了南朝时期，汉天师十二代孙张道裕来江苏省常熟传播道教的事迹。兹转录如下以备考。

张道裕，字弘真，汉天师十二代孙。梁天监二年来居虞山，感异梦，即于山下建治，号招真。创廖阳殿、虚皇坛，手植七桧，又尝炼丹，凿井藏之。

天师世家，向来不乏高寿者。也许跟修道有关，张恒天师也是高寿者之一，他九十八而化。据说龙虎山的天师井为冢井，内有多位天师的墓。第十二代天师张恒也埋在这里。到元代至正十三年，被追封为上清玄德太和真君。明太祖朱元璋和高道白玉蟾有赞第十二代天师张恒的诗。诗中对张恒天师的生平事迹、道法特点和主要功绩加以了精炼的总结。

朱元璋诗赞“第十二代张恒”：

道德齐名，鞭雷策霆。按剑瞑目，妖气不生。
神游八极，上至天京。宜哉宿缘，物外常明。[①]

白玉蟾《赞历代天师》第十二代讳仲常，字德润。

鹤书曾诏赴宸京，归作分形化景人。昨夜饮酣曾吐酒，醒来又薄瓮头春。[②]

---

① 朱元璋：《皇明恩命世录》卷之一，“太祖高皇帝赐龙虎山二十代天师赞”。
② 白玉蟾著，盖建民辑校：《白玉蟾诗集新编》，社会科学文献出版社 2013 年版，第 264 页。

第二章

第十三代天师张光评传

一、励志于道　石室修炼

第十三代天师张光，字德昭，为第十二代天师张恒的长子。张光生而颖悟，自幼慕道，在修道方面有着极高的悟性，乃是百年难得一遇的道才。他还在幼年时代就开始如饥似渴地接受天师世家系统的道法传统和知识的训练，及至壮年，张光的道法已经十分高妙，远近前来找他切磋的道人，以及慕名前来拜师学道的人络绎不绝。真可谓树大招风，有不少人很享受成名后的感觉。但是张光不是这样的人，准确地说，他为这件事苦恼了一段时间。目前的这种状态跟他的修道规划有很大出入，他自己深知，虽然自己学有小成，但离真正的得道成真还有很大的距离。如果就此止步，自己二三十年来的努力都将前功尽弃。这也迫使他重新审视自己的家庭、环境、修道等方方面面。

前不久，张光由于修道精进，感得仙人下降，授予他蹻符、《龙蹻经》和玉帝印，这件事唯有他家人知道，对外秘而不宣。也正是这部《龙蹻经》，张光觉得是作出重大决定的时候了。为了避免目前的种种世俗的骚扰，他决定在深山之中寻得一方清静净之地。张光决定带着他的二儿子张梧，隐居深山中石洞之中，精修《龙蹻经》。

那么，《龙蹻经》到底是一部什么样的经，竟然使得张光下这么大的决心去深山石洞之中隐居修道？《龙蹻经》是一部教授驾驭飞云之道的极其古老的仙经，唯有仙缘极深的人才能得到的，精习《龙蹻经》的人，能够在短时间之内，超越时空的限制，能周流天下，不拘山河；长时间习练《龙蹻经》，还能与道合真，成为神仙。

据传，早在上古时期，中华“人文初祖”黄帝听说龙蹻真人宁封子能随烟火上下自由飞行，于是亲自到青城山向宁封子请教“龙蹻飞行”之道。宁封子此时已经得道成仙，见黄帝如此虔诚，能够屈尊求道，于是向他传授了《龙蹻经》。黄帝得到《龙蹻经》后，不仅精习飞行之道，还能运用龙蹻之术行云降雨，颇有效验。此后，一位姓周名义山，字季通的西汉道士，听说住在蒙山的仙人栾先生精通《龙蹻经》，历尽千辛万苦前往蒙山找栾先生，可惜偌大个蒙山，他找来找去，连个栾先生的影儿都没见到。好在周义山仙缘不浅，虽然他没有找到栾先生，却在蒙山遇到了另一个叫衍门子的精通“龙蹻飞行”之道的仙人。就在周义山绝望之际，仙人衍门子飘然而至，只见他手持青毛之节，乘坐白鹿，身后跟着十多个打着羽盖的侍从。衍门子见周义山学道的意志坚决，并且素有仙缘，于是就向周义山传授了《龙蹻经》和《三皇内文》。后来，周义山果然如仙人衍门子所预期的那样顺利修道成仙，成为鼎鼎有名的“紫阳真人”。如今《龙蹻经》又传到了张光的手上，对修道之人来说，简直是梦寐以求的事情。应该说，这是一个大大的吉兆，预示着龙虎山又将一位修道之人位列仙班。另一方面，对张光本人而言，又带来莫大的压力，这意味着他只能成功不能失败，否则，将无颜见江东父老。这一切都促使张光痛下决心，出离尘俗，远离人群，潜心修道。

另外一个让大家感到诧异的问题就是，在张光的众多的孩子当中，张光为什么只带上二儿子张梧，而不带别的孩子或者徒弟？原来，道教的隐居深山的修行，并非是一件率意而为的事情，必须条件成熟，并作精心的准备才能成行。众所周知，深山隐居修行必须具备“法财侣地”样样具备，才能施行。所谓的“法”是指得到高人传授的道法或者真经；所谓的“财”是指修道备置的物质必须有一定的经济上的支持，否则无法实施；所谓“侣”是指隐居修道时的同伴，提供保护和生活上的各种支持。深山修炼，有决心不够、有信心不够，有一腔热情仍然是远远不够的。野外修炼，不仅会面临食物短缺的问题，而且经常会有毒蛇、毒虫、猛兽光顾，同时还会遇到一些无法预料的突发事件，如果应对不当就会有生命危险，因此，必须具备极高的野外生存的能力。因而对“侣”选择，至为关键，如果选人不当，不仅不能成为修道的助力，反而会成为拖累，将修道者卷入危险的境地，成为修道的绊脚石。所谓“地”就是必须找到一个藏风聚气，能遮风避雨的适合修道，同时又安全的风水宝地。如今，“法”嘛，就是《龙蹻经》已经得到；“财”嘛，也不缺乏；“地”嘛，风水宝地已经找到，就是这个“侣”，让张光认真思量了一番。他把他的孩子们和诸位弟子挨个考量了一遍，有三个人进入了他的视野，分别为大儿子张慈正、二儿子张梧和侄子张惠感。这三个人在同辈人中都非常优秀，大儿子张慈正精通易理、心地善良；二儿子张梧禀赋极佳，一学即会；侄子张惠感深契道要，志行精严。侄子张惠感在崇元观修道，离龙虎山太远，一时半会儿赶不过来，如果要他过来陪同，搞得动静太大，这个不妥；大儿子张慈正身为长子，还要承担照顾家庭的重任，尤其是自己走了以后。张光在这三个人中比较来比较去，最终选定了二儿子张梧。要知道，张光的这个二儿子张梧，字君明，自幼跟随张光修炼，在几位孩子们中他继承了张光学道方面的天赋。除此之外，张梧还异常刻苦，而且从小在大山里摸爬滚打，野外生存能力极强，因此，让张梧一道去深山隐居无疑是正确的选择。仙道的法脉还得后继有人，培养弘扬道法的接班人，还得靠言传身教。于是，张光和二儿子张梧就一道秘密准备隐居修道的各种物质和用具，同时张光还必须向族人有个交代，给留在家里的妻子和孩子有一个妥善的安排。

二、辟谷飞行　相得益彰

就在他们准备行囊的时候，有一件事情让二儿子张梧感到十分不解，非常困惑——那就是在所有的行囊中，雨具、衣服、被褥等都已备齐，随身带的食品极少，只够正常人一两天之用。张梧最终没忍住，还是向父亲张光发问：

“父亲，我们带这么少的干粮，够用吗？”

“君明，你这个问题问得好啊！我正好要考考你。”

“啊，考什么呀？”

“你知道人为什么要吃饭吗？”

“父亲，这个问题连小孩子都知道吧，吃饭能补充人体需要的各种营养，如果不吃饭，人很快就会饿死的。”

“嗯，回答得不错，可是你只说对了一半。你只讲到吃饭对人体有什么好处，但是你没提到吃饭对人体的害处。好吧，我就继续追问，你知道吃饭对人体到底有什么害处？你如果明白了这个问题，马上就会明白我们为什么只带很少的干粮了。”

“什么？吃饭还对人体的有害处？哎呀，这个我还真不知道！父亲，您快告诉我吃饭到底对人体有什么害处啊!”

“好啊,我正想给你讲讲饮食对人体的害处。普通人一般来说只知道饮食的好处,我们修道之人则不同,必须对饮食的功能具有深刻的认识和高度的警惕。其实,很多高道已经在道经中反复阐述过这个问题,只是并未引起读经之人的高度重视。如,贞白先生陶弘景就在《养性延命录》中也痛陈饮食的害处,他说:‘百病横夭,多由饮食。饮食之患,过于声色。声色可绝之逾年,饮食不可废之一日,为益亦多,为患亦切。’①贞白先生认为人们纵情声色乃偶尔为之,而饮食却一天也不能省,因此,相比之下,他认为饮食带来的危害来得更大。药王孙思邈也持同样的观点,他说:‘夫含气之类,未有不资食以存生,而不知食之有成败,百姓日用而不知,水火至近而难识。余慨其如此,聊因笔墨之暇,撰五味损益食治篇,以启童稚,庶勤而行之有如影响耳!’②可见,强调饮食的害处,并非我个人的创造发明,也不是耸人听闻,而是高道们的真知灼见。可惜,当今这个世界能够明白这个道理很少啊。”

“父亲,听您这么一说,我还真有所感悟了,不过我还是不明白,到底是什么原因导致饮食对人体有害。您能跟我具体讲讲吗?”

“很好,这这个问题正好让我整理一下我前段时间的思考。跟你分享一下我最近的心得。据我自己的分析和总结,我个人认为导致饮食的饮食贼害功能的原因,有以下几个:

首先,饮食导致丹田元气的散失。当然这是跟人出生之前在母腹中胎儿状态相比较而得出的观点。《仙经》称:‘始生之后则饮食。饮食之后即腑脏实。腑脏实即诸脏相隔。诸脏相隔即丹田气亡其本也。’③由于人出生后的饮食,致使腑脏充塞,丹田之气仅在脏腑和心胸之间短短的几寸狭窄的空间往来运行,这样一来,人不可避免地因元气的不足而加速衰老枯槁。这个乃是我们修行之中的大忌。仙道讲逆修成仙,所谓‘反者道之动’即是这个意思。我们必须逆人生的历程而为,复归婴儿的状态,保持充足的元气,这样才能长生不老,进而合于大道。

其次,饮食滋养人的同时也在滋养体内的‘三尸九虫’。‘三尸九虫’乃是

---

① 《道藏》第18册第477页。

② 《孙真人备急千金要方》卷七十九《食治》《序论》第一,见《道藏》第26册第516页。

③ 《云笈七签》卷五十八“尹真人服元气术”,见《道藏》第22册第405页。

'身中之大害'，破坏性极大，三尸具体为上尸彭倨，中尸彭质和下尸彭矫，它们分别居住在人的上丹田、中丹田和下丹田。《仙经》称：'人之腹中，各有三尸九虫，为人大害。常以庚申之日上告天帝，以记人之造罪，分毫录奏，欲绝人生，借减人禄命，令人速死。死后魂升于天，魄入于地，唯三尸游走，名之曰鬼……上尸名彭倨，在人头中，伐人上分，令人眼暗、发落、口臭、面皱、齿落；中尸名彭质，在人腹中，伐人五藏，少气多忘，令人好作恶事，啖食物命，或作梦寐倒乱；下尸名彭矫，在人足中，令人下关骚扰，五情勇动，淫邪不能自禁。'这些'三尸九虫'，不能狭隘地认为是某种固定的东西。其实，'三尸九虫'在仙经中可以有实指，也有虚指。实指的话，可以是指体内的各种寄生虫：如蛔虫、白虫、肺虫、胃虫、赤虫、蜣虫等等；虚指的话，可以是指人体内各种导致人走向毁灭的负面的东西，包括贪欲、邪淫等。《仙经》称：'贪于饮食，尸（指三尸）乃千变万化，随欲而归，令人世患日深，多愚早亡。'[①]基于'三尸九虫'的独特理论，我们必须'慎语言、节饮食'，采用休粮、辟谷、服气等手段来消灭'三尸九虫'。三尸九虫的横行，归根结底是由于人的贪吃、好色、嗜欲、劳心役神导致身神离去，无法镇守身神的宫室。身神在人身中的重要的功能就是'开生门、塞死户'。如果人体内的身神能够各居其所，各理其务，三尸九虫在人身中就没有生存的空间，它们就会被斩杀或者被驱逐，人的身心就会合于大道，趋于完美。

另外，根据《阴符经》的'三盗'的理论，人摄取营养物质的同时营养物质反过来会盗取人的健康。《阴符经》的'三盗'理论是这样表述的：'天地，万物之盗。万物，人之盗。人，万物之盗。万物盗天而长生，人盗万物以资身。'[②]人摄取万物的精华来充当食物，如果摄取过度会导致生态的平衡的崩溃，进而导致人类生存的危机；如果滋养过度，则会导致各种疾病。可见，我们仙道在思考饮食时，也是把它放到天地、人、万物的关系上考虑的。所以，修道之人不能只知道饮食营养的滋养功能，还必须认识到饮食营养的贼害和致病功能啊！"

"父亲，您讲得太精彩了！让我一下子明白了如此深奥的道理。"

"《道德经》说：吾所以有大患者，为吾有身也，及吾无身，吾有何患？这句话实乃至理名言。我们修道之人，首要之务就是要安顿好自己的身心。野外隐居修道，更是如此！修道者面临是酷暑严冬，以及吃喝拉撒睡等诸种问题的严峻

① 《云笈七签》卷81，《道藏》第22册第579—580页。

② 李筌：《黄帝阴符经疏》，《道藏》第2册，第740。

考验，身心安顿不好，修道便无从谈起啊！”

“是啊，这也是我最担心的问题啊！”

“还好，我们天师世家，得仙人之真传，早就拥有这方面的知识。如辟谷之术，就能很好地解决我们在野外修道、吃饭问题。勤练辟谷之术，你就再也不用携带太多的食物，也不会在野外因食物的缺乏而犯愁。”

“父亲，辟谷是不是就是不吃饭啊！如果是的话，为什么人们能不用吃饭，反而不死，这到底是什么原理，我想不明白。”

“不吃饭人不死，那是骗人的谎话。这个世界上哪有人不吃饭能够生存下来的，你可千万不能这样想。”

“我问你，人吃饭获取什么东西？”

“当然是能量和营养了。”

“回答正确！辟谷和吃饭都是一个原理，只是采用的途径不一样而已。吃饭是通过嘴咀嚼食物来获取能量，而辟谷则不是通过嘴，而是通过另外一个渠道来获取能量。不过，这个秘密渠道，乃是我们道教之独特发现，不可轻易示人。因为，这个东西实在是太惊世骇俗，人们无法接受。另外，天机不可泄露。如果所传非人，后果非常严重，会遭天谴！切记，切记！”

“孩儿谨记父亲教诲！”

“另外，辟谷跟我们即将修行的龙蹻飞行之术，并无抵触和矛盾，两种功法是互相促进的。辟谷能让我尽快清除体内的三尸九虫，《仙经》说：斩得三尸，即证金仙。龙蹻飞行乃是乘蹻之术中的一种，乘蹻道共有三种：第一种为龙蹻，第二种为虎蹻，第三种为鹿卢蹻，人们又称三蹻之术，其中以龙蹻之术的品位最高。修习龙蹻飞行之术的目的不仅仅是腾空飞行，周游四方，最终要融入虚无之境，达到身心俱妙，跳出三界五行的拘束，成就大罗金仙的果位。”

君明点头称是。于是父子二人趁夜色，秘密隐入山林修行。谁知这一去不打紧，父子二人在山林石洞中寒暑易节，一呆竟近三十年。后来，据说去深山砍樵和打猎的人曾经碰巧看见张梧在天空急速飞行。这大概应该是张光和张梧父子二人龙蹻飞行之术修行有成的表现。张光父子辟谷飞行的事传出来后，让龙虎山更增加几许神秘的色彩。不少文献中对此具有记载。

《历世真仙体道通鉴》卷十九（见《道藏》第5册第210页）“张光”条云：

张光字德昭，德润之长子，少传授真人之法，久之弃妻，与次子梧入山修行二十余载，乃出见其妻，又同处五年。后终于家，年一百二岁。而梧亦能辟谷。

《汉天师世家》称：

十三代天师，讳光，字德绍。励志于道。修炼，居石室中，垂三十年。及袭教，乃还家。传授经箓，居常蔬食，后能辟谷，寿一百四岁而化。元至正十三年，赠太玄至德广妙真君。幼子名梧，字君明，自幼修炼，能辟谷，飞行往来，不知所终。

三、下山嗣教　传经授箓

后来第十二代天师张恒仙逝之后，张光携张梧回家料理张恒天师的后事。按照天师世家的规矩，加上张光在道法上的成就，张光理所当然接任父亲张恒的职位，成为第十三代嗣教天师。由于职责所在，张光的角色就由石洞中修道转为天师府弘道了。而二儿子张梧则继续在石洞中修道，后来，人们再也没有见到过张梧，不过，根据他凌空飞行的本领，人们相信张梧一定成仙了。

张光下山之后，平时也不怎么吃饭，他非常长寿，据说他104岁才羽化。据《太平寰宇记》记载，“良十三世孙德，为兖州刺史，袭封陈留侯，食小黄万户。至炀帝时，葬张城西南三百步，今呼为张光墓者是也。”由此可见，第十三代天师张光归葬于陈留祖茔，并没有葬于龙虎山。另外，据《汉天师世家》的记载，张光天师共有四位夫人。张光羽化之后，大儿子张慈正继任了他的天师之位成为第十四代天师。

明太祖朱元璋和高道白玉蟾著有赞颂第十三代天师张光的诗。分别总结了张光的生平事迹、道法特点和主要功绩。

朱元璋诗赞“第十三代张光”：

九转灵铅，砂汞当先。茅飞去处，妖魅倒悬。
神枢怒目，下察黄泉。仰观三界，浩气如烟。

白玉蟾《赞历代天师》第十三代讳光，字德昭。

几年辟谷学飞行，撞破秋空一点青。才到暮林风月夜，洞天隐隐步虚声。

第三章

第十四代天师张慈正评传

一、智慧明敏 赈济贫乏

第十四代天师张慈正，字子明，为第十三代天师张光的大儿子。张慈正自幼智慧明敏，步入青年时代，他早已博学群书，尤其精通易理，慕名跟随他学习易学和道法的人简直数不胜数。还有一些原本打算追随其父张光的学道者，因张光隐居修行，无缘追随，于是有不少人分流过来，转而追随张慈正。一时间，张慈正门下，人来熙往，从者如云。张慈正在教学上循循善诱颇有一套，特别注重因材施教，对不同根器的从学者分别采用不用的方法来接引，因此教学效果极佳，追随他学习，从学者感到收获很大，因而大受欢迎。教学中，张慈正还特别强调易学的重要性，因为《易经》乃群经之首，因为“易与天地准”“一阴一阳之谓道”。故而张慈正要求弟子们一开始就要打好易学的基础，修行至为关键的首先是明理，易学的基础好，有助于为学者明白深奥的教理教义，将来可能有更大发展和上升的空间。《道德经》所谓：“合抱之木，生于毫末；九层之台，起于垒土；千里之行，始于足下。”修道者的基本功非常重要。在教导学生研习易理时，要求他们要兼收并蓄，不能偏于一隅，既要学习易学的义理派，又要学习易学的数术派。因为，单学易学的义理容易沦为空疏，单学易学数术容易走向虚妄，必须两者兼而习之，相互补充，方能不偏不倚，登堂入室，窥得易学之堂奥。

除了强调易学的学习之外，张慈正还非常善于利用各种机会来培养学生的爱心和品德。平时学生敬奉老师的束脩、捐献的钱物等，除了维持基本的开支之外，张慈正都不允许乱花一分钱。灾年来临的时候，张慈正就会拿出平时积累的所有的钱财，带着弟子浩浩荡荡下山去赈济灾民。遇到灾情十分严重时，还会率领众弟子四处募化，为饥饿的灾民施米、施粥、捐助衣物、施放药品、收殓埋葬饿殍弃尸，此外，还在龙虎山当场大办斋醮科仪，来超度亡魂，禳解灾情。张慈正所做的这些种种善行，既救苦救难、又济世度人，同时还是教育众弟子的最佳方法。这些就是活生生的课堂，张慈正想告诉自己的学生，修道不在别处，就在当下，时时处处皆可修道。修道一定要超越小我，不要局限于狭小的自我世界，当以天下众生为念，唯有激发出大爱之心，功行兼备，才能道果早圆。

身为长子，张慈正深知自己责任重大，尤其是父亲张光携二弟张梧进入深山隐修之后，家里的重担以及培养学道者的重任就落在他的肩上。就这样，日复一日、年复一年，毫无怨言地修道、持家、教学，一晃三十年就过去了。不过，在张慈正的心中，一直有一个心结，就是希望有朝一日，自己也能像父亲和二弟那样，在山林之中隐居修行。特别是自己的道行到了一定的阶段的时候，就好像遇到瓶颈，上上不去，下下不来，这个时候闭关修行就显得非常重要。修道之人，往往这个时候加把火候就能突破瓶颈，抵达一个全新的境界。再加上，同辈人中自己的二弟张梧和堂弟张惠感，原来大家的水平都相差无几，但是二弟张梧随父亲隐居龙虎山、堂弟张惠感隐居浮云山，此后，两人的道行精进，一日千里，已经超过了自己。

恰好这个时候，因祖父第十二代天师张恒羽化，父亲张光被推为第十三代嗣教天师，群龙不可无首，父亲因此终止了山林石洞中的隐修生活，回到天师府主持教务。父亲张光回来以后，张慈正全力协助父亲料理天师府的事务，待父亲天师府的一切事务步入正轨后，终于向父亲提出了自己打算隐居修行的想法，很快得到父亲的首肯和支持。不过，父亲张光提出一个小小的要求，就是要他每逢三元日，回天师府协助自己开坛授箓传度，阐道演法。这个对张慈正而言，自然不在话下。此时，张慈正的孩子都已长大，家里也没有什么负担，剩下的就是委托自己的妻子龚氏好好照顾父亲和母亲。于是，回家打点行装，带上儿子张高，第二日一早就出发了。

二、追慕真仙　修道圣井

张慈正这次选中的隐修地点，不是别的，正是大名鼎鼎的圣井山。圣井山在龙虎山东南三十里的地方，该山积翠千仞，高入云汉，隐秘幽深，遍地仙踪灵迹，乃是炼丹修道的绝佳地点。圣井山上有一处神秘的“圣井”，有三井相连，一井在绝顶，人迹罕至。“圣井”的井水清冽甘甜，终年不盈不涸，无论提汲多少，水位始终不变。传说该井中有神龙居住，当地人平时祈福，旱时求雨，非常灵验，官府和百姓竞相膜拜。民谣称：“圣井三条岭，条条通天顶。”明代的危素在《山庵图序》中说：“圣井山在信之上清宫东南，上为神龙所居，岁旱祷辄雨，盖人迹罕至之处。”[①]此外，据说“圣井”中出产一种非常神奇的四足鱼，人们祈雨时，就会从井水中捉几条这样的四足鱼，待祈雨成功后就把这些鱼重新放回“圣井”。《江西通志》和《龙虎山志》都记载这些“圣井”的神异之处，两个版本略有出入。

圣井在贵溪县南龙虎山。三井相连，一井在绝顶，人迹罕到，世传有龙居之。投金铁重物则浮，楮帛轻物则沉，苟不精洁盘旋而出。受之，必泛果实以酬。水黝黑，中产异鱼，雩者迎以致雨屡验。[②]

宋初有郭巫者，于贵溪仁福乡圣井祈雨，忽坠所吹白牛角，巫投取之，遂坠井。初不觉，既而见水中有楼台俨然，一老翁中坐，侍卫森列，持所坠角于牖间。巫进请翁，谓曰：旱乃天数，而昼夜聒井何为？故夺汝角。巫恳请不已，谓后不复敢聒耳。翁命还之，巫得出，衣巾不濡。后再旱，巫复违戒吹角，角复坠井，巫取之，溺不复出。逾五日，尸出山前潭水上，僵坐不仆，渔者推赴长流，旦视坐如前，亦不朽败。夕见梦于乡人，曰：再犯龙宫，禁不得出，今命我掌祠，出尸以见异。乡人乃为立祠，有祷辄应。理宗朝封广润侯。(《广信府志》)[③]

圣井山，在龙虎山东南三十里，有三井相连，一井在绝顶，人迹罕到。投金铁重物辄浮，楮帛轻物则直入。苟不虔，推出不受。受之必泛果实或百数十年物以酬。水黝黑，产异鱼，四足而鳞鬣。祷雨者迎以致雨，后送还井以为常。宋初有郭巫者，祈雨井上，坠所吹白牛角于井。投身取之，见一老翁，坐高殿，侍卫森列，所坠角植牖间。巫进请，翁谓曰：旱乃天数，而昼夜聒井何为？故夺汝角。巫谢不复敢聒，遂得角还，而衣巾不濡。后再旱，巫违前戒，吹角复坠井。巫玩井浸入求之，溺不复出。逾五日，浮尸出山前潭水上，僵坐不仆，渔者推亦不朽败。夕见梦于乡人，曰：再犯龙宫禁不得出，今命我掌祀，出尸以见异。乡人乃

① 危素：《说学斋稿》，见《山庵图序》。

② 《江西通志》卷十一，参见《钦定四库全书》史部。

③ 《江西通志》卷一百五十九，《钦定四库全书》史部。

为立祠，有祷辄应。理宗朝三十五代真君檄龙致雨，请于朝，封广润侯。[①]

由于圣井山非常神异，自古以来文人骚客留下了许多吟咏圣井山的诗歌。

题圣井山天瑞白云图

张宇初

金仙昔住龙湫顶，万顷白云如海涛。夜行石涧虎长啸，昼坐雪堂风怒号。

太虚一息渺蜗角，浊世万有轻鸿毛。西来瓢笠探道者，妙墨仿佛超尘劳。[②]

送刘炼师还龙虎兼简祝洞天周白士

［明］袁华

海上东还独杖藜，柳花飞雪乱莺啼。琅函宝箓皇人笔，玉检丹经外史题。

圣井山开龙起蛰，璚林台迥凤来栖。洞天白士今何许，犹忆西湖手共携。[③]

金蓬头先生画像赞

［元］张雨

圣井山高日上迟，采云甘露碧淋漓。下山拾得一茎草，不见庵中金老师。[④]

张慈正选择圣井山的重要原因之一，就是要追随他非常仰慕的名震天下的许逊真人的仙风，成真成仙。许逊真人，乃是净明道、闾山派尊奉的祖师，被道门奉为四大天师之一。值得一提的是许逊真人就曾经在圣井山炼丹修道。圣井山原本叫华盖山，后来因许真君来此，才被改称为许峰山。《弘治温州府志·山》称："许峰山在来暮乡、世传许旌阳炼药其上，丹灶犹存。"明代姜准的《岐海琐谈·许峰》记载："处士讳此翁，字兹父，姓许氏，晋旌阳令逊之后也。逊与弟护军长史迈，采药(浙东)至平阳华盖峰，结庐炼丹。人遂以其姓姓华盖，曰'许峰'。唐天佑初，廿世孙朝奉大夫检校吏部尚书文郁，自建州来访许峰遗迹，因家焉。"于是，张慈正跟儿子张高，在圣井旁结庐以修道。其后，道法精进，境界日新。其后，众多的高道追随许逊真人和张慈正的足迹，亦结庐圣井，大有感

① 娄近垣：《重修龙虎山志》第65页，"圣井山"条。

② 张宇初：《岘泉集》卷之十一。

③ 袁华：《耕学斋诗集》卷十一。

④ 《御定历代题画诗类》卷六十二，《钦定四库全书》集部。

应。这些高道包括第二十七代天师张象中、高道金蓬头、黄公望、方壶子等。其中黄公望、方壶子更是对圣井山情有独钟，黄公望因结庐圣井旁，故而自号井西道人；方壶子因羁留京城对圣井山思念不已，他的好友张君彦为了安慰他特意用高句丽生纸作《圣井山图》来慰藉他的思念之情，一时传为佳话。这些都是后话。

时间过得真快，春去秋来，转眼又到了每年三度的三元日，张慈正和张高起身下山协助第十三代天师张光授箓传度。所谓"三元日"，是指一年中天地水三官大帝的生日，也是他们检校人的功过的日子，每年有三天。其中正月十五日上元，七月十五日中元，十月十五日下元。《太上洞玄灵宝三元玉京玄都大献经》称："三元者，元，本也。但以上三官为万物之行本，故曰三元。"又称："一切众生，生死命籍，善恶簿录，普皆系在三元九府，天、地、水三官考校功过，毫分无失。所言三元者，正月十五日为上元，即天官检勾；七月十五日为中元，即地官检勾；十月十五日为下元，即水官检勾。一切众生皆是天地水三官之所统摄。"[①] 三元日不仅是道教极为重大的节日，当时也是唐朝非常重要的全国性节庆，每逢三元节，皇帝都会亲自敕令天下禁屠三日，"令百姓是日停宰杀渔猎"，以示上天好生之德。此时，天师府上下，亦是忙碌异常，天师府不仅要大作法会为国祈福，为民解厄，而且还要为大量涌上山来的信徒授箓传度。第四十三代天师张宇初专门撰文叙述了龙虎山三元日授箓传度的传统由来已久。

正一玄坛题名记

道书所载洞天三十有六，福地七十有二，而吾龙虎山居福地之一也，山川雄秀，风气融会，有非他山比者，是以名闻天下，为道门之洙泗。东汉之季，我祖天师，以丰功神德，亲受太上之传，肇业伊始，而子孙世继，之今凡千有余载。自宋崇宁间，迁真仙观为上清宫，厥后莫盛于元。而上世之传，以正月七月十月三元日，建斋于官，以传经箓，愿授持而有请祷者居其首焉。凡其泽幽济显，则随所请而从于首者，祷之。此其代传不息，四方皈仰之众，愈久而愈著焉。[②]

虽然唐朝全民崇道，然而政府也并没有因此而放松管理，每年授箓传度为道士，获得度牒道士的名额都是有限的，更多的人则只能以非出家人的身份受

① 《太上洞玄灵宝三元玉京玄都大献经》，参见《道藏》第6册，第266页。

② 张宇初：《岘泉集》。

度。张慈正协助父亲，传度正法，严格把关，以免一些不法之徒，借天师弟子之名行骗作恶。于是每逢三元日，张慈正就回到龙虎山天师府。他讲经说法，授箓传度，依科演教，祈禳有验，大受欢迎，很快名声远播。此外，天师世家历来不乏烧炼金丹的传统，祖天师张道陵就到贵溪云锦山筑坛炼丹，历经三年，九天神丹炼成，而龙虎出现，因此，云锦山就改名为今天的龙虎山。张慈正追随祖天师的步伐，在隐修之地秘密烧炼全丹。烧炼金丹是天师道的一种重要的修道方法，炼丹理论认为修丹与天地造化同途，炉鼎即是一小宇宙，将不同的金石矿物放入炉鼎中进行烧炼，实际上就是模拟天地造化的进程，就是将不同的金石中的天地精气炼合为一。《周易参同契》称："巨胜尚延年，还丹可入口，金性不朽败，故为万物宝，术士服食之，寿命得长久。"认为土之精生石，石之阴精为玉，石之阳精为金，金之精生灵液，灵液之精生水银，水银之精生丹砂，丹砂之精生阳光，阳光之精生元炁，元炁之精生神明，神明为真灵。基于这样的认识，丹鼎派的道士认为不同的金石矿物摄取了不同的宇宙天地之精气。人如果服用了烧炼成功的神丹，就能成真成仙，寿与天齐。炼丹术中，还有一种点石成金的方术，即能通过烧炼各种矿物质制成药金。据说，张慈正炼丹的技术已经非常精湛。《历世真仙体道真鉴》称他"能以药点瓦为金银，锻成器，投水中，火过而复为瓦"。张慈正隐修之后，依然不改他周穷振乏的习惯，每遇荒岁，他就向那些极端贫苦之人提供帮助，暗中赠送他们药金，帮他们渡过难关。令人感到神奇的是，药金如果落到那些贪婪之人的手里，就会瞬间变为砖瓦，这些事迹在当地十分轰动，传为美谈。

三、隐居深山　屡征不起

第十三代天师张光羽化登仙后，众人推举张慈正为第十四代嗣教天师。张慈正非常善于担当，又历经磨难，颇有领导之才，正是在他的带领之下，龙虎山名气日增，连武则天都听说了龙虎山有这么一位道法精严，极具才干的天师，十分仰慕，于是遣使召见。张慈正早已心游物外，对朝廷的征召并无兴趣。再加上祖父张恒举荐神医秦鸣鹤替高宗医治风眩病之事，几乎招来杀身之祸，因此，对武则天心存芥蒂，于是拒不赴召，躲进大山里继续隐修去了。按武则天的性格，你越是不让她见，她越要见。于是，反复派遣使者前往龙虎山找寻张慈正天师。由于张慈正拒绝朝廷的征召，更使得他的名气如雷贯耳。于是当地老百姓就把他隐居的那座山，改名为"征君山"，有的又叫"聘君山"，溪水称"征君坑"。

方志和古籍对此均有确凿的记载。

《江西通志》卷十一记载：征君山，汉天师十四代真人张子明隐此，屡征不起，故名。[①]

《明一统志》卷五十一载：征君山，在贵溪县南八十里，十四代真人张子明隐此，屡征不起，故名。[②]

《江西通志》卷一百四十三载：

陆九渊《跋资国寺雄石镇帖》："象山西址濒溪，溪有渡曰石龟，夹溪之山曰西山，西山之北有山峭峙，与西山同出，曰征君山。故老相传古有隐者在其上，累征不就，人号征君，因以名。"[③]

娄近垣《重修龙虎山志》有两处记载了此事：

征君山，在龙虎山东。十四代真君隐此，累征不起，故名。二十七代真君，结庐山中之梧竹塘，得道冲举。亦名聘君山，见郑淡《雄石镇记》。

十四代慈正，字子明。天资明敏，常以易道教人，修道圣井山，惟三元日出传经箓。朝廷屡征不赴，年百余，闻空中仙乐下迎而化。所居号征君山，配龚氏。[④]

《汉天师世家》第"十四代天师"亦称：今圣井号征君山，溪号征君坑。

张宇初《金野庵传》：时龙虎主先天观者傅师正，馆于蓬莱庵。庵据征君、圣井、藐姑诸峰之会。[⑤]

从古籍和文献来看，武则天反复征召张慈正天师这件事，果然是真实不虚。那么，后来张慈正到底应召了没有？这件事情，张慈正如果一直这样僵持下去，还真的闹大了，按照武则天的性格，整个龙虎山还不会搞个鸡犬不宁？为了避免事情搞得太僵，张慈正勉强现身，首先要让武则天死心，表明自己不会赴召；其次，向武则天推荐了自认为是当今高道——自己的堂弟张惠感代替自己进京

① 《江西通志》卷十一，《钦定四库全书》史部。

② 《明一统志》卷五十一，《钦定四库全书》史部。

③ 陆九渊《跋资国寺雄石镇帖》，参见《江西通志》卷一百四十三，陆九渊《跋资国寺雄石镇帖》，《钦定四库全书》史部。

④ 娄近垣：《重修龙虎山志》。

⑤ 张宇初：《岘泉集》。

赴召。这件事情才这样缓和下来。不过,因为这件事,征君山的名字四处传开,人们反而忘记这座山原来的名字。当然,这也从另一个侧面反映了张慈正的影响力。

那么,张慈正天师举荐应召的堂弟张惠感,是个什么样的人物?他同意应征吗?张惠感不仅深受堂兄张慈正天师的青睐,据说还得到人称"活神仙"的游帷观道士胡惠超的礼敬,这可十分难得。据《历世真仙体道通鉴》和方志的记载,张慈正天师的这位堂弟张惠感道法十分了得,得到征召之后就带着高徒孙智谅一同进京。张惠感进京后,很快得到了武皇的赏识,赐封"国师"尊号。此后,张惠感施展道法,做出了惊人之举。首先,他在明堂斋醮,感五彩祥云、神龙和黄鹤纷纷出现。如此祥瑞之兆,让武皇心花怒放,欢喜不已。其次,张惠感前往亳州太清宫修金箓斋醮枯井,不仅让原本干涸的枯井井水暴涌,而且还让井中飞出两条蛟龙。张惠感道行圆满,于浮云山白日飞升。此后,张惠感高徒孙智谅得到了唐玄宗的召见。《记纂渊海》卷十一"新昌县"之"形胜"记载:"剑池在州圃后李仙磨剑之池,浮云山在高安张惠感冲举之地,飞霞山在高安西吴真君炼丹处。"[①]《历世真仙体道通鉴》和《江西通志》均记载了张惠感和其高徒孙智谅的生平事迹。

《历世真仙体道通鉴》卷之三十六记载:

张惠感,字智元,高安人,正一真人第十四代孙。自崇元观迁隐于浮云,志修神仙之道,时唐武后朝也。有游帷观道士胡惠超,寿数百岁,因游高安吴田瀑布,致敬吴仙坛道浮云师惠感。长安五年(705),武后召惠感为国师,斋于明堂。感庆云(五色云,古人以为祥瑞之气),见神龙,黄鹤翔集。诏往亳州太清宫修金箓斋,醮九井。井久枯,时冰雪凝冱,忽有声如雷,水暴涌,二龙出戏。后异之,赐绢五百疋(同匹)。归浮云,游吴田瀑布,东林二贤庙、三元观,祭六丁,谢七元,炼丹浮云。明皇天宝中,有神人降于坛曰:子修行勤苦,诸仙保举,明旦鸡鸣当飞升矣。如期云物异降,白日冲升。武后久视元年(700)庚子所铸钟,记惠感姓名可考。高安调露乡,今有惠感故里、张氏坊存焉。[②]

《江西通志》卷一百三记载:

---

① 《记纂渊海》卷十一,"新昌县一形胜",参见《钦定四库全书》子部。

② 《历世真仙体道通鉴》卷之三十六。

(唐)张惠感,字智元,高安崇元观道士。武后召为国师,斋于明堂,有庆云、神龙、黄鹤之应,又奉诏往亳州太清宫祀九井,时冰雪凝冱,忽有声如雷,水涌溢,二龙出戏。后异之,赐帛,归浮云山炼丹,天宝中丹成冲举。(《安志》)

孙智谅,高安人,幼师惠感,炼丹于元秀峰,常有浮云罩其上,因呼浮云观。开元间迎至京师,年百二十余矣,帝问何术而寿?对曰:居山食果饮水而已。上叹息,送肃明观,遣内侍送枣二盘。再召见,内阁时忧旱,请夜醮,致雨,帝大悦。因问:治国之要。对曰:圣人之道,在一心,不他求也。赐衣帛遣归至德观。后复征不起。卒年百有四十。[①]

张惠感跟张慈正一样同为正一真人第十四代孙中的杰出代表,张惠感的优秀同时也能印证出张慈正天师的优秀。他俩真是堂兄弟,连羽化登仙的方式,都十分相似,都充满神异,令人遐想不已,张惠感是白日冲举,张慈正则是仙乐下迎。张慈正天师以百岁寿辰辞世,元至正十三年,被追封为太玄上德紫虚真君。儿子张高继任为第十五代嗣教天师。

明太祖朱元璋和高道白玉蟾的诗歌对第十四代天师张慈正的生平事迹、道法特点和主要功绩作了非常精炼的总结。

朱元璋诗赞"第十四代张慈正":

朝降崇巅,酤入市尘。过饮弗醉,暮归紫烟。
山云松扫,洞锁千年。和光同尘,玄之又玄。

白玉蟾《赞历代天师》第十四代讳慈正,字子明。

丹鼎能干活水银,举家一念瞻贫民。空中动破云韶乐,白鹤飞来风雨春。

① 《江西通志》卷一百三,参见《钦定四库全书》史部。

第四章

第十五代天师张高评传

一、道宇超旷　酒中真仙

第十五代天师张高，字士龙。原本字士隆，因避唐玄宗李隆基的讳改为士龙，是第十四代天师张慈正的长子。张高姿宇超旷，不拘小节，在历代天师中恐怕是最能饮酒且最善饮酒的一位了。据载，张高的酒量大得惊人，纵饮一石，仍毫无醉意。唐代的一石相当于今天的五十九公斤，约等于一百二十斤，如果文献所述不虚，那么张高的酒量堪称海量，十分惊人。

张高的时代正处盛唐之际，国力强盛，人民殷实，四海来会。纵观历史，称唐代为诗的海洋、酒的国度亦不为过，盛唐之时尤其如此。整个唐朝上自皇亲国戚、王公贵族，下自游商走贩、市井小民无不崇尚诗酒，他们吟诗饮酒，引吭高歌，真情舒张，因而催生出无数杰出的诗篇，以及一个个令人目不暇接、光彩夺目的诗歌大师如李白、杜甫、白居易等等。了解唐代，必须诗酒并举；诗和酒，你中有我，我中有你，无法分离。如果将诗酒相互剥离，那么，唐代和唐诗的风采不再。因为，诗人们喝下去的不是美味的佳酿，而是一盏盏燃烧的液体，吐出来的是一首首璀璨的诗篇。首都长安无疑是唐朝诗酒的都会，长安酒肆更是名闻天下。在长安酒肆，再奇异的酒品，在这里都稀疏平常，再大腕儿的诗人，你一不小心就会踩到他的脚。且说，玄宗听说龙虎山的第十五代天师张高能诗、善饮、道法高强，特遣使者召见。张高赴京之后，休整几日，等待玄宗的召见。张高久闻长安酒肆的大名，刚到长安城的土地，就闻到了长安酒肆飘出的浓浓酒香。宋代高道白玉蟾对张高的总结是“招弄篋山诗技巧，吐吞风月酒神通”。对一个工诗、善饮的酒中真仙来说，到了真正的诗海酒乡，岂有不鲸吸海吞、直抒胸臆的道理？就在张高到达长安那段时间，杜甫《饮中八仙歌》全国流行，一时间全国上下都在谈论贺知章、汝阳王李琎、左丞相李适之、崔宗之、苏晋、李白、张旭和焦遂这八位酒仙。全诗如下：

知章骑马似乘船，眼花落井水底眠。
汝阳三斗始朝天，道逢曲车口流涎，
恨不移封向酒泉。左相日兴费万钱，
饮如长鲸吸百川，衔杯乐圣称避贤。
宗之潇洒美少年，举觞白眼望青天，
皎如玉树临风前。苏晋长斋绣佛前，
醉中往往爱逃禅。李白斗酒诗百篇，
长安市上酒家眠，天子呼来不上船，
自称臣是酒中仙。张旭三杯草圣传，
脱帽露顶王公前，挥毫落纸如云烟。
焦遂五斗方卓然，高谈雄辩惊四筵。

说实话，张高除了京城面圣这件要事之外，心中还惦记着两件事情：一是有机会会会杜甫描写的这八位酒仙，看看他们的酒量究竟有多大；二是想在长安酒肆中去寻访钟离权点化吕洞宾时酌酒吟诗和示现“黄粱美梦”的仙迹。两位神仙曾在酒酣之际在挥毫于长安酒肆的墙壁上题四首，其中钟离权三首，吕洞宾一首。钟离权第一首为：“坐卧常携酒一壶，不教双眼识皇都。乾坤许大无名姓，疏散人间一丈夫。”第二首为：“得道真仙不易逢，几时归去愿相从。自言住处连沧海，别是蓬莱第一峰。”第三首为：“莫厌追欢笑语频，寻思离乱可伤神。闲来屈指从头数，得见清平有几人。”[①]吕洞宾答诗一首为：“生在儒家遇太平，悬缨重滞布衣轻。谁能世上争名利，臣事玉皇归上清。”[②]

---

① 《全唐诗》卷八百六十，第 9725 页。中华书局 1960 年版。
② 《全唐诗》卷八百五十六，第 9675 页。中华书局 1960 年版。

二、鲸吸海吞　招弄诗技

张高得空，只身来到长安酒肆。虽然深知长安却感到一阵阵彻头彻尾的异国情调向他袭来，胡姬、胡乐、胡舞、胡食无处不在。当他步入长安西市以及城东春明门到曲江池一带的歌楼酒肆，进入耳鼓的是胡姬们悠扬婉转的歌声，进入眼帘的是胡姬们优美动人的舞姿。长安酒肆的胡姬人称“酒家胡”或“酒胡”，胡姬当垆，貌美如花。她们高鼻深目、碧眼卷发、肌肤如玉，姿态柔美，唐朝的文人学士、贵族公子为之如痴如醉，流连忘返。李白的诗就描写了当时人们涌入胡姬酒肆饮酒的盛况，他在《少年行》写道：“五陵年少金市东，银鞍白马度春风。落花踏尽游何处，笑入胡姬酒肆中。”在《前有一樽酒行》中说：“琵琶龙门之缘桐，玉壶美酒请若空。催弦指柱与君欢，看朱成碧颜始红。胡姬貌如花，当垆笑春风。笑春风，舞罗衣，君今不醉将安归。”在《送裴十八图南归嵩山》中诗云：“何处可为别？长安青绮门。胡姬招素手。延客醉金樽。”[①]在《白鼻騧》吟道：“银鞍白鼻騧，绿地障泥锦。细雨春风花落时，挥鞭且就胡姬饮。”[②]对胡姬的描写，张祜、贺朝同样不输李白。贺朝《赠酒店胡姬》写道：“胡姬春酒店，弦管夜锵锵。红毯铺新月，貂裘坐薄霜。”张祜的诗写道“为底胡姬酒，长来白鼻騧，摘莲抛水上，郎意在浮花。”[③]长安酒肆中“酒家胡”的吸引力之大。可见一斑。[④]

胡乐婉转，摄人魂魄。长安酒肆演奏的胡乐有筚篥、横竹、胡笳等，声音凄凉、悲苦、哀怨。李贺《龙夜吟》所述：“卷发胡儿眼睛绿，高楼夜静吹横竹。一声似向天上来，月下美人望乡哭。直排七点星藏指，暗合清风调宫征。蜀道秋深云满林，湘江半夜龙惊起。玉堂美人边塞情，碧窗皓月愁中听。寒贴能捣百尺练，粉泪凝珠滴红线。胡儿莫作陇头吟，隔窗暗结愁人心。”

胡舞旋转、反手叉腰、环行急蹴、表情丰富、眉目传情、东倾西倒、体柔无骨；舞袖时而低垂，时而翘起，舞姿变化多端，时而刚健明快，时而婀娜俏丽，所佩金铃清脆作响，舞毕，仰面下腰。胡舞中最为著名的为《柘枝舞》，从西域石国传

---

① 《全唐诗》卷二十四。

② 《全唐诗》卷十八。

③ 《全唐诗》卷十八。

④ 张祜：《白鼻騧》。

入，人称“健舞”。诗人刘禹锡《观柘枝舞》二首赞叹道：“胡服何葳蕤，仙仙登绮墀。神飙猎红蕖，龙烛映金枝。垂带覆纤腰，安钿当妩眉。翘袖中繁鼓，倾眸溯华榱。燕秦有旧曲，淮南多冶词。欲见倾城处，君看赴节时。山鸡临清镜，石燕赴遥津。何如上客会，长袖入华裀。体轻似无骨，观者皆耸神。曲尽回身处，层波犹注人。”白居易《胡旋女》诗云：“胡旋女，胡旋女。心应弦，手应鼓。弦鼓一声双袖举，回雪飘飖转蓬舞。左旋右转不知疲，千匝万周无已时。人间物类无可比，奔车轮缓旋风迟。曲终再拜谢天子，天子为之微启齿。胡旋女，出康居，徒劳东来万里余。”刘言史《王中丞宅夜观舞胡腾》描述道：“石国胡儿人见少，蹲舞尊前急如鸟。织成蕃帽虚顶尖，细毛胡衫双袖小。手中抛下葡萄盏，西顾忽思乡路远。跳身转毂宝带鸣，弄脚缤纷锦靴软。四座无言皆瞪目，横笛琵琶偏头促。乱腾新毯雪朱毛，傍拂轻花下红烛。酒阑舞罢丝管绝，木槿花西见残月。”[①]李瑞《胡腾儿》写道：“胡腾身是凉州儿，肌肤如玉鼻如锥，桐布轻衫前后卷，葡萄长带一边垂。帐前跪作本音语，拾襟搅袖为君舞。安西旧牧收泪看，洛下词人抄曲兴。扬眉动目踏花毡，红汗交流珠帽偏。醉却东倾又西倒，双靴柔弱满灯前。环行急蹴皆因节，反手叉腰如却月。丝桐忽奏一曲终，呜呜画角城头发。胡腾儿，胡腾儿，胡乡路断知不知？”[②]

胡食味美，琳琅满目。史称“开元来，贵人御馔，尽供胡食。”这些胡食包括胡饼、饆饠、五福饼、搭纳、音部斗、驼峰炙、驼蹄羹、鹿尾酱等。贺朝《赠酒店胡姬》的诗就描写了酒肆中的胡食：“胡姬春酒店，弦管夜锵锵。红毾铺新月，貂裘坐薄霜。玉盘初鲙鲤，金鼎正烹羊。上客无劳散，听歌乐世娘。”

走在长安酒肆的街道上，跟清静的龙虎山相比，张高感到一股浓浓的尘俗味。胡姬压酒，胡乐当筵，灯红酒绿、感官刺激的世界，人们其实是在寻求一种麻醉的手段来将自己跟现实世界隔离开来。这个现象的背后是人们心灵真正颓废与迷失。然而，麻醉并不能真正解决心灵的痛苦和煎熬，酒醒之后，反而会加倍痛苦。世人的这种做法跟真道完全背道而驰，张高心中不禁感叹！

不知不觉间，张高走到一个名叫长乐坊的酒馆，大门上的一副对联，深深地吸引了他，对联写道：“李白问道谁家好，刘伶回言此处高。”进门一打听，此处正

① 《全唐诗》卷四百六十八。

② 《全唐诗》卷二百八十四。

是当年钟离权点化吕洞宾之处，可惜，仙人的题诗已经杳无踪影。胡姬当垆，素手相召，延入堂内。抬眼一看，四周酒器环绕，设计别致，简直就是一座酒的博物馆。胡姬含笑招呼：

“客官，请进！小女曹野那，欢迎客官光临！”

“请问，你们这儿都有些什么酒？能给我介绍下吗？”

“好的，我们长乐坊号称长安第一坊，服务上乘，酒品齐全，品质最优。从酒从颜色分，我们有白酒、红酒、黄酒、绿酒；从产地分，有郢州的富水酒，乌程的若下酒，荥阳的土窟春、富平的石冻春、别南的娆春酒、河东的干和酒、葡萄酒，岭南的云溪、博罗酒，宜城的九酝酒，浔阳的汨水酒，长安本地的西市腔、虾蟆陵、郎官清、阿婆清，还有波斯的三勒浆、龙膏酒。另外，还有加花草的花酒，如李花酒、菊花酒、松花酒、桂花酒、藤花酒、梨花酒、石榴花酒、百花酒等；从存放的时间和制作的工艺来分有新酒、老酒、清酒、浊酒、绿蚁酒、浮蛆酒等。长乐坊环境舒适，歌舞曲乐手都是胡乐大师苏祇婆的传人，品尝佳酿之外，还能欣赏一流的胡乐表演。”

“你能推荐一下，你们这里最好的酒吗？”

“当然，我们这里的龙膏酒，乃是酒中的珍品。该酒漆黑如墨，味美异常，深受皇家子弟的青睐。不过，这个酒什么都好，就是价格非常昂贵。”

“这个你不用担心，只管端酒上来。”张高选定座位坐下，说道。

好酒上来，一看二闻三品尝，一杯酒下肚，登时感到神清气爽，舒坦异常。

“曹野那，我有一事很纳闷，你们大门上为什么有‘李白问道谁家好，刘伶回言此处高’这么一副对联？”

“客官，你还不知道，这副对联是大名鼎鼎的诗人李白的亲笔题写的，李白可是我们这儿的常客，他几乎每天都来。杜甫写的酒中八仙，都是我们长乐坊的常客。没准儿，您一会儿就会碰到他们中的一个。”

“哦，果真如此？”

“千真万确。我们除了歌舞之外，还推出了一项特别的服务，就是凡是来本坊饮酒的客人，一有诗兴，可以自由在移动的纸墙上题诗作词。我们这里是神仙钟离权点化吕洞宾的地方，此举乃是模仿当年钟吕二位神仙，以示纪念。”

太好了，此举正中张高下怀。张高越喝越有味，越喝越高兴，不知不觉间，一大坛龙膏酒，被他一扫而空。此时，他诗兴大发，叫曹野那备好笔墨，提笔在纸墙上，一气呵成，写下三首诗，如下：

其一：

昔日曾随魏伯阳，经时醉卧紫金床。东君过我多情懒，罚向人间作酒狂。

其二：

省悟前非一息间，更抛人世弃尘寰。徒夸美酒如琼液，休恋娇娥似玉颜。
含笑谩教心思苦，别离还使鬓毛斑。云中幸有堪归路，无限青山是我山。

其三：

何用烧丹学驻颜，闹非城市静非山。时人若觅长生药。对景无心是大还。

“好诗！”

此时，身边的一位飘逸孤高的学者模样男子击节赞叹道。

“好诗不能无和，我来和一首吧。”说罢，该男子挥毫，在墙上题诗一首：

天若不爱酒，酒星不在天。
地若不爱酒，地应无酒泉。
天地既爱酒，爱酒不愧天。
已闻清比圣，复道浊如贤。
圣贤既已饮，何必求神仙。
三杯通大道，一斗合自然。
但得酒中趣，勿为醒者传。[1]

张高读完诗为之一震，全诗充满仙家气象，表面上句句谈酒，暗地里字字论道。真乃高人也！

“敢问先生尊姓大名？”

“在下，姓李名白，字太白。”

[1] 《月下独酌四首》之二，《全唐诗》第一百八十二卷，第1853页。中华书局，1960年版。

“哎呀，原来是酒中仙李白先生啊！幸会，幸会！”

“请问先生，您怎么称呼？”

“在下，姓张名高，字士龙。来自贵溪龙虎山。”

“哎呀，原来是天师大驾光临啊！真乃三生有幸。我对天师世家仰慕已久，今日得见真人面目。酒家，上好酒来，我要和天师痛饮一番。”

“哪里哪里，过奖！我才是对太白兄仰慕已久，太白兄的大作我都烂熟于心，今天真是天遂我愿啊！”

“对啊，依我之见。我俩是在重演钟离权度化吕洞宾的故事，您就是钟离权，我就是吕洞宾，是上天派您来度我的吧？”李白一席话说得张高哈哈大笑。

李白果然谪仙下凡，言语深契道要。张高与李白一见如故，更是把酒言欢，千杯不倒。

张高今天实在是太高兴了，既寻访到了钟吕二仙的仙迹，又见到了饮中八仙之一的李白，跟李白棋逢对手，推杯换盏不免喝得有点超量，有些醉醺醺了，居然把“阳平治都功”玉印忘在长乐坊，一个人径直乐陶陶地回家睡觉去了。

三、长安遗印　神迹惊人

第二天，张高醒来，发现玉印不在，满屋找遍皆不见踪影，后来，一拍脑门，哎，想起来了！昨晚上跟李白喝酒，喝得太高兴，把玉印忘在长乐坊里了。张高匆匆赶到长乐坊，一看，还好，玉印还是在桌子上原封不动。正要前去取印，听曹野那讲到了昨晚上发生的怪事。原来，昨晚张高把玉印忘在桌上之后，有几位公子哥儿，发现这是天师玉印，就想拿走，结果，几个人使尽吃奶的气力，玉印却纹丝不动；看玉印拿不动，几个人趁着酒劲儿，又去找来斧头想把玉印砸碎，结果，砸了半天，玉印毫发无损。大家都感到十分惊奇。张高听完，哈哈一笑，伸出手来，长袖一卷，玉印笼入袖中，飘然而去。张高走后，曹野那发现玉印上边的印文仿佛是渗透在桌面上，任凭怎么擦洗都抹不去，更是咄咄称奇！很快，张高和李白在长乐坊喝酒题诗，以及天师玉印的故事很快传遍了长安城。一时，大家都说，酒中八仙应该称酒中九仙才对，这第九个酒仙，就是张高了。

唐玄宗也听说了这件事，过了两天就在金銮殿上召见张高。一见张高仙风道貌，心中不由赞叹：天师世家果然神仙胤嗣啊！

“天师，听说你跟李白一起饮酒题诗，诗才和酒量都旗鼓相当，长安城的百姓都称你为‘酒中第九仙’，你可知道？”

“陛下，跟李白一起饮酒题诗一事属实，酒中第九仙，实在是不敢当！”

“张爱卿，长乐坊的玉印一事，别人真的拿不动天师的玉印吗？天师世家现在还有什么印呢？我很想知道是什么原因，你可以告诉我吗？”

“别人拿不动天师玉印之事，的确属实。别人拿不动玉印，是因为，天师之印皆有守护之神守卫，遇到紧急的情况，守护之神就会保护玉印，免受损害。我们天师家传有祖印、卞和印和金印。祖印乃是东汉汉安二年正月十五日于四川鹤鸣山，太上老君授予祖天师的阳平治都功印一枚和雌雄二剑来制伏天下鬼神。后来第二代天师张衡得到卞和玉镌文阳平治都功印，这就是卞和玉印。祖印直径为二寸，乃上行之印，是向天上的神上章上表时候用；卞和玉印直径四寸，乃下行之印，就是人世间的文牒上使用。祖上规定，祖印不能带下山，必须留在龙虎山天师府，因此，祖印又叫镇山印。另外，还有一枚金印，上面刻的星文云篆为‘功平五炁印’。我此次进京觐见皇上带的就是卞和玉印，请陛下过目。”

张高向玄宗呈上卞和玉印。玄宗手把玉印仔细观赏，见玉印青白玉质，洁白莹润，印纽为一蹲踞触角螭龙，翻唇露齿，眉须后拂，腿关节部位毛发翻卷长飘，雕琢精细，生动传神；印面为阳文九叠篆体“阳平治都功印”六字，极为古雅，不禁感叹：“真乃稀世之宝！”

于是下诏册封张道陵“汉祖天师”，颁赐金帛，免除龙虎山租税，命张高京师置坛传箓，广度道士，一时间长安城热闹非凡，很多人都皈依在张高门下。此后唐肃宗又特赐龙虎山香帛，命张高在山中建醮，为国祈福。唐肃宗还亲笔题写了赞祖天师的诗，可惜今天已经遗失了。不少文献记载了唐明皇召见张高这件事情。

《汉天师世家》记载：

> 十五代天师，讳高，字士龙。姿宇超旷，好酒，纵饮一石，不醉。唐玄宗召见，命即京师置坛传箓，颁赐金帛，免租税，册封汉祖天师号。肃宗降香币，建醮于山中，赐宸翰以赞天师像。尝忘玉印长安酒家，有少年力举之，不能动。明日，天师至，笑而携去。年九十三化，元至正十三年，赠太玄崇德玄化真君。

《历世真仙体道通鉴》卷十九“张高”条：

张高，字士龙，一云字士隆；后避唐玄宗讳改士龙，子明长子也。学道守真人之法，饮酒至一石而不醉。唐明皇召见于京师，置坛受箓，降赐金帛，仍免租税，册封汉祖天师之号。肃宗降香建醮，亲洒宸翰以赞天师。贞元中，降供养。供养金镀银香炉、香合、徘罗绢、金帕及黄複器物。年九十一岁卒家。

据说张高年九十三岁羽化。元至正十三年，被追封为太玄崇德玄化真君。明太祖朱元璋和高道白玉蟾专门为第十五代天师张高作诗赞，对他的生平事迹、道法特点和主要功绩作了总结。

朱元璋诗赞“第十五代张高”：

漆园善纪，槐国昭然。同此幻化，千古尚传。
师能善已，乃达于仙。虚灵不昧，道气常全。

白玉蟾《赞历代天师》第十五代讳高，字士龙。

丹台一点玉髯翁，千古天师张士龙。招弄篌山诗技巧，吐吞风月酒神通。

第五章

第十六代天师张应韶评传

一、躬耕自娱　精修至道

第十六代天师张应韶，字治凤，为第十五代天师张高的长子。其父张高以饮酒而闻名，而应韶则以善吹铁笛而名垂道史。张应韶自幼博学经典，精修至道，能百日不食。嗣教后不久，就思忖寻找一处风水宝地来隐居修行。这种想法一来是受祖上隐居家风的影响，二来是自己修道的实际需求。于是，一有空闲便外带上舆图和罗盘，外出寻访名山洞穴，考察哪些地方适合修道。每次外出均携长子张颐同游，目的是借此来磨炼张颐，同时培养他堪舆方面的知识。每次外出都有详细查看并研究舆图，确定龙脉的走势，以及砂和穴的确切位置，然后进入实地勘探。

古人对山川、大地和河流的看法跟今天有很大的不同。古人的眼中山川大地并非是没有生命的冰冷的物质，而是跟人体一样是有血有肉，充满生机的。在古代堪舆家看来，土壤就好似人的肌肉，而河水就好比人的血液，岩石就好比人的骨骼。大地有中心，就好比人体有脊椎一般，大地的中心就是昆仑山。古人把山脉喻为龙脉，而昆仑山就是风水龙脉的祖山。杨筠松《撼龙经》称："昆仑山是天地骨，中镇天地为巨物。如人背脊与项梁。生出四肢龙突兀。四肢分出四世界，南北西东为四派。西北崆峒数万程，东入三韩隔杳冥。惟有南龙入中国，胎宗孕祖来奇特。黄河九曲为大肠，川江屈曲为膀胱。分枝劈脉纵横去，气血钩连逢水住。”千里来龙，到头结穴。堪舆师若明了龙脉的走势规律，也就知道何处结穴，就能找到风水宝地。古人深信天地之间存在着非常深刻的关联，这个联系就是气。这也是古人的世界观和宇宙观决定的，认为万物一气耳，“气行乎地中。气行也，因地之势；气聚也，因势之止。古人聚之使不散，行之使有止，故谓之风水。”[①]需找风水宝地，其实就是去寻找天地人之间的那种顺天、应人、得地脉的最佳关系。对修道者而言，更是当务之急，故而道教有三十六洞天、七十二福地之说。换言之，风水吉地，能极大促进修道者的成功。工欲善其事，必先利其器，张应韶和张颐的种种努力皆围绕一个中心——修道。

一日，张应韶、张颐随着龙脉的走势一路来到上清南三十里的一处胜地，人称崖山。抬头一看，只见这里祥云结空、隆峰雄壮、群山飞翥、深谷流溪、崆峒奥演、山停水聚、元气融结、修竹茂林、鸟语花香，实乃钟灵毓秀之世外桃源，云雾缭绕之人间仙境。向山中樵夫一打听，原来这崖山高十五里，周迴六十里，南接云林，东连琵琶，上有三老峰和龙潭；下有汤家洞、黄家山、龙须井。

来到了黄沙坑龙须井处，张应韶手中的罗盘的指针微微抖动了一下。只见井泉盈盈，活水灵动，清冽见底。有诗为证：

潜龙蛰伏井渫老，
井畔遍匝龙须草。
风梳雨栉不计年，
奋掀一拂天地小。
灵泉活活泻九区，
区区满捋痴龙珠。
采之撷之编为席，
高眠不卷冷云嘘。
草堂睡足卧龙庐。[②]

“颐儿，你看此处如何？”

“父亲，依我看——后有靠山、左有青龙、右有白虎、前有案山、中有明堂、水

① 郭璞：《葬经》。
② 张玉运：《龙须井》。

流曲折。这应该就是传说中标准的风水宝地了。”

“说得太对了，风水之法，得水为上，藏风次之。颐儿，看来你的眼力大有长进啊。另外，不知道你注意到没有，这里的山前山后处处盛产黄精，这可是风水宝地的重要标志啊！《五符经》云：‘黄精获天地之淳精，得坤土之精粹’，黄精又名戊巳芝，《灵芝瑞草经》中称之为黄芝，乃四大仙草之一，长期服食，可容颜永驻，青春不老，乃修道之利器啊。”

“哦，我看到黄精了，哎呀，漫山遍野，真是太好了！谢父亲褒奖，我现在虽然粗通觅龙、察砂、观水、点穴、立向，但是对阳宅和阴宅的风水之间的区别一直不太清楚，请父亲给我点拨点拨。”

“古人云：‘夫宅者，阴阳之枢纽，人伦之轨模。’又说：‘地善即苗茂，宅吉则人荣。’关系到一个家庭的祸福昌吉，对堪舆家来说，千万不能出错，否则后果严重。《疑龙十问》云：‘大凡阳宅怕穴小，穴小只宜安坟妙，小穴若为轮奂居，气脉伤残俱凿了。’又说：‘大凡阳宅要穴大，宽阔连绵又平伏。前头横玉眼前宽，可为市井于内外。’阳宅和阴宅的最大区别就在于穴的大小，故阳宅之穴场、明堂，以宽阔平坦为得势。风水家推崇‘居处须用宽平势，明堂须当容万马’。我们修道之人对风水的要求更高，因此有‘天下名山僧道占’的说法。”

“太好了，经过您的点拨，我现在明白了不少。父亲，我还有一个问题，困扰了我很久，不知当问不当问？”张颐忽然变得有点吞吞吐吐。

“犹豫什么，但说无妨。”

“我常常听人们说我们修道之人穷酸，说我们根本不懂得世俗世界的许多乐趣，还说我们每天打坐念经的修道生活，枯燥乏味，简直就是浪费生命。父亲，您是怎么看待这个问题的呢？”

“说老实话，我年轻的时候跟你一样也遇到了同样的问题，我相信你的爷爷还有我们的祖辈们都遇到过这个问题，因此，我非常理解你的感受。其实，这个问题说复杂也复杂，说简单也简单。我认为这个问题的产生是因为不同的价值观和世界观造成的。金钱权势谁人不慕？美味佳肴哪个不爱？并不是说，我们跟世俗的人相比有多么的特别，我们故意不跟他们一样，非要去过清苦单调的生活不可。而是世俗的生活，用道的眼光来看，是有漏的，有缺憾，甚至会带来病痛和灾难，因为，他们违背了道的规律。隐修生活，狼虫为伴，虎豹为群，獐鹿为友，猿猴为亲，也并非如世人想象得那般清苦，当修行达到一定的境界之后，所获得的快乐，是无法用言语来描述的。我们修道之人，也追求快乐，不过不是世俗的短暂的快乐，我们并非厌倦人生，而是深爱人生，我们只不过是用更加深远的眼光来关注人生，因此，最终才能了脱生死，获得永恒的快乐！”

“谢谢父亲教诲，您的回答给我很大的信心。这下我明白了隐修的真义了。”

“很好！我们先搭个茅屋，等安顿好之后，再把你母亲接过来。”

二、铁笛裂空　声震老龙

于是，张应韶和夫人秦氏、儿子张颐结庐龙须井，躬耕黄沙坑，每日打坐、诵经，道业日进。时间过得真快，不知不觉到了一年一度的中秋佳节。当天晚上，月光皎洁，如水银泻地，张应韶手持铁笛，斜坐在龙须井旁，看着月亮在水中波光粼粼的倒影，屏气凝息，鼓腮一吹，只听那铁笛，在寂静的山野中，发出穿石裂空的声音，声闻数里之外。有诗曰：

满天沆瀣起清风，白鹤飞来上翠松。
月冷山空吹铁笛，一声唤起玉渊龙。[1]

闻道谁吹铁笛声，石崖轰裂老龙惊。
当年人已服丹去，千古荒亭秋草生。

张应韶这么一吹不打紧，却把井中蛰伏数百年的神龙惊醒了。只见，波光粼粼的井水，突然水花翻腾，一只龙头，从水中冒了出来。此情此景把张应韶吓了一跳，神龙并无恶意，开口便问：“请问先生，可是来自云锦山的天师？”

“不错，在下便是。”张应韶稍感释然。

见那神龙恳求道：“师父在上，受弟子一拜！请收我为徒弟吧！”

“不要拘礼，快请起！请说说事情的原委吧。”

“好的，我原本是云锦山神龙，当年祖天师张道陵在云锦山丹成而召见我，我当时就想拜祖天师为师父，可是他说我跟几百年后的第十六代天师才有学道

① 白玉蟾诗，见《全宋诗》。

的缘分，要我在龙须井中蛰伏，一旦听到铁笛之声，就马上出来拜师。我在井水中等待了好几百年，不容易才盼到今天啊！”

“哦，原来如此！既然你受了祖天师的点拨，那你就是我们天师之门的弟子。”

“多谢师父，太感谢你了，我终于如愿以偿了！”

此后，张应韶的身边，又多了一位弟子。此后，蛇龙请求张应韶天师讲解道门中至秘《黄庭经》。为了避免无关人员偷听，神龙在绝壁之上找到一岩洞，上不沾天下不着地，凡人无法抵达。每到讲经的时间。神龙便驮着张应韶和张颐，来此洞中，听张应韶诵读并讲解《黄庭经》。据传，每当张应韶为神龙讲经之时，远处的居民，都能看见峭壁上的山中发出阵阵祥光。因此，当地的人把这个山洞称为读经洞。后张应韶天师羽化，张颐多次来读经洞探访，因为这个原因人们又称之为访师岩。传说张应韶天师羽化后，神龙就再也没有出现过了。

话说，自从神龙出现之后，张应韶的铁笛几乎每天都吹。每听笛声，张颐都有一种难以描述的感觉。每逢此时，他总是感到心情非常宁静，甚至夹杂着极为美好的感觉，整个人就仿佛进入天堂一般，非常惬意。即使这样，张颐依然对父亲吹铁笛的举动，不甚了解。有一天，趁父亲不在，张颐偷偷拿出父亲的铁笛，这只铁笛之间，上有七孔，笛已经磨得光滑又锃亮，想自己试吹一下。没想到，费尽九牛二虎之力，铁笛连一个音都没有发出来。这让张颐大惑不解。

“父亲，你的铁笛，我无论怎么吹也吹不响，这到底是怎么回事啊？”

三、金声玉振　驱邪荡秽

张应韶一听，莞尔一笑道：“铁笛不是用力气吹，而是用心吹才吹得响的。吹铁笛是我们道门修道的绝技，从古及今，很多修道成仙的道人，都善吹铁笛，我只是追随他们的步伐而已。”

“啊，没想到吹铁笛还有这么大的来头。可是，我还是不明白，怎么吹吹笛子，怎么就是修道了呢？”

“好吧，我来告诉你吧。古人认为律吕具有协调阴阳，协调宇宙气机变化的功能，因此演奏乐器也必定会对外面的世界产生一定的影响。《周髀算经》卷上称：‘冬至、夏至，观律之数，听钟之音。’如《后汉书》志第一律历称：‘上古圣人本阴阳，别风声，审清浊，而不可以文载口传也。于是始铸金作钟，以主十二月之声，然后以效升降之气。'《千字文》中也有'闰余成岁，律吕调阳'的说法。《群谈采余》称'钟声晨昏叩一百八声者，一岁之义也。盖年有十二月，有二十四气，又有七十二候，正得此数。'道教《道书援神契》谈到钟磬时也认为'古者祭乐有编钟编磬，每架十六，以应十二律及四宫清声。又有特悬钟特悬磬，特悬者，独悬也。今洞案金钟玉磬，又有大钟等，皆本诸此。其大铜磬，本诸击缶。周礼，凫氏为钟，磬氏为磬。'[①]古人还认为有五声八音乃音乐之本，其中五声为宫、商、角、徵、羽，八音为金、石、丝、竹、匏、土、革、木。八音之中，金石为重，认为金石之音为音之集大成者。孟子也说：'集大成也者，金声而玉振之也。'这就是修道者为什么使用铁笛而不用竹笛的重要原因。笛者，涤也。所以涤邪秽，纳之雅正。而铁笛能发挥金声玉振，驱邪荡秽的功能更强，因而有'一声吹破浑沌窍，一声吹破天地心。'和'铁笛无孔木人吹，响亮一声振地威；惊起大悲千手眼，神通应便露全机'的赞誉。"

"铁笛如此神妙，父亲你教我吹铁笛吧！"

"这个要根据个人的根性来定，不可强求。"

张颐是否跟父亲学会了吹铁笛，我们已不得而知。

一日，张应韶预知时至，将铁笛悬挂在龙须井上，端坐而逝。后被葬于井傍。至今留有仙人墓、灶构树门等遗迹。不少文献记载了张应韶天师的事迹。

《汉天师世家》载：

十六代天师，讳应韶，字治凤。袭教后，授其子以剑印，隐居山南龙须井上，躬耕自娱。每据石吹铁笛井上，声闻数里。一日，悬篴井上，端坐而化，葬井傍。今有仙人墓，灶构树门在焉。所耕之地，号黄沙坑。元至正十三年，赠洞虚演道冲素真君。

《历世真仙体道通鉴》卷十九"张应韶"条：

张应韶字治凤，士龙之长子。博学经典，后隐山中辟谷，能百日不食。与妻子躬耕，能吹铁笛，数里外闻之。一日告其子曰：吾世传真人之教，功及于人多

① 《道藏》第32册，第144页。

矣。吾今垂年，汝当传守。言讫，兀然端坐，瞑目而化，年九十九。

明代陈继儒《笔记》卷一载：

张应韶吹铁笛，数里外闻之。后杨廉夫自号铁笛道人。笛在张仲仁处，闻其色有羽绿，损而多坎，吹之不能成声矣。廉夫草玄阁至今存。望仙桥阁署亦付之祝融，可惜。

此外值得一提的是，唐杜光庭《道教灵验记》卷十三《天师剑验》记载第十六世天师以神剑济世度人的灵异事迹。特录于后备考。

天师剑，五金所铸。状若生铜，五节连环之柄，上有隐起符文、星辰日月之象，重八十一两。常用诛制鬼神，降剪凶丑。升天之日，留剑及都功印，传于子孙。誓曰：我一世有子一人，传于印剑及都功箓。唯此，非子孙不传于世。顶上有朱发十数茎，以表奇相，于今二十一世矣。其剑时有异光，或闻吟吼，乍存乍亡，颇彰灵应。至十六世，天师好以慈惠及人，忧轸于物，以神剑灵效，每有疾苦者，多借令供养，即所疾旋祛。邻家夜产，性命危切，亦以此剑借之。既至产家，有神光如烛，闪然照一室之中，堕地而折。

明太祖朱元璋和高道白玉蟾，专门为张应韶天师写了诗赞，总结了其生平事迹、道法特点和主要功绩。

朱元璋诗赞“第十六代张应韶”：

继传十六，人皆辟谷。日食黄精，貌态异俗。
岁月以来，亦复如复。牛背西风，苍山一曲。[①]

白玉蟾《赞历代天师》第十六代讳应韶，字治凤。

一亩闲云独自耕，草庐寂寂诵黄庭。又言辟谷归山后，月夜时闻铁笛声。

① 《皇明恩命世录》卷一，参见《道藏》第34册。

第六章

第十七代天师张颐评传

一、毅然出仕　贵溪一尉

第十七代天师张颐，字中孚。是历代天师中少有的曾经出仕做官，以孝行著称于世的天师。张颐早年曾跟父亲一道结庐隐居修道。但是令人颇感意外的是：身为第十六代天师长子的张颐，竟然效力朝廷，求取功名并出仕，这的确是一个令人费解之谜。由于资料的缺乏我们只能作一番揣测，张颐的孝行和出仕这两件事，肯定跟他自幼饱读儒家诗书，深受儒家修身齐家治国平天下的思想的影响有关。

在儒家的思想框架中，孝亲和忠君都处于极为核心的位置，受到历代君王的高度重视和强调，成为选拔官员和任用人才的重要考评标准。孝和忠，是一个问题的两个方面，两者并无本质的不同。从家庭的层面来看是孝，从国家的层面来说则是忠。忠君乃是扩展版的孝，将对父母之孝扩充至君王和国家，实际上就是孝的另一种形式；孝亲乃是缩小版的忠，其实就是忠的另一种形式。读书进取，博取功名，建功立业，既为君王所用，又光宗耀祖，你很难区分哪个是忠，哪个是孝。因此，按照这个逻辑，张颐选择出仕，无疑是孝行的一种延续，努力通过自己的个人奋斗去光大门楣，荣耀祖先！当然，也不能排除张颐有意欲通过出仕的方式来施展自己的雄才大略和非凡抱负的个人考虑。

那么，张颐到底在哪里出仕，担任多大的官职呢？据《汉天师世家》《历世真仙体道通鉴》和《龙虎山志》的记载，称他曾经担任贵水尉。查唐代郡县志，并无贵水县，应该是舛误，而白玉蟾的诗赞则称张颐为贵溪尉，白玉蟾的说法在他生活的南宋，应该是有所依据，似乎更符合实际，而贵溪恰好是唐代信州之下所设的几个县之一，也是龙虎山的所在地。《历世真仙体道通鉴》将第十六代天师记为张顺，应该是张颐的笔误，查遍天师世家和通鉴，都称张颐，因为顺和颐字体非常相似。

张颐担任贵溪尉，平时都做些什么样的工作呢？《通典》卷三三《职官》十五记载：县尉“铜印黄绶，朝服，武冠”。在唐代的县级地方行政机构中，县令是第一把手，负责统筹全局；县丞是第二把手，负责辅佐县令行政；县尉则负责办理各种具体的事务。如《唐六典》的记载，唐代县尉的职掌为：“亲理庶务，分判众曹，割断追催，收率课调。”总的来说，唐代的县尉职掌包括行政、司法、财政各个方面。具体讲就有如下职能：

首先，司法捕盗职能。即《文献通考》中所说的“追捕盗贼”职能，相当于今天公安或警察的职能。

其次，司法检查和审判的职能。相当于今天的检察官和法官的职能，如《文献通考》中所说的“侍查奸非”。县尉不仅要掌握当地人口户籍，还必须精通法律，熟悉处罚条例。

另外，是判决文书，处理县务职能。所谓判决文书就是，指对上报的文件批示处理意见并署上自己的大名。

最后，唐代的县尉还具有征收税务的财政职能，即所谓的“割断追催，收率课税”的职能。

虽然，县尉只是在县令监督之下负责各项县务的官员，其行使职权只是在县令授权和法律允许的范围内，但是由于县尉每日处理诸多具体事务，因而对县级行政单位的正常运转具有重大影响。崔致远在《前婺州金华县尉李涵摄天长县尉》牒中说：“夫县尉之设，其官虽卑，其务甚重，动则推详滞狱，静则慰抚疲甿，是以佐僚惮其直声，宰尹亦怀其畏色。”县尉的重要性可见一斑。

那么，在唐代到底哪些人才能成为县尉呢？唐代史学家的研究表明，在唐代县尉主要有三个来源：一是贬降官，是指那些高品阶的官员，因各种原因而被贬谪为县尉；二是通过其他低品秩或同一品秩的官员转迁而来；三是通过科举应试而成为县尉。在唐代科举及第之后，取得了做官的资格身份，然后经吏部的铨试或科目选，成为县尉。唐朝旧制规定：科举得阶者，最高不过正八品上。[①]因此，唐代制举及第者，多授予从九品下阶或上阶的县尉。据《唐代县官与地方社会研究》一书的统计显示，科举入仕的起阶官为县尉的 90 人中，进士 57 人，明经 14 人，制举 18 人，明法 1 人。其中进士人数占总人数的 63.3%，可见唐代绝大多数的县尉为进士出身。[②] 县尉一职，任职者深受全方位的历练，因而成为进士出身者升任高位的最佳中转站之一。从这些背景可以推测，张颐很可能就是科举进士及第后被吏部铨选为县尉的。

在唐代县尉位卑而任重，事无巨细都得亲力亲为，简直琐碎不堪，因而颇受那些胸怀"青云之志"的唐代诗人的鄙视。如唐代诗人高适和白居易，都曾出任封丘县尉。县尉低贱的职位，繁重的工作，跟他们理想的生活相去甚远，因此他们都非常厌恶县尉的工作。高适在《封丘县》一诗中，表达了他的痛苦和愤懑。

我本渔樵孟渚野，一生自是悠悠者。乍可狂歌草泽中，宁堪作吏风尘下？
只言小邑未所为，公事百门皆有期。拜迎长官心欲碎，鞭挞黎庶令人悲。
归来向家问妻子，举家尽笑今如此。生事应须南亩田，世情付与东流水。
梦想旧山安在哉？为衔君命且徘徊。乃知梅福徒为尔，转忆陶潜归去来。

其《同颜少府旅宦秋中》是与颜氏唱和之作，对"英俊沉下僚"的现状十分不满：

传君昨夜怅然悲，独坐新斋木落时。逸气旧来凌燕雀，高才何得混妍媸！
迹留黄绶人多叹，心在青云世莫知。不是鬼神无正直，从来州县有瑕疵。

诗中的"黄绶"即代指县尉白居易，进士及第后授盩厔县尉，盩厔县属京兆府。赴任之后，作《京兆府新栽莲》一诗抒愤：

污沟贮浊水，水上叶田田。我来一长叹，知是东溪莲。
下有青泥污，馨香无复全。上有红尘扑，颜色不得鲜。
物性犹如此，人事亦宜然。托根非其所，不如遭弃捐！

---

① 《新唐书·选举志上》。

② 张玉兴著：《唐代县官与地方社会研究》，天津古籍出版社 2009 年版。

昔在溪中日，花叶媚清涟；今来不得地，憔悴府门前。

张颐的看法可跟上述诗人们的观点颇为不同。跟他的祖辈相比，张颐的积极入世，看起来似乎有点离经叛道，确实跟他的祖辈形成了强烈的反差。不过，真正理解张颐的人知道，其实张颐正在以一已之力去探索一些亘古未解的难题，即人道和仙道之间如何协调统一的问题。具体讲，张颐探索的难题是：难道修道一定要隐居山林，远离尘世？难道修道一定是跟世俗的生活相对立不成？这两者有没有调和的可能性？张颐自己的家学渊源和自己自动所受的儒家的思想的浸润，从两个相反的方向牵扯着他，一个要他出世，归隐山林，一个要他入世，积极进取。如何在两个相反的张力之间找到最佳的平衡点？张颐所面临的不单是一个个人的命题，而且是一个时代的命题。随着唐代时期，儒释道三家进一步的相互交融和砥砺，三家皆经历着深刻的嬗变。尤其是佛教的本土化运动和大乘思想的广泛传播，也深刻地影响了道教的教理教义。道教的教理教义经过崇玄思潮的洗礼之后，如何将追求一己成仙的思想跟普度众生的大乘精神相互圆融，便成为当时道教理论探索的当务之急。正是因为张颐所处的时代，让他义无反顾地肩负起了融摄这二者的历史使命。以张颐忠孝兼重的特点，以及他敢于面对重大理论命题的挑战的个性，可以想见，张颐必然励精图治，加上他本是贵溪县人氏，熟悉当地的风土人情，因此他治下的贵溪县，想必是政治清明，社会安定的。

二、至孝侍母　月不解带

此外，说到张颐，他以至孝而著称，张颐所表现出来的孝行，在整个天师世家中特别突出。在目前留存下来的有关张颐的文字中，其中强调他侍奉母亲的孝行，几乎占了有关张颐文献的大半篇幅。如：

元明善《龙虎山志》载：

颐，性至孝，侍母疾，经旬月不解带，啜粥饮水。每谓学者曰：不孝而学仙，犹舍舟楫而涉大川也。是为天师十七代。

《汉天师世家》载：

十七代天师，讳颐，字中孚。至孝，母疾，经旬月不解带。每谓人曰：人不忠孝，而欲学道希仙，是舍舟楫而涉大川也。

这些资料均提到了张颐的母亲生病后，张颐为了无微不至地照顾母亲，亲自给病重的母亲喂水喂饭。为了方便照顾母亲，甚至到了衣不解带的地步，这种情况差不多延续了一个月左右。张颐的孝行，当代人看来似乎并无任何特别之处，觉得古人都是如此，但是，如果我们将此一案例放入整个张颐所处的时代背景，就会发现，文献中所记载的张颐的孝行别有一番特别的意蕴。

三、弃官袭教　忠孝致仙

张颐所处的时代，正是唐代皇帝和佛教界就是否“拜君亲”的问题发生激烈冲突的时代。冲突的真正的根源乃是外来的佛教中不拜俗人的教义跟中国儒家忠孝思想矛盾。佛教跟朝廷之间“拜君亲”问题的争执由来已久，早在东晋时期，慧远跟桓玄就此问题展开争论。最终，慧远以《沙门不敬王者论》一文折服桓玄，于是桓玄下令准许沙门不拜君主。至此，佛教跟朝廷就“拜君亲”问题的争执以佛教界的胜利而告结束。到了隋代，隋炀帝大业三年(607)颁布的《大业律令》条文规定：“诸僧道士等，有所启请者，并先须致敬，然后陈理。”不过，隋炀帝虽然颁布律令，但是佛教界和道教界并不买账。以至于，当隋炀帝在长安南郊接见群臣时，佛教僧尼和道教道士女冠“依前跱立”，并未致拜隋炀帝。到了唐代，“拜君亲”问题再起波澜，唐高祖、唐太宗、唐高宗及至唐玄宗等诸位皇帝，同佛教界发生了数次争论与对抗。贞观五年(631)，唐太宗对大臣们说：“佛道设教，本行善事，岂遣僧尼道士等，妄自尊崇，坐受父母之拜，损害风俗，悖乱礼经，宜即禁断，仍令致拜于父母。”[①]虽然只是要求僧尼道士去致拜他们自己的父母，但仍遭到佛教徒激烈的反对，两年后，唐太宗被迫撤销了这道敕令。唐高宗时，“拜君亲”的问题愈演愈烈，唐高宗处心积虑想扭转佛教不拜君亲的这种状态，又汲取了过去的历代君王反对佛教不“拜君亲”的失败教训，首先于显庆二年(657)下诏禁止僧尼受其父母及尊长的礼拜，投石问路，来试探佛教界的反

① 《贞观政要》卷七，参见《钦定四库全书》。

应，唐高宗的诏令称："释僧离俗，但务贵高，坐受父母之拜，有伤名教。自今僧尼不得受父母尊者拜，所司明行法制禁断。"结果，唐高宗的诏令并没有受到佛教教团的反对，整个佛教界表现得非常平静。唐高宗初战大获成功，于是打算再接再厉更进一步，彻底扭转佛教界不拜君亲的局面。于是，他于龙朔二年(662)，再度发布诏令打算让佛教徒和道教徒拜君亲，诏令如下：

唐高宗敕旨

君亲之义，在三之训为重。爱敬之道，凡百之行攸先。然释老二门，虽理绝常境。恭孝之躅，事叶儒津。遂于尊极之地。不行跪拜之礼。因循自久，迄乎兹辰。宋朝暂革此风，少选还遵旧贯。朕禀天经以扬孝，资地义而宣礼。奖以名教，被兹真俗。而濑乡之基，克成天构。连河之化，付以国王裁制之由，谅归斯矣。今欲令道士女官僧尼，于君皇后及皇太子其父母所致拜。或恐爽其恒情，宜付有司详议奏闻。[①]

唐高宗采取了比较柔性的策略，试图制造声势，先让各级官员就此问题进行大讨论，试探各级官员对此的看法，然后，在此基础之上，迫使佛教徒致拜君亲，便顺理成章，有望一举而扭转不拜君亲的局面。哪知诏令一出，立即引起了轩然大波。佛教教团强力反弹，一方面向皇帝上书强烈反对，一方面，联络那些笃行佛教的权贵向皇帝施压。九品以上文武百官，以及在京的州官、县官，共一千多人集中尚书省对此讨论和表决的结果也令唐高宗十分失望。官员大部分赞成不拜君亲，据统计 539 人议请不拜，354 人议请拜，令狐德棻和阎立本便是这两种对立意见的代表。唐高宗闹了这么大的动静，结果被迫让步，只好下《停沙门拜君诏》，下令"今于君处勿须致拜"。[②] 不过，僧尼们对此仍不依不饶，依旧要求不拜父母，但声势已大不如前，致拜父母之事最后也不了了之。到了唐玄宗时，旧事重提，唐玄宗于开元二年闰二月，玄宗颁布"令道士女冠僧尼拜父母敕"，命令"自今以后，道士、女冠、僧尼等，并令拜父母。丧纪变除，亦依月数"。依然受到佛教教团的强烈反对。开元二十一年(733)，玄宗再次下令僧尼道士必须致拜君亲，唐玄宗的"僧尼兼拜父母诏"称：

---

① 《广弘明集》卷二十五，参见《钦定四库全书》。

② 《广弘明集》卷二十五。

道教释教，其来一体，都忘彼我，不自贵高。近者道士女冠，称臣子之礼，僧尼企踵，勤诚请之仪。以为佛初灭度，付嘱国王，猥当负荷，愿在宣布，盖欲崇其教而先于朕者也。自今已后，僧尼一依道士女冠例，兼拜其父母，宜增修戒行，无违僧律，兴行至道，俾在于此。[1]

在皇权的反复的高压之下，唐开元末年，佛教最终屈服于皇权顺从了拜君亲的诏令。反观道教，在拜君亲的这个问题上，不像佛教那样强烈反对，而是在语言上保持沉默，在行动上却与中央保持一致，践行皇帝所提倡的“拜君亲”令。在整个佛教界都反对拜君亲的背景下，张颐身为道士却努力侍奉照顾自己的母亲，真是当时宗教界难得的正面典型，因此，其榜样的力量不言而喻。

那么，为什么道教界不像佛教界对“拜君亲”的问题如此强烈地反对呢？这是根源道教自身的传统中，早就有孝亲和忠君的思想。如早期道教经典《太平经》就非常提倡“上善之法”与“上孝之术”。所谓“上善之法”指：“其行为也，常旦夕忧念其君王也。念欲安之心，正为其疾痛，常乐帝王垂拱而自治也，其民臣莫不象之而孝慈也。其为政治，但乐使王者安坐而长游，其治乃上得天心，下得地意，中央则使万民莫不欢喜，无有冤结失职也。跂行之属，莫不向风而化为之，无有疫死者也，万物莫不尽得其所。天地和合，三气俱悦，人君为之增寿益算，百姓尚当复为帝王求奇方殊术，闭藏隐之文莫不为其出，天下回应，皆言咄咄善哉，未尝有也。上老至于婴儿，不知复为恶，皆持其奇殊之方，奉为帝王，帝王得之，可以延年。皆惜其君且老，治乃得天心，天地或使神持负药而告子之，得而服之，终世不知穷时也。是所谓为上善之臣子臣民之行所致也。”所谓“上孝之术”指：“上善第一，孝子者。念其父母且老去也，独居闲处念思之，常疾下也，于何得不死之术，向可亲往居之，贱财贵道活而已。思弦歌哀曲，以乐其亲，风化其意，使入道也。乐得终古与其居，而不知老也。常为求索殊方，周流远所也。至诚乃感天，力尽乃已也。……是名为太古上皇最善孝子之行，四方闻其善，莫不遥为其悦喜，皆乐思象之也。因相仿效，为帝王生出慈孝之臣也。夫孝子之忧父母也，善臣之忧君也，乃当如此矣。”归结起来就是要修道者孝亲忠君。

---

[1] 《唐大诏令集》。

东晋时期葛洪的《抱朴子内篇·对俗》明确指出“欲求仙者要当以忠孝、和顺、仁信为本”。唐代道经《洞玄灵宝道学科仪》“父母品”规定“出家之人，若道士、女官，身心依道，俗化全一隔，然于鞠养，有殊常俗。若在远，随四时省问；若在近，随月朔省间；在寒在热，在凉在喧，定省之时。”要求道士女冠归省双亲，对父母要嘘寒问暖时常关心。孝亲忠君的思想在净明道中被推向了极致，提出了忠孝成仙的观念，《太上灵宝净明四规明鉴经》称：“仙学始乎孝，至道而学成。上士以文立忠孝，中士以志立忠孝，下士以力致忠孝，味道者反此不有于忠孝。何谓上士以文立忠孝？以言为天下唱。何谓中士以志立忠孝？以行为天下先。何谓下士以力致忠孝？以身为众人率。如此者，南昌上宫著名，升籍入仙，而忠孝之送终矣。”

应该说，第十七代天师在道教忠孝成仙的观念的嬗变过程中，应该占有自己的一席之地。据说张颐，在父亲张应韶羽化之后，弃官嗣教。张颐修道有成，年八十七岁（白玉蟾称他九十而化），童颜皓齿，不疾而化。

明太祖朱元璋和高道白玉蟾的诗赞总结了他的生平事迹和道法特点和主要功绩。

朱元璋诗赞“第十七代张颐”：

至危而全，难去而天。乃知尔仙，乃知尔贤。
流派十七，道气陵烟。孰谓其颠，孰谓有缘。[①]

白玉蟾《赞历代天师》第十七代讳顺，字仲孚。

贵徯一尉隐家山，静结茅庐三两间。九十岁时尸解日，时人独见是童颜。

① 中《皇明恩命世录》卷之一，参见《道藏》第34册。

第七章

第十八代天师张士元评传

一、玄冠跨虎　瘠而多髯

第十八代天师张士元，字仲良，身体颀长清瘦，胡须茂盛，堪称风度翩翩之美髯公。要谈张士元天师就不能不提到应天山，因为他曾经在应天山隐修四十年，把自己一生的大部分时间都奉献给了应天山，奉献给了他所热爱的道教事业。《汉天师世家》载："十八代天师，讳士元，字仲良，瘠而多髯，居应天山四十年。山多虎，人莫敢谒。惟三元日，则下山传箓。每大风雨，或见其玄冠，乘黑虎往来诸峰间，知其为天师也。今山南有丹舍，山北有翻经石，黑龙井，碧莲池，皆其遗迹。"

二、三教合流　情钟象山

那么，应天山到底是一座什么样的山？竟然有如此巨大的吸引力，让第十八代天师张士元对它如此着迷？陆九渊、洪迈、虞集、贡师泰和揭溪斯的诗对此有较为全面的描述：

陆九渊《应天山》：

我家应天山，山高数万丈。上开园池美，林壑千万状。

山西有龙虎，烟霞耿相望。寒清漾微波，暖翠团层嶂。
天光入行舟，野色随支枝。吾党二三子，幽赏穷清旷。
引兴谷云边，题名岩石上。碧桃吹晓笙，白鹤惊春涨。①

虞集《应天山》：

象山何崔嵬，先哲昔爱之。
循麓得清流，良田屋参差。
似是桃源人，鸡犬相因依。
粼粼白沙曲，奕奕丹艧施。
泠水自天来，杂花散玕琪。
所以上方士，悠悠系遐思。
丹霞炫金壁，清露在茅茨。
海岛陋徐福，幔亭卑武夷。
仙者自有道，黄鹄时往来。②

洪迈《应天山》：

文安陆子幽栖日，张氏诸贤尽执经。自昔衣冠仪里闬，至今诗礼擅家庭。
岩阴夏阁风泉白，溪曲春畴雨稻青。天上真人蹑凫舄，移文休勒此山铭。

贡师泰《象山》：

载宝出西域，献深自南溟。仙人一叱之，化作青峻嶒。

揭溪斯《张真人象山图》：

江左名山大象尊，遥瞻犹似哲人存。先生有道行天地，弟子环溪长子孙。
孔李通家从古昔，神仙开府自渊源。岂徒世荷真人诰，更有分乘刺史幡。
陆氏已随尘世换，张公独异圣朝恩。诸峰尽化旗旛立，流水皆成佩玉喧。

① 《全宋诗》载陆九渊《应天山》。
② 元代奎章阁侍书学士。

洞里胡麻天雨种，岩前丛桂月移根。缘崖时见衔花鹿，汲涧常随饮子猿。
青鸟昼传王母信，苍龙夜泣老蛟魂。飞云甘卧山头石，鸣雀难忘日下轩。
从记寿宫恒近侍，受釐宣室或深论。尚方制服黄金重，大府分圭白玉温。
扈从多骑天廐马，会朝长次赤墀鹓。渴沾瑞露来中禁，饥食蟠桃出内园。
誓使民风齐浑沌，仍祈主寿过轩辕。归来烂醉东西坞，更为文安理故园。

准确地说，应天山不只是道教一家的圣山，而是儒释道三家共同向往、共同分享的圣山。应天山又被称为禅师山和象山，而这些名字的来源，更彰显了它融儒释道于一家的恢宏气象。的确，应天山不仅吸引了第十八代天师张士元，还吸引了“唐代最伟大的禅师”[①]马祖道一以及宋代与朱熹齐名，人称“陆子”，宋明理学“心学”的开山祖师陆九渊。《龙虎山志》、《重修龙虎山志》和《贵溪县志》对此均有记载：

元明善《龙虎山志》：

象山在诸山中峻极，一名应天山，以其形之类象，又名象山，在宫之东南十五里。山顶平坦，有田园池塘，可居。宋陆子静，读书其上，学者因号象山先生。

娄近垣《重修龙虎山志》：

象山在龙虎山东三十里之仙源乡，山形端方，廉厉高峻特出，为龙虎之来脉。山间有原塢、良田、清池。唐僧马祖尝居之，人呼为禅师山，又名应天山。淳熙间，陆文安公九渊，建精舍，读书其中，又名象山，故学者称文安公为象山先生。是第十八代天师尝修道于此，今山南有丹舍，北有黑龙井、碧莲池，皆其遗迹也。

《贵溪县志》（华西植，黄炎，清乾隆十六年[1751]）：

县西南八十里，仙源乡。其山连岗叠阜，自闽而来。至是，则雄尊古穆，为诸山之宗。支分洛布，为城邑，为聚落，为神明之居，不可一二数。宋淳熙中，彭世昌与侍郎张运之侄伯强、行已等，开山结庐延青田。陆子讲学，以山形如象，

① 日本佛学大师铃木大拙所言。

更名象山斋，曰象山精舍，自号象山翁。详见与王谦仲诸书。案书有云：唐僧马祖，庐于其阴，乡人呼曰禅师山。熙宁中，僧莹者为寺其阳，曰应天，因名应天山。自陆子易今名，各志仍标应天。今从明史地理志方舆记，读史，方舆纪要改称象山，余详学校及古迹。

从这三则史料中，我们发现儒释道三家的代表人物都不约而同地来到应天山，不仅为风光美丽的应天山增添了深厚的人文底蕴，更为这座江左名山平添了几分神秘的色彩。道教方面，唐代的第十八代天师张士元在这里隐居修道，平日隐居不出，曾经有人见他于大风雨中，乘黑虎往来诸峰间。每逢三元日，就乘坐黑虎下山，传道授箓。天师道一系的传统，得以在他手中发扬光大；佛教方面，唐代的马祖道一，居应天山北峰，建应天庙，发展了佛学禅宗一派，故而有"马祖创丛林，百丈立清规"的说法，因为马祖道一曾经居住应天山，因此，当地人又把应天山称为禅师山；儒家方面，陆九渊于宋淳熙年间结庐于应天山，因见应天山，山形如巨象，因而将应天山改名为象山，建象山精舍，传授陆氏心学。陆九渊因此被学者称为象山先生。

儒释道这三位大师的活动，都在应天山留下浓墨重彩的一笔，同时还留下了不少他们的遗迹。第十八代天师张士元留下的遗存山南的丹舍，山北的翻经石、黑龙井、碧莲池等。

娄近垣《重修龙虎山志》称："象山，十八代天师修道于此。"娄近垣《重修龙虎山志》又载："翻经石，在象山东，世传晋释简庵尝诵经于此。有长松偃盖，夭矫如龙。"

马祖道一留下的遗迹则有"马祖岩"。据娄近垣《重修龙虎山志》记载："马祖岩，在仙岩下五里，四山壁立，不可入，岩前洞壑，幽深渐下，数十丈，仰观有隙如线，名一线天。岩上有瀑泉飞下，十余丈。岩间所构梵宇、僧舍，俱极幽邃。马祖道一于此卓锡故名。"文天祥的《马祖岩》吟咏道："曾将飞锡破苔痕，一片云根锁洞门。出外人家山下路，石头心事付无言。"

陆九渊留下的遗迹则有"象山精舍"。娄近垣《重修龙虎山志》记载："象山精舍，宋儒陆九渊讲学处。详见艺文，先生与朱子及王谦仲、钱伯同三书。"明代陈建《学蔀通辨》卷之三："戊申淳熙十五年(1188)朱子五十九岁，陆子五十岁。是年，陆子改贵溪应天山为象山，建精舍讲学，与学者云二程见周茂叔，后吟风弄月而归，有吾与点也之意。后来明道此意，却存伊川，已失此意。又云元晦似伊川，钦夫似明道；伊川蔽锢，深明道却通疏。[象山年谱]”[①]周之旦《过象山访陆子静先生读书处》对此加以追忆：

朱陆由来无异同，追寻兄弟访崆峒。苔侵石榻埋芳草，藤幔纱窓蔽晓风。意见不妨怀独得，议论何必尽相蒙。象山尚有遗编在，一脉渊源合个中。[②]

除了以上提到的三位大师的遗迹之外，据娄近垣《重修龙虎山志》还提到了应天山上具体的景点，如麈湖山、欹石、弹子石和飞仙石等：

麈湖山，在龙虎山东十五里，顶有湖。旧志谓叶法善所开，以濯丹鼎。群鹿饮湖水。麈，鹿之大者，故名。详见艺文《灵谷书院记》。

欹石，在象山西，可坐五六人，有苍松蟠覆其上，下则壁立万仞，不可俯视。

弹子石，在象山北。东望灵山飘渺云际，龟峰昂首穹背，形状宛然；南望藐姑、石鼓、琵琶诸峰，嶕崒逼人；西瞰台山仅如培塿；南俯上清溪，窈窕如带，盖象山之最高处也。

飞仙石，在麈湖山中，有石拔起，数十丈。绰约秀整，状若石涧飞瀑，萦带其侧，故名佩玉。

陆九渊留下的文字则对应天山有着详细的描写，陆九渊认为应天山（陆子称之为“象山”）雄伟峻峭、山间有原坞、良田、清池，以及无数的飞瀑、蟠松怪石、溪流茂林，景色胜绝！陆九渊对象山之爱，已经超出了文字描摹的范围，当他和弟子们陶醉在象山的美景中、咏歌忘返时，他们的精神状态已经臻于孔子所仰慕的“风乎舞雩，咏而归”的境界。陆九渊应天山的描写，非常完整地保留在他跟朱熹、王谦仲还有钱伯同往来的书信中。当我们找到了陆九渊何以如此迷恋象山的答案时，也就找到了开启第十八代天师张士元缘何隐居应天山四十年的这个谜团的钥匙。《与朱元晦书》、《与王谦仲书略》和《与钱伯同书》对陆九渊为何结庐象山的原因以及象山的景致进行了不厌其详的描写：

① 陈建：《学蔀通辨》卷之三。
② 华西植、黄炎：《贵溪县志》，清乾隆十六年。

陆九渊《与朱元晦书》云：

黄易二生归，奉正月十四日书。备承改岁动息，慰洗之剧，不得嗣问。倏又经时日深驰。乡闻已赴阙奏事，何日对扬？伏想大摅素蕴，为明主忠言动悟渊衷，以幸天下。恨未得即闻绪余，沃此倾渴。外间传闻，留中讲读，未知信否？诚得如此，岂胜庆幸！乡人彭世昌得一山，在信之西境，距敝庐两舍而近，实龙虎山之宗。巨陵特起，豗然如象。名曰象山，山间自为原坞、良田、清池，无异平野，山涧合为瀑流。垂注数里，两崖有蟠松怪石，却略偃蹇。中为茂林，琼瑶冰雪，倾倒激射，飞洒映带于其间。春夏流壮。势如奔雷。木石自为阶梯，可沿以观佳处。与玉渊卧龙。未易优劣。往岁彭子结一庐以相延，某亦自为精舍于其侧。春间携一侄二息，读书其上。又得胜处，为方丈以居，前挹闽山，奇峰万叠，后带二溪，下赴彭蠡。学子亦稍稍结庐与其旁，相从讲习，此理为之日明。舞雩咏归，千载同乐。某昔年两得侍教，康卢之集，加款于鹅湖。然犹卤莽浅陋，未能成章，无以相发，甚自愧也。比日少进，甚思一侍函丈，当有启助，以卒余教，尚此未能登高临流，每用怅惘。

《与王谦仲书略》云：

乡人彭世昌新得一山在信之贵溪西境，距敝庐两舍而近。唐僧有所谓马祖者，庐于其阴，乡人因呼禅山。元丰中，有僧莹者，为寺其阳，名曰应天寺，废久矣。屋庐毁撤无余，故址埋于荆榛，良田清池没于茅苇。彭子竭力开辟，结一庐以相延。去冬尝一登山，见其隘，复建一草堂于其东。山间亦粗有田可耕。社日，复携二息，偕数友朋，登山盘旋数日，尽发兹山之秘。要领之处，眼界胜绝。乃向来僧辈所未识也。去冬之堂，在寺故址，未惬人意，方于胜处，为方丈以居。顾视山形，宛然巨象，遂名以象山，草堂则匾曰：象山精舍。乡人盖素恨此山之名，辱于异教。今皆翕然以象山为称。故侍郎张南仲之居，实在山下。南仲，讳运，其诸子鄙，徙居鄱阳，其诸侄咸在故里，皆尊尚儒术，旧亦多游从者。彭世昌极贫，开山之役，诸张实欣助之。其经营之初，亦张为之地。今张氏子弟，咸来相从。一家结庐于东坞之上，比方丈为少高，名之曰储云。兹山常出云，云之自出，常在其高故也。一家结庐于前山之右，石涧飞瀑，萦纡带其侧，因名曰佩玉。相继而来结庐者未已，未及名也。方丈岩间，层峦叠嶂，奔腾飞动，近者数十里，远者数百里，争奇竞秀，朝暮雨暘，云烟出没之变，千状万态，不可名模。两山回合其前，如两臂环拱，臂间之田，不下百亩，沿流而下，悬注数里，因石赋形。小者如线，大者如练，苍林阴翳，巨石错落，盛夏不知有暑，挟册其间，可以终日。东山之崖有翻经石，可憩十许人，西山之崖有歇石，可坐五六人，皆有苍松蟠覆其上。其下壁立万仞，山之阴有麈湖，在其巅，天成一池，泓然如鉴，大旱不竭，可以结庐居之。自麈湖而北，数山之外有马祖庵，其处亦胜，有风洞，有浸月池，有东珑，有樗木垅，有东西坞，有第一峰，凡此皆旧名嘉者。此山大势，南来折而东，又折而南，其高在西北。堂之西最高，九峰联络如屏，名曰翠屏，其上皆林木也。北峰之高者如盖，可以登望。南望群山益远，溪谷原野毕露，东望灵山特起，凌霄缥缈如画，山形端方廉利，吴越所未见有也。下见龟峰，昂首穹背，形状逼真。玉山之水，盖四百里，而出于龟峰之下，略贵溪以经兹山之左。西望藐姑、石鼓、琵琶诸峰，嶕崒逼人，从天而下。溪之源于光泽者，间见山麓，如青玉版。北视上清仙岩、台山，仅如培塿东西二溪，窈窕如带，二溪合处，百里而近，然地势卑下夷旷，非甚清澈，当没于苍茫烟霭中矣！彭世昌去冬亦尝至无为求见，挟梭山之书，闻治行之忙，不及瞻望，今已息肩，共学耕于此矣。(《江西志》)

《与钱伯同书》云：

居山逾一甲子，益饱云山之变，饭稻羹鱼，无复在陈之戹，藉庇宏矣。兹山之胜，尤在瀑流，东有磜潭，西有半山。磜潭不下玉渊，半山可亚卧龙。精舍之前，两山回合，又自为涧，垂注数里，喷薄飞洒于茂林之间。一曰风练、二曰喷玉、三曰翻涛、四曰疏珠、五曰冰帘、六曰双练、七曰飞雪。木石自为阶梯，可沿以观两崖，有蟠松怪石，却略偃蹇，隐见于林杪，时相管领，令人忘归。日与二三子，咏歌其间，怀吾贤使君之德，何有穷已？故亦乐为执事道之。王弱翁力酣于绿尊红妓，安能作字哉？文公祠记，某当并书之，迟旬公纳去。(《江西志》)

从陆九渊的描述中不难发现，陆九渊对应天山有着极高的评价，他认为应天山除了有山有水、有湖有溪、有瀑布怪石、茂林松竹、良田清池外，“北峰之高者如盖，可以登望。南望群山益远，溪谷原野毕露，东望灵山特起，凌霄缥缈如画，山形端方廉利，吴越所未见有也”。“实龙虎山之宗，巨陵特起，豗然如象。”从这些描写来看，实际上符合风水宝地的标准，背有靠山、前有案山、左青龙、右白虎，正是修道的理想场所。这也难怪第十八代天师张士元，在此一待就是四十年。

三、呼吸导引　开顷刻花

据传，张士元天师不仅擅长呼吸导引，还能通臂上下，种桃李顷刻开花，能开非时花。道教的八仙之一的韩湘子以及神仙殷文祥（殷七七）就非常擅长顷刻开花，能开非时花。韩湘子种的顷刻花，现出金字一联："云横秦岭家何在，雪拥蓝关马不前。"预示了韩愈的命运。殷七七名文祥，又名道荃，常自称七七，于重九之时，令鹊林寺的杜鹃花灿然开放，在当时曾引起轰动。明代谢肇淛的《五杂俎》卷六人部二专门讲到这是一种幻术："幻戏虽小术，亦自可喜。余所见，有开顷刻花者。以莲子投温汤中，食顷，即生芽舒叶；又食顷，生莲花如酒盏大。又有燃釜沸油，投生鱼其中，拨刺游泳，良久如故。又有剖小儿腹种瓜，顷刻结小瓜，剖之皆可食。又有以利刃二尺许，插入口，复抽出，又有仰卧，以足承梯，倚空而不仆，一小儿穿梯以升，直至其巅。观者毛发洒沥，至于舞竿走绳，特其平平者耳。长安丐者，有犬戏猴戏，近有鼠戏。鼠至顽，非可教者，不知何以习之至是？余庚戌在京师，见戏者笼一小雀，中置小骨牌，仅寸许，击小锣一声，雀以口啄其机门，便自开，令取天牌，则衔六六出，取地牌，则衔么么出，其应如响。观毕，复击锣一声，雀入而门自闭。《辍耕录》载弄虾蟆者亦然。噫！亦异矣。"[①]宋代高承编撰《事物纪原》其中认为这种幻术种花乃传自西域："今京城有生花种植以戏者。按前汉《张骞传》，汉遣赵破奴等，破车师，大宛，以梨轩眩人献于朝。颜师古注云，眩与幻同，即今吞刀履火种瓜植树屠人戮马之术是也，本自西域来。由是言之，种瓜植树，即生花之事也。盖自汉武时，大宛所献眩人始云。"葛洪的《抱朴子》中亦提到了这种顷刻花和非时花的道术，至于道教的这种道术跟西域的幻术种花有何关系，还需要进一步的探讨。

此外，值得注意的是云笈七签《道教灵验记》卷十三《天师剑愈疾验》还提到了另一位修复被折断的天师剑的第十八代天师，名字叫张惠钦。《道教灵验记》称："经数十年，十八世孙惠钦，性温和，守谦退，与物无竞，俗机世务，泛然不经

① 谢肇淛：《五杂俎》卷六人部二。

其心。人有所言，虽谲诈者，亦皆信用，略无疑虑。一旦，有人挈布囊，入云锦山仙居观，周行廊庑之下，瞻礼功德，云解磨镜钉铰。门人令其缀焊小铜锁子，师见之，问曰：我有折剑，焊缀得乎？此人请剑看之，云可矣，请别扫一室，须炭数斤。反扃其门，以巨石为砧，炽炭锤击，声闻于外。门人皆股慄心战，忧此剑碎于其手，师殊不为虑。顷之，锤锻声绝，工人执剑以呈，果完缀如旧，所焊之处，微有黑痕，如丝发尔。师以钱半千酬之，此人得钱愧谢，致于老君前，负囊而去。出门数步，寻失所有。识者疑是天师化现，降于人间，自续其剑。不然，何得重新若此，而锤击不伤，完复如故。”张惠钦和张士元有何关系？仍然不太清楚。唐代刘处静《洞玄灵宝三师记》中记载了上清派道士天台宗嗣派宗师应夷节十八岁时：“诣龙虎山系天师十八代孙少任，受三品大都功。”拜龙虎山第十八代孙张少任为师。可见，天师世家至第十八代孙辈，出了不少有影响的道门人物。

第十八代天师张士元九十二岁羽化，元至正十三年追赠他为“洞虚明道赞运真君”，他的儿子张修嗣教。元太祖朱元璋和高道白玉蟾对第十八代天师张士元的生平事迹和主要业绩用诗赞加以了总结如下：

朱元璋诗赞“第十八代张士元”：

飞符有验，始祖有传。至于斯世，名播八涎。
丹光上升，斗气愈鲜。精神徘徊，常在三天。[①]

白玉蟾《历代天师》赞第十八代讳士元，字仲良。

神水华池养白鹤，玉炉进火结丹砂。仙家妙用无人识，顷刻能开桃李花。

① 《皇明恩命世录》卷之一，见《道藏》第34册第784页。

第八章

第十九代天师张修评传

一、为人质朴　木叶疗疾

第十九代天师张修，字德真，为第十八代天师张士元（仲良）的长子。张修生性质朴，为人低调，不喜奢华，衣着极为简单朴素，常年跟妻子儿子一道隐居于山林之中，躬耕于野，自给自足，怡然自得。张修一家，深居简出，生活极为规律，通常不跟当地的乡民相往来。不过，张修的隐居修道生活，也会有例外。比如遇到那些上门因疾患和邪祟困扰前来求助的乡民，张修每次都毫不犹豫出手相救。张修除病和驱邪的方法也非常简单，张修并不亲自到事发现场，而是将符箓于木叶上，交给前来求救之人，求救之人将书有道符的木叶放置家中，说也奇怪，病重之人立即痊愈，妖异的怪事也自然平息。因此，张修天师和他手书的木叶箓符在山民的心目之中有着极高的声望和地位，当地百姓敬之若神明。

二、道法高强　开坛授箓

此外，每逢三元日，到了天官、地官、水官考校人们得失的时间，张修天师就要下山开坛授箓度人。唐代是对符箓授受非常重视的一个时代，各派符箓，由低及高，共有一百二十阶，其中以正一派的二十四箓为基础。由于龙虎山天师世家的巨大感召力和张修天师的高强道法，每年三元日，慕名前往龙虎山法坛的人络绎不绝。在这些授箓求度的人群中,有两个人比较特别有名:一位乃是江西大富商刘迁,另一位是茅山高道邓先生——邓启霞。

江西大富商刘迁身上发生的一件事情,曾经轰动一时。江西大富商刘迁乃是当时商界响当当的人物,生意做得很大,富甲天下,名噪一时。虽然是像刘迁这样的大富商,每天忙于商业的经营和人际的应酬,物质生活已经得到了极大的满足,但在内心深处却十分空虚,因而慕道和向道的意愿十分坚决。他在得知龙虎山的张修天师道法高强之后,于三元日前往龙虎山求度。经过龙虎山严格的考查之后,刘迁获得了授箓的资格,跟同一批求道者一道皈依道门,在龙虎山被授予都功箓。刘迁虽然获授都功箓成为道门弟子,但每天忙于生意上的事务,无暇修道。就这样,一晃就过了很多年。

有一天,刘迁亲自去金陵处理一宗大的生意,刘迁到金陵后随即住店休息。第二天一早,仆人叫门,无人应门,打开门一看,刘迁脉息全无,已经一命呜呼了。就在刘迁的家人悲痛欲绝,为他料理后事,准备下葬之时,神奇的事情发生了,刘迁的身体居然微微蠕动,慢慢活了过来。就在家人惊喜之际,刘迁向大家讲述了他死后发生的奇事。刘迁说,就在自己睡着之后,被两位冥官捉拿到了地狱。正在自己惶恐不安,不知如何是好之时,天空忽然出现耀眼的金光,一位身穿黄衣的仙官从天而降,拦住了两位冥官的去路,对他们说:"两位冥官,请索下留人。"

两位冥官回道:"请问仙官有何吩咐?"

黄衣仙官说:"你们难道没看见刘迁身佩正一箓吗?身佩正一箓之人,名在上天,不归你们冥府管辖。如果抓错了人,你们可是要担责任的啊!"

两位冥官听后,大吃一惊,答道:"多谢提醒,我们险些出错。不过,根据我们冥府的记录,刘迁大限已到,我们不抓他的话,又如何处置呢?请明仙官示。"

黄衣仙官说:"刘迁虽然大限已至,不过他身佩正一箓,可以延寿三十年。"

两位冥官道:"这下妥了,我们可以放人了。刘迁就交给您了!"

说罢,刘迁眼前金光一闪,睁开眼睛已经回到了阳间。有了这次死而复活的不凡经历,刘迁深感龙虎山正一箓的神奇。于是反思自己的人生,认识到无论是钱财、地位、名誉,还是妻妾儿女,这些东西在死亡的面前是多么脆弱啊!经过一番认真的思考,刘迁幡然悔悟,决定放下自己的金钱、名位和家庭,脱去自己华美的绫罗绸缎的衣服,抛弃锦衣玉食的生活,毅然辞家,上龙虎山,追随张修天师修道去了。刘迁的事迹在当时产生了极大的影响，很多人听闻了刘迁的故事之后，纷纷前往龙虎山，恳请张修天师授箓，成为张修天师的弟子。杜光庭《道教灵验记》、元明善《龙虎山志》和《历世真仙体道通鉴》对刘迁的事迹均有记载。

(唐)杜光庭《道教灵验记》卷十一《刘迁都功箓验》载：

刘迁者，江西大贾。诣十九世天师，传授都功法箓。明年卒于金陵，两夕而苏，云："冥官所追，忽有金光自天而下，黄衣使者乘空而至，执素简读曰：'刘迁身佩正一箓，名在上天，非地司所籍。大限既足，可延三十年。'"由是披褐修道，入龙虎山师奉天师焉。

元明善《龙虎山志》53页：

修尝授法箓江西大贾刘迁。明年，迁来言，昨贾金陵得暴疾死，见黄衣人执素简，谓迁曰：汝佩正一法箓，非地司所摄。迁得复活，从师游。是为天师十九代。元至正十三年，赠冲玄翊化昭庆真君，子谌嗣。

《历世真仙体道通鉴》卷之十九：

张修，字德真，仲良之长子。为人质朴，常衣布素，不喜华饰。与妻耕于野，不与乡人交通。岁以符法传人、治病，应时而验。所得法信，皆施贫士，甘于寂寞，无所贪慕。先二年，自营圹郭，曰：吾二年当去。至期乃沐浴更衣，端坐而化，时年八十五岁。

除了刘迁之外，茅山道门威仪邓启霞，字云叟，乃是唐代名震一时的"北帝派"创始人邓紫阳邓天师的后人。年轻时专程到龙虎山追随第十九代天师张修，参受法箓，获授正一都功箓。据南唐徐锴《茅山道门威仪邓先生碑》的记载：邓启霞少年时曾于唐咸通元年(860)，投茅山太平观柏道泉为弟子，六年后披度为道士。唐咸通十二年(871)，到龙虎山十九代天师参授都功正一法箓。乾符三年(876)至茅山太平观三洞法师何元通处，进授中盟上清法箓。

《茅山道门威仪邓先生碑》记载了邓启霞的生平事迹，以及他诣龙虎山追随十九代天师参授都功正一法箓，后成为一代高道的事实。兹列引如下：

原夫性与天道，夫子秘而不言。神之格思，诗人谓之难度，况乎穷幽极奥，炼气陶形？而庸庸之徒，交臂于遗金，爽口于缘鹄，涂穷于缺甃，智极于转丸，奔驰莫逢，视听莫见，真人隐而下士笑者，又焉足怪乎？宏之在人，可得而言矣。故茅山道门威仪邓君启霞，字云叟，其先南阳人，今为丹阳金坛人也。开元时有邓天师者，道简上圣，屈乎下风，光国垂勋，隐景遁化。君即其后也。祖讳文，考讳章，皆不仕。君性理和敬，神识宏深。咸通元年，始诣茅山太平观柏尊师道泉为弟子。方羁丱，六年乃披度为道士。十二年诣龙虎山，十九代天师参授都功正一法。乾符三年，诣本观三洞法师何先生，元通进授中盟上清法。何即桃源黄先生洞元之弟子也，与瞿仙童为同学之友焉。其源流隐显，著自前闻，固非末学所能谈悉。天祐四年，吴太祖旌别元异，始加简署。寻为本山道副，九年为山门威仪，再赐紫服。华阳洞天仙圣游集太平观，即太宗文皇帝为升真先生之所立也。虽神真所处，杳以静深。而外迹系时，与之崇替。中和之际，寇盗星驰。人力所为，翦焉将烬。世之后学，无所式瞻。君誓高日月，诚贯金石。周流劝谕，力与志拜。人物感其精诚，神明助其寻度。荆棘陨萚，并为芝丹。鸱枭革音，复见鸾鹤。像设严崈，垣楹轮奂。其所经始，三百馀间。山楼所须，田畴帑庾，什器等率皆称是。

夫紫炁兆于建业，茅山连于金陵。君之缵修，灵境光复。而有唐中兴之业，亦自此而基。神理幽通，不期而会者矣。义祖武皇帝作镇江表，特加礼异。至诚所启，罔有不从。是以力役复蠲，樵苏有禁。梁怀王藩屏渊右，亲图写其像焉。君既拱此元珠，轻其尺璧。内以宏道，外以成人。贞素先生王君，理解清深，墙宇高嶷，未尝不摄齐捧袂，虚往实归，舒其愤悱。致于夷旷，偏得其道，以居京师。君于世学，多所精诣。体此敏博，冲而用之。既居其实而去其华，养其内而遗其外，故不复为称矣。夫流光迅驰，道俗同在。若并辔半岭，而升降则殊。及夫百龄有穷，万物将蜕，众自此沦厌，君自此跻升。真俗之间，由是而判。幽冥恍惚，昧者不知。春秋八十有五，太和四年，岁在壬辰，解化于山门。君所传经箓，昭显于时，则故元博大师（真素先生）王君栖霞，惠和大师康君可久，茅山威仪王君敬真，麻姑山威仪王君体仁，表叹大德，赐紫安君光美。左街焚修大德张混成，庐山道副重安寂，并被国宠，翊于道风。入室弟子故太平观都监陈修一、陈守一，今茅山都监主教，门事表叹大德邓栖一、监观倪宏一等，并随其性习，间参道要。山门教宇，栖一有其劳。君遗世虽遥，贞石犹缺。真迹未勒，门人惧焉。锴之蒙浅，虽晚闻道，昔尝逮奉贞素伏申之敬，贞素之上清门人今右街章表大德刘君德光，为启霞之友，邓君栖一因而见托，故锴不为让焉。其铭曰：

大道泛兮，物无不在。人代有敝，真风无改。于铄邓君，情遗所宰。惟道是求，惟道是采。脱落畎亩，超登云海。天作茅峰，人作壖。君始从师，逸而功倍。教法遥邈，君能复之。一匡轮迹，允洽昌期。君既往矣，谁能嗣之。弟子栖一，承兹道基。敬仰高风，刻石为碑。俾尔后学，高山仰之。[①]

以上两个例子，一位是俗家弟子，一位是正式道士，都获授正一都功箓。那么到底什么是箓，什么是授箓仪式，什么又是都功箓呢？总的来说，受箓仪式即是获得箓的一种仪式，“箓”是受箓仪式之核心。浅白地讲，道士的“箓”有点类似于我们今天职场的各种资格证书，但这两者绝不能等同，因为“箓”所蕴含的丰富而深刻的文化内涵以及神圣而超世俗的宗教内涵是普通的资格证书所没有的。这里所说的“箓”也是法箓，是授予道士的法职，也是道士与真神沟通的凭信，拥有法箓道士就能够调遣官将吏兵等鬼神，拥有巨大的威力。道教认为神在本质上是道炁，通过受箓才能将箓上的官将吏兵纳入自己的身体之中，也才能够出官上章（主要是通过存想的方式，想象先把箓中的神进入自己体内，然后从自己身体出去升天禀报），这样道士才具备消灾、驱魔、捉鬼、治病的威力。因此，道士与神的关系是比较复杂的，道士还未成仙之前，通过受箓就获得了支配官将吏兵的权利。《正一法文太上外箓仪》称：“未受箓时，无所呼召，受箓之后，动静呼神。不行戒者，呼之不至，破戒之人，吏兵远身。”一般来说，道士法箓还必须跟戒律相配合修行，法箓才会灵验，其巨大法力才能发挥出来。《洞玄灵宝课中法》称：“箓者，戒箓情性，止塞愆非，制断恶根，发生道业。从凡入圣，自始及终，先从戒箓。然始登真。”[②]既讲到受箓与戒律的配合，也讲到受箓是道业开始的标志，从此以后一步一步向着登真成仙目标努力。

所谓的都功箓，即学道之人，最初所受之箓。一般来说授箓基本程序为：初授太上三五都功箓，升授太上正一盟威箓；再授上清三洞五雷箓，升上清大洞经箓。根据《天坛玉格》的规定，授箓有大体有 5 个等级：

初次授箓：授予《太上三五都功经箓》，简称“都功箓”，要求：通晓《早晚功课

① 董诰：《全唐文》第 19 册，北京：中华书局，1983 年版，卷八百八十八，第 9283 页。

② 《道藏》第 32 册第 229 页。

经》,诵读《老子道德经》、《度人经》,属六、七品职衔;

第二次加箓:升授《太上正一盟威经箓》,简称“盟威箓”,要求:通晓正一诸经,属四、五品职衔;

第三次加箓:加授《上清三洞五雷经箓》,简称“五雷箓”,要求:通晓《上清经》,属三品职衔;

第四次加箓:加升《上清三洞经箓》,简称“三洞五雷箓”,要求:通晓《三洞经》,属正二品职衔;

第五次加箓:晋升《上清大洞经箓》,简称“上清箓”,要求:通览藏经,属正一品职衔,通常只授给天师真人,不授他人。

明代朱权的《天皇至道太清玉册》中讲到授箓的单个原则:

第一个原则:初真受法,必先受箓,许补从九品。其正九品,未受录人不许任之。

第二个原则:凡行斋醮,虽有他品,复而未受,都功箓无祭酒职者,誊诚不达。七品以上,不受盟威箓,不许任之。五品以上,不受洞渊箓,不许任之。四品以上,不受神霄箓,不许任之。三品以上,不受大洞箓,不许任之。

第三个原则:法与箓相需,不可相违。天心法,宜受都功箓。五雷法,宜受高上神霄箓。灵宝法,宜受紫虚阳光箓及灵宝中盟录。天蓬法,宜受北帝伏魔箓。天枢法,宜受上清回车毕道箓。赵侯南法,自有正振,宜受赵侯箓。[1]

由此可见,刘迁和邓启霞在第十九代天师张修处,最初所受的法箓为初等级的都功箓。即使是初等级的道箓,已经有如此巨大的威力。可以想见,高等级的道箓的威力更是高深莫测。

前面提到的在木叶上篆写符文,乃是天师世家的家传秘法。除了第十九代天师擅长该法之外,《天师世家》还记载第三十四代天师张庆先,亦擅长木叶篆符。据说第三十四代天师张庆先曾“游山之张公洞,有井极深,戏以木叶投入,俄而波涛汹涌,有一老龙从井出,拜而有请,戒之毋旱涝而去”。可见木叶篆符的威力巨大,张庆先天师一个游戏性的动作,居然把井中的老龙惊起,前来拜见天师。此外,苏东坡曾经写过一首木叶篆符有关的诗作,从中亦可以看出天师世家木叶篆符的巨大影响。

① 朱权:《天皇至道太清玉册》,见《中华道藏》第28册,第688页。

（过安乐山，闻山上木叶有文，如道士篆符，云，此山乃张道陵所寓，二首其一）

天师化去知何在，玉印相传世共珍。故国子孙今尚死，满山秋叶岂能神。

三、自营坟郭　端坐而化

第十九代天师张修令人感到神奇的地方，还在于他修行已经达到了了脱生死的境地。白玉蟾说他“浴罢焚香自入坟”，《历世真仙体道通鉴》称他“自营坟郭”“端坐而化”，终年八十五岁。也就是说，他已经能够准确地预知时至，为自己的离世提前做好安排。这也正是他修道有成的表现。元至正十三年，第十九代天师张修被追赠冲玄翊化昭庆真君，他的儿子张谌继承了他的天师之位。

朱元璋和高道白玉蟾对第十九代天师张修的生平事迹和主要功绩，用诗赞的方式做了精到的总结。

朱元璋诗赞“第十九代张修”：

岚光蔽山，丹气杂然。飞符檄鬼，无敢不前。
孰谓尔灵，孰谓尔玄。挂冠解衣，乐道便便。[1]

白玉蟾《赞历代天师》第十九代讳修，字德真。

玉局瑶篇龙凤文，三元开度士如云。翻身踏著蓬莱路，浴罢焚香自入坟。

① 《皇明恩命世录》卷之一，见《道藏》第 34 册，第 784 页。

第九章

第二十代天师张谌评传

一、硕学通儒　善功草隶

第二十代天师张谌，字子坚，为第十九代天师张修的长子。张谌自幼博览群书，标榜"道通为一"，追求极高明而道中庸，尽精微而致广大的为学境界，上知天文、下知地理，中知人事，被誉为当时之硕学通儒。此外，张谌天师书法方面的造诣极深，专攻草书，张谌的书法作品颇存隶意，较少顿挫，圆转连属，为当时一绝。可惜，由于时间久远，张谌的书法真迹均已遗失，今天已无缘得见了。张谌早年精力主要花在儒家经典的研习上，习道较晚，精通辟谷之术，晚年精神矍铄，仙风道骨。据说他有一百多岁的高寿，后羽化成仙。有文献对此作了记载。《汉天师世家》载："二十代天师，讳谌，字子坚。唐会昌辛酉，武宗召见，赐传箓坛宇额曰：真仙观。将命官，辞归不受。咸通中，懿宗命建金箓大醮，赐金帛，还山。一日，大醉而化，年一百余岁。元至正十三年，赠冲玄洞真孚德真君。"《历世真仙体道通鉴》卷之十九"张谌"条称："张谌字子坚，德真之长子。博学，为当时通儒，攻草隶。晚年好道，能辟谷。一云唐文宗召见，赐官不受而归。懿宗咸通中，降金建醮。一日三饮，大醉而化，年一百余岁。"

二、武宗召见　赐额真仙

张谌生活的时代，正是唐文宗李昂、唐武宗李炎、唐宣宗李忱和唐懿宗李漼的时代，也正是唐朝社会走向没落的转型时期。此时的唐代逐渐失去了盛唐时期自信、乐观、豪迈、包容的气度，在政治、经济、文化和宗教等方面也逐渐收紧，宦官擅权、朋党相争，国势日衰。唐文宗和李训、郑注策划的诛杀宦官的“甘露之变”彻底失败后，国家大权掌握在宦官的手中，朝政更加腐败。唐武宗李炎登基之后，立即掀起了“肃贪廉政”运动，本着“治乱世，用重典”的态度，唐武宗一心想革除时弊，因此在政治、经济和文化方面均搞出了较大的动静。政治方面，整顿吏治，严刑峻法，对贪污腐败痛下杀手。王士禛称“武宗之治，几复开元、元和之盛”，对唐武宗的举措还是比较肯定的。

经济和文化方面的举措乃是唐武宗对佛教的打击，佛教界人士称之为“会昌法难”。除了唐武宗对道教非常崇信这一原因外，唐武宗打击佛教的最根本的原因是，佛教的寺院经济，损害了国家的国库收入，因此一场世俗政权和佛教经济之间的矛盾冲突已经不可避免。公元 841 年，唐武宗会昌元年，刚刚即位不久的新皇帝唐武宗李炎设斋请僧人道士讲经说法。就在此次活动中，僧人们发现跟道士相比佛门弟子并不受欢迎，唐武宗对僧道人士的待遇区别对待，一方面赐给道士紫衣以示荣宠，另一方面不但不赐给僧人紫衣还禁止他们穿着这样的衣服。然而，僧人们哪里知道，这仅仅是他们厄运的开始，他们还不知道他们面前的这位唐武宗堪称中国历史上最不喜欢佛教的皇帝。在名相李德裕和道士赵归真的支持下，唐武宗出台了一波又一波更加严酷的举措。会昌二年(842)，唐武宗下旨令僧尼中的犯罪者和违戒者还俗，并没收其全部财产，“充入两税徭役”[①]。会昌四年(844)七月，敕令毁拆天下凡房屋不满二百间，没有敕额的一切寺院、兰若、佛堂等，命其僧尼全部还俗。会昌五年(845)三月，敕令不许天下寺院建置庄园，又令勘检所有寺院及其所属僧尼、奴婢、财产之数。会昌五年(845)四月，唐武宗的灭佛运动达到高潮。下令僧尼不论有牒或无牒，皆令还俗，一切寺庙全部摧毁，所有废寺的铜像、钟磬悉交盐铁使销熔铸钱，铁交本州铸为农具。会昌五年八月，唐武宗下诏宣布灭佛结果：“天下所拆寺四千六百余所，还俗僧尼二十六万五百人，收充两税户；拆招提、兰若四万余所，收膏腴上田数千万顷，收奴婢为两税户十五万人。”同时还“勒大秦穆护、祆三千余人还俗”，

① 《武宗本纪》，《旧唐书》卷十八。

以使“不杂中华之风”。[1] 唐武宗倡导的灭佛运动，拆毁全国寺院4600多所、拆招提、兰若共4万多所，还俗僧尼26万多人，收奴婢15万人，没收寺院田地数千万顷，从而扩大了政府税源，充实了国库。然而这一切对佛教界来说却是空前的灾难，因此佛教界将唐武宗的灭佛运动称为“会昌法难”。

道教的待遇跟佛教相比，简直是冰火两重天。而佛道如此重大的差别待遇，某种程度上源于唐武宗李炎个人嗜好。唐武宗本人对道教极为信奉，早在藩王时代就和道士赵归真建立了极为密切的私人关系。唐开成五年(840)九月，武宗刚一即位，马上召道士赵归真等八十一人入禁中，修金箓道场，武宗亲自到场，“于九天坛亲受法箓”[2]，成为名副其实的道门弟子。

就在唐武宗全力灭佛的当口，却在京城接见了当时的道门领袖第二十代天师张谌。准确无误地向世人释放了唐武宗本人崇道轻佛的信息。天师世家在唐朝受到皇室的礼遇，有一个渐进的过程：唐天宝七年(748)，唐玄宗册封祖天师张道陵为“太师”，后唐僖宗又再行册封，封祖天师张道陵为三天扶教辅元大法师。据《汉天师世家》记载唐代皇帝召见的天师有第十五代天师张高和第二十代天师张谌。天宝年间，唐玄宗接见张高后，命他在京师置坛传箓，随后颁赐张高金钱玉帛，并免除龙虎山的租税。会昌元年(841)，唐武宗又召见了第二十代天师张谌。由于张谌天师乃硕学通儒，谈吐儒雅，深得圣心，跟唐武宗的见面非常成功，江西龙虎山因此赢得了皇家的尊重与支持。唐武宗亲自洒翰墨为江西龙虎山的传箓坛题写匾额“真仙观”三个大字。唐武宗非常欣赏张谌的学识，打算任命张谌为朝廷官员，张谌坚辞不受。能够争取到天子亲自为龙虎山的箓坛题写匾额，则是第二十天师张谌最为成功之处。唐代的龙虎山天师多隐没不闻，由于获得皇家的肯定和支持，龙虎山天师以“真仙观”为基础，逐渐发展壮大，名扬天下。因此，毫不夸张地说，第二十天师张谌跟唐武宗的这次会面，唐武宗亲笔御书的“真仙观”三个大字，成为天师发展史的一个重要转折点。从此以后，龙虎山更是成为万众瞩目的道教圣地。龙虎天师、茅山上清、閤皂灵宝三山宗坛呈鼎足之势，每逢三元日，龙虎山上信奉者云集。

很多史料都记载了唐武宗会见张谌并赐御书匾额“真仙观”的事实。

---

① 《武宗本纪》，见《旧唐书》卷十八。

② 《旧唐书·武宗本纪》。

元明善《龙虎山志》：

谌，唐会昌中，道誉升闻，赐传箓坛宇额曰：真仙观。是为天师二十代。元至正十三年，赠冲玄洞真孚德真君，子秉一嗣。

娄近垣《重修龙虎山志》：

二十代谌，字子坚。唐会昌中，武宗召见，赐传箓坛，额曰：真仙观。将命官，辞归。

《江西通志》卷一百十二亦记载了唐代名为"真仙观"的大上清宫。

大上清宫

在贵溪县龙虎山，汉天师张道陵后裔居之。唐名真仙观，宋大中祥符间，改上清观；政和间，敕改上清正一宫；元大德间，赐名正一万寿宫；学士王构有记。明洪武间，第四十二代真人张宇初请于朝，建大上清正一万寿宫，二十六年告成。金华苏伯衡为记。国朝康熙二十二年，第五十四代真人张继宗，陛见圣祖，御书赐号碧城，并大真人府大上清宫匾额，后又赐玉皇尊经、乾坤玉剑之类，真人奏请修理宫殿，奉旨浙江织造江西巡抚估计发帑兴修。雍正九年，上清宫提点娄近垣留京办事，皇上嘉其忠诚，赐冠服银币，食四品俸，发帑金，钦差官监修龙虎山庙宇，建斗母阁。近垣暨署理正一嗣教，大真人印务张昭麟同监修，十年十月竣工。[1]

清代顾祖禹《读史方舆纪要》卷八十五，"江西三"称：

上清宫，在龙虎山中，唐名真仙观。宋大中祥符间，改上清观。政和间，赐名上清正一宫。元大德间，赐名正一万寿宫。今曰上清宫。张道陵裔世袭真人居于此。《闻见录》：上清宫至抚州金溪县百里，又百二十里至建昌府。

明代俞汝楫编《礼部志稿》卷八十九的"钦天备考"记载：

---

① 参见《江西通志》卷一百一十二。

鲁之子元忠，即道陵炼丹处设坛授法。唐会昌间，始赐名真仙观。宋大忠祥符间，王钦若奏改为上清观。元至正中赐号正一教主真人，主领符箓事，国朝因令承袭。

张宇初《岘泉集》卷二记载“正一玄坛题名记”：

道书所载：洞天三十有六，福地七十有二。而吾龙虎山，居福地之一也。山川雄秀，风气融会，有非他山比者，是以名闻天下，为道门之洙泗。东汉之季，我祖天师以丰功神德，亲受太上之传，肇业伊始，而子孙世继之，今凡千有余载。自宋崇宁间，迁真仙观为上清宫，厥后莫盛于元，而上世之传，以正月七月十月三元日，建斋于宫，以传经箓，愿授持而有请祷者，居其首焉。凡其泽幽济显，则随所请而从于首者祷之，此其代传不息，四方皈仰之众，愈久而愈着焉。

从这些史料的记载可知，龙虎山的真仙观，乃是大名鼎鼎的大上清宫的前身，最早是作为传授经箓的法坛。到宋代徽宗朝，也就是第三十代天师张继先嗣教期间，改名为上清宫；宋政和年间，又改名为上清正一宫；元大德间，元成宗赐名为正一万寿宫；明洪武间重建，名为上清正一万寿宫；清康熙二十二年，康熙皇帝御笔亲题大真人府大上清宫匾额。后大上清宫保留每逢三元日法坛传授经箓的传统，同时它也是每位嗣教天师的居所。大上清宫历经时代的变迁，曾经遭受了多次毁损，又得以重修，成为天师道兴衰的最直接的见证。《重修龙虎山志》卷三，“大上清宫建置沿革”一文，详细记录了肇始于第二十代天师张谌的“真仙观”的兴衰荣辱和发展历程。

大上清宫在贵溪县西南七十里，其乡曰仙源，里曰招宾，街曰琼林。左拥象山，右注沂溪，面云林，枕台山，溪山环拱，仙灵都会也。第四代天师自汉中归龙虎山建传箓坛，唐会昌中赐额真仙观，宋祥符中敕改上清观，天圣间，迁于龙虎山之南。元祐元年，二十八代天师重新之，贾善翔为之记。其所在已不可考。崇宁四年，三十代天师虚靖真君请于朝，徽宗命江东漕臣即山中度地迁建之，今之宫是也。政和三年，升上清观为上清正一宫。建炎、庆元、嘉定间，皆赐钱货斤大之。其先后创修之规制未详。端平中，道士易如刚兴修，为殿六曰三清、曰真风、曰昊天、曰南斗、曰北斗、曰琼章；为阁二曰皇帝景命，曰宝奎；为楼一，曰琼音,为馆三,曰宿云,曰蓬海,曰云馆;为堂二,曰斋堂、曰正一堂。堂之左为方丈,东西创道院数百楹,详王兴权记。景定间,张闻诗创门楼,榜曰龙虎福地。毛允中建紫微阁,理宗御书额以赐。元至元乙酉,重修,事具阎复记。大德戊申重修,事具王构记。越明年,燬而寻复加名大上清正一万寿宫。皇庆癸丑,又修,事具元明善记。至治壬戌,厄于灾重纪,至元丁丑又复修如故。虞集记之,而又不戒于火,以至正辛卯燬。洪武二十三年,四十三代真人,奏请重建。其制,中为阁,阁之上为玉皇殿,下为经堂。其前为真武殿,殿之前为三清殿。又前为元坛,覆以重屋。坛之前为三门,三门前为虚皇坛,坛前为櫺星门,而东西各属以周庑,表以层楼,左楼悬大钟,右楼悬大鼓,东为东庑,内外方丈,上下库司、元坛祠、蓬海堂、宿云堂在焉。而钟台又在其东。越三年而告成。苏伯□为之记。永乐元年赐缗钱修葺。十四年又修,其制则易。紫微阁为正一堂,钟楼下有雷祖祠,鼓楼下有五岳圣帝祠。元坛祠北有昊天殿,真风殿,东有福地仙官殿,稍南有三官殿,西有留侯殿,又南有十二真君殿,真君殿西北有南斗殿,方丈东有提点提举所,又有法堂,在方丈南。真君殿在法堂东,而旧时之虚皇坛、寿星堂、元帝殿则无有矣!正德戊辰敕遣内官监修正殿曰寥阳殿五间,东西通廊各十二间,东庑配殿曰三官、曰元坛,西庑配殿曰四圣、曰文昌各三间。分东西向,寥阳殿之后曰真风殿,五间真风之后曰玉皇阁五间,东曰雷祖殿,西曰高真殿,皆南向,寥阳殿前曰龙虎殿五间,旧时正一元坛殿也。南曰门屋,东西二楼,钟鼓之所在。楼之北,二碑亭,楼之南,櫺星门。又南折而西,曰下马亭,亭之西南曰门楼。临街东西二坊,左曰崇福,右曰广教。崇福东曰碑亭,贮元时,二碑钟楼之东,北曰提点所,北曰库楼。鼓楼之西南曰官厅,嘉靖□辰提点张定汉题。请敕中官董修,万历己酉被水灾,五十代真人重修,规模一如其旧。施凤来为之记。[①]

三、京师建醮　大醉而化

此外,娄近垣《重修龙虎山志》《汉天师世家》《历世真仙体道通鉴》都记载了唐懿宗于咸通年间(860—874 年间)命第二十代天师张谌建金箓大醮于京师,并

① 娄近垣:《重修龙虎山志》卷三,第 94 页。

赐他金帛还山的事实。

另外，关于驻世时间长短的说法都比较统一，都认为第二十代天师张谌有一百多岁。至于他辞世的方式，目前有两种版本：一种版本说他是一位好饮高寿，每日豪饮，最后大醉而化。另一种版本说是拔宅飞升。如明代朱权的《天皇至道太清玉册》和元代陈元靓的《事林广记续集》均记载此事。

《天皇至道太清玉册》载：

八月十五日，太极玉皇太姥武夷显道真君下降，轩辕黄帝乘龙上升，神功妙济许真君同四十二日拔宅飞升，张谌真人拔宅飞升。

元代陈元靓的《事林广记续集》中"道教类"之"道法源流"称：

八月十五日

太极玉皇太姥武夷显道真君降现日，叶道元天师同唐明皇游月宫日，轩辕黄帝骑火上升日，神功妙济许真君同四十二口援宅飞升日，神惠曾真人上升日，坤道黄真人上升日，和静盱真人上升日，洪施时真人上升日，正时陈真人上升日，桓真人应感谢真人上升日，武夷山魏王同女仙三十三真人同上升日，张谌真人四十二口援宅上升日。

明太祖朱元璋和高道白玉蟾以诗赞的方式总结了第二十代天师张谌的生平事迹和主要功绩。元至正十三年，张谌天师被追赠为"冲玄洞真孚德真君"，儿子张秉一嗣教。

朱元璋诗赞"第二十代张谌"：

冠山衣云，道气常淳。芬子有机，铛内犹浑。
盘中数着，黑白星奔。无上至妙，丹田厚坤。[①]

白玉蟾《赞历代天师》，第二十代讳谌，字坚德。

吸干酒海一须臾，冠冕元坛百岁余。不食人间烟火气，能传天上电花书。

① 《皇明恩命世录》卷之一，见《道藏》第34册，第784页。

第十章

第二十一代天师张秉一评传

一、梦龟而诞　神异非凡

第二十一代天师张秉一，字温甫。母亲有一天做了一个神奇的梦，刘氏在梦中发现自己竟然吞下了一只金光灿灿的乌龟。梦醒之后不久，刘氏发觉自己身怀有孕。吞金龟之梦，乃是妊娠之兆。按照中国的神话传统和解梦说法，刘氏之梦乃是大大的吉兆，跟商周的始祖故事是一类的，如商人的祖先简狄因吞玄鸟之卵而生契，周人的祖先姜嫄不小心踩到巨人脚印上而生后稷，契和后稷却是非常了不起的历史人物。这就预示着，刘氏将生下一位非常了不起的人物。后来的事实也证明了的确如此，一般的孩子九月怀胎足月后就呱呱降生，而张秉一竟然在妈妈肚子里待了十五个月之久，比一般的孩子时间足足长了半年之久，的确是一件令人啧啧称奇的事情。不过在张秉一身上，神奇的事情才刚刚开始，他出生后，接着又发生了一些神奇的事情。时间过得真快，转眼间张秉一已经长成一位翩翩少年，并表现出与一般少年不同的能力，如他的眼睛特别有神，文献上记载说他目光如电，即使在伸手不见五指的漆黑的夜晚，他都能清清楚楚地看见夜幕笼罩之下的任何东西。更厉害的是，张秉一能隔墙看物，任何放置或者出现在墙对面的东西，他都能够一眼看见，仿佛墙的阻隔根本就不存在一样。张秉一这种天生的不学就会的能力，我们今天叫作“特异功能”。张秉一天生的“特异功能”，深厚的家学渊源，再加上他的聪颖勤奋，使他很快成长为一位道法不凡的高道。五代南唐陈乔的《新建信州龙虎山张天师庙碑》中留下描述第二十一代天师张秉一的珍贵文字，称："二十一代孙秉一，体备清和，气凝元寂，钩深致远。所得者金简玉书，吐故纳新，其验者，赤筋青骨。"碑文中的张秉一天师乃是一副仙风道骨的气相。

另一则有关张秉一天师道法高强的广为流传的故事，在仙鉴、天师世家和龙虎山志中均有记载。据说有一次，张秉一天师在山泽间负剑疾走，忽然看见一棵垂死老树，秽气冲天，遮云蔽日。张秉一用他的神眼一看，发现原来树洞之内藏有大量妖孽，于是拔出宝剑，步罡踏斗，念动法诀。一时间，狂风大作，云谲波诡，一阵闪电过后，一声惊天霹雳，从天而降，径直将老树劈了个粉碎。老树轰然倒下之后，在木纸屑之中，现出了被雷霆击毙的两只大蟒蛇和一百多条小蛇，现场令人十分恐惧。从此以后，张秉一天师运用雷法山中除妖的美名不胫而走，国人无人不知无人不晓。

二、齐王蒙恩　赐田建宇

就在第二十一代天师张秉一嗣教之时，南唐齐王一日做梦，梦见自己不幸坠入井中，就在他无助和绝望之际，一位碧眼长髯，身穿红色鱼鬣衣的道士将他从井中拽了出来。齐王梦醒之后，请人占梦，解梦的人说，这位将他从井中解救出来的碧眼长髯，身穿红色鱼鬣衣的道士不是别人，正是龙虎山的祖天师张道陵。元明善《龙虎山志》和《汉天师世家》对此均有记载。

元明善《龙虎山志》54 页：

南唐齐王者，梦堕井中，有道士目三角而髯，着鱼鬣衣，掖出之井。占梦者曰：此像祖天师也。遂即龙虎山，建庙宇，赐之上田。

《汉天师世家》：

南唐齐王梦堕井中，有道士碧眼长髯，衣绛衣，掖出之。占曰：此汉天师也。遂即龙虎山，建祠宇，赐水田。

齐王为了表达他对祖天师在梦中的解救之恩的谢意，在龙虎山上广赐良田，兴建庙宇，于是龙虎山天师道，借齐王的支持之机，香火日盛，得到了更大的发展。那么，这位南唐的齐王到底是谁？他对龙虎山天师道的支持，难道仅仅是因为他的一个梦吗？

首先，在南唐的齐王就有好几位，首先是南唐先主李昪，于天祚元年(935)，被封为齐王；其次是南唐中主李璟，于升元年间，先被封为吴王，后被封为齐王；然后就是升元七年(943)秋，改封李景遂为齐王、诸道兵马元帅、太尉、中书令，李景达为燕王、副元帅，在李昪灵柩前立盟，相约兄弟世世继立。最后，保大五年(947)，李璟以弟李景遂为皇太弟，李景达为元帅，封齐王；以子南昌王李弘冀为副元帅，封燕王。也就是说，南唐帝王一家三代都曾经被封为齐王，因此要确定谁是梦见祖天师井中相救的那位齐王是有一定的难度的。笔者认为梦见张天师的齐王不太可能是南唐先主李昪，因为李昪在位时间太短，在位仅 6 年就因服用道士的金丹中毒身亡。也不太可能是李景遂和李景达，这两人分别是南唐先主李昪的第三子和第四子，虽然李景遂贵为皇太弟，李景达贵为元帅，然毕竟是人臣，不可能以人臣的身份去龙虎山大兴土木兴建庙宇。最大的可能性就是南唐中主李璟，李璟贵为天子，在位时间达十九年之久，而立于南唐保大八年(950)，当时南唐大臣陈乔撰写的《南唐新建信州龙虎山张天师庙碑铭》中，确切提到李璟为龙虎山兴建庙宇的事实："皇帝陛下，拯大道之颓纲，维列仙之绝纽，乃眷正一，属之真人，思与神交。遂崇庙貌，天师道宇所以兴盛于今日也。"还提到了当时的皇太弟、大元帅齐王和副帅燕王，他说："皇太弟以天纵之资，懋日新之德。初开凤邸东平之善，尤彰旋正龙楼北阁之游殆绝。开物成务，藏往知来。大元帅齐王下士好贤，经德秉哲，分茅建社，荒十二之雄都，佐国庇人，得五千之深旨。副元帅燕王，拔乎群萃，体自吾君，居无求安，不以珥貂自贵。"同时还提到了张天师第二十一代孙张秉一在兴建龙虎山庙宇的过程中所发挥的巨大作用，陈乔说："二十一代孙秉一，体备清和，气凝元寂，钩深致远。所得者金简玉书，吐故纳新，其验者，赤筋青骨。许椽之灵风未振，吕恭之道荫弥高，岂徒三世无惭，斯固一言以蔽，再光先构，不亦宜乎？夫妄起精庐，诞作梵室，犹存碑表，必播声诗。况简在帝心，成兹妙果，以祈苍生之福，以崇元牝之门。苟匪颂宣，孰传来者。"这里提到的皇太弟不是别人正是李景遂，大元帅齐王是李景达，副元帅燕王则是中主李璟的大儿子李弘冀。这则史料，正好证明了《龙虎山志》和《汉天师世家》记载的不可能是别人，正是中主李璟。

《南唐书·嗣主书》称李璟为烈祖(先主李昪)元子也。美容止，气宇高迈，性宽仁，有文学。甫十岁，吟新竹诗云："栖凤枝梢尤软弱，化龙形状已依稀。"人皆奇之。烈祖受禅，封吴王。累迁太尉、中书令、诸道元帅、录尚书事，改封齐王。嗣位，改元保大。在位十九年，以宋建隆二年(961)六月，殂于南都(南昌)，年四十六。庙号元宗。李璟于文学和书法方面均有较高的造诣，其诗词被录入《南唐二主词》中，今遗四首如下：

《摊破浣溪沙(山花子)》二首。

其一

菡萏香销翠叶残，西风愁起绿波间。还与韶光共憔悴，不堪看！

细雨梦回鸡塞远，小楼吹彻玉笙寒。多少泪珠无限恨，倚阑干。

其二

手卷真珠上玉钩，依前春恨锁重楼。风里落花谁是主？思悠悠。

青鸟不传云外信，丁香空结雨中愁。回首绿波三楚暮，接天流。

应天长

一钩初月临妆镜，蝉鬓凤钗慵不整。重帘静，层楼回，惆怅落花风不定。

柳堤芳草径，梦断辘轳金井。昨夜更阑酒醒，春愁过却病。

望远行

玉砌花光锦绣明，朱扉长日镇长扃。夜寒不去寝难成，炉香烟冷自亭亭。

残月秣陵砧，不传消息但传情。黄金窗下忽然惊，征人归日二毛生。

南唐李璟、李煜父子的词受到了文学批评家很高的评价。《词史》曰："言词者必首数三李，谓唐之太白，南唐之二主与宋之易安也。"王国维先生《人间词话》称："词至李后主，而眼界始大，感慨遂深，遂变伶工之词而为士大夫之词。"李璟的词流传至今的仅有四首，"细雨梦回鸡塞远，小楼吹彻玉笙寒"一句乃是流传千古的佳句。其子李后主李煜则取得了更大的成就。谭献《复堂词话》："后主之词，足当太白诗篇，高奇无匹。"

南唐先主李昪因服金丹中毒身亡，临死时对齐王李璟说："吾服金石欲延年，反以速死，汝宜视以为戒。"(《南唐书·烈祖本纪》)虽然有父亲血的教训，但对道教的态度并不反对。如南唐保大二年(944)，元宗李璟将其弟李良佐"驾幸闽北山武夷修养"，册封"演道冲和先生"，居武夷山三十七载，赐额改武夷观为"会仙观"，并将方圆 120 里的风景区"赐予本观护荫"，武夷山因此成为钦定的道教之山。而在龙虎山兴修庙宇更是其支持道教的又一实例。

陈乔《新建信州龙虎山张天师庙碑》乃是与第二十一代天师有关的重要史料，兹列引如下，以供考证。

保大八年，南唐陈乔

臣闻，有物混成，其来尚矣。天地得之而覆载，日月得之而运行。四时得之而变通，万物得之而繁庶。卷之则无余，舒之则无垠；求于外则劳，求于内则获。圣人取法而俯正八纮，上士勤行而仰游十极。深矣远矣，恍兮惚兮，逖德妙言，强名曰道。然则真风已续，大道久隳。居一者，以嗜欲滑和，孰能司契？在三者，笑神仙可学，谁务谷神？悠悠多中智之君，寂寂罕持盈之士。华胥之国，不复神游，无何之乡，空停羽驾。天其或者，将有俟焉。皇帝陛下，拯大道之颓纲，维列仙之绝纽，乃眷正一，属之真人，思与神交。遂崇庙貌，天师道宇所以兴盛于今日也。

天师姓张氏，讳道陵，字辅汉，沛国丰人也。若乃六世相韩之盛，七叶佐汉之名，服冕乘轩，重规累构，在人间之世，虽炳焕以可知，而太上之家亦寂寥而何有。况前史详之备矣。故斯文备而不书。天师绀发黛髯，青眸朱口，储精于八十一气，校德于七十二仙。虽嗣世勋靡婴，代纲秕糠，声利桎梏，冠被凤褐而御龙书，外严圣服，吞玉英而漱金醴，内养丹元。初扙策以游吴，忽拂衣而向蜀地。惟蚕市峰号鹤鸣，有异荊台即谓忘归之所。谅同朱阁，还称不死之庭，岩桂留人，因停翠盖，山椒考室，更写丹邱。时巴蜀初平神奸，未刈菱花，纵吐罕照，山精棘矢，虽陈莫除，群厉遘兹，妖孽毒我烝人，上苍贻西顾之忧。下土夭，北邙之骨。天师存心绛阙，精彻苍旻，玉辇来过，因受驱治之法，金墉至止，爰膺诰命之文，平变怪之披猖，致生灵于清静，声流华夏，惠洽幽明。若夫宣扬微言，指明奥义，著为道帙，贻厥学徒，斯并秘在灵坛，贮于琼笈，丹青妙楗，鼓吹真科，有陋赤松，空留八戒，嗤鸿烈尚杂百家，既而鄙方外之犹羁，念寰中之未返，飘然轻举，倏若遐征，三十六天，徒见骖鸾法二十四治，不窥化雀之踪，昭灼仙踪，萎蕤来裔，意留仙宇，上契昌期，皇帝陛下，仙李分阴，夙成上圣之孕，樊樟擢秀，实报中兴之符，高居穆清，虔奉宗庙，动作兴事，等云雷之经论，内成外平，见天地之交泰无为，而理有感则通。至若盛烈殊休，亦可得一二而言也。蕞尔越徼，介于海隅，沉阏斥事。曹谭无礼，文身相顾。崩角同忧，初欵塞以求哀，俄盈庭而请命，实与我役，薄言徂征，偏师一征，扩地千里，斯则圣人之吊伐也。秦密二郡，关河几千，家乃汉臣，身縻伪爵。马援方居垅坻，窦融亦保河西，日饮皇风，思沾德化，率有卒伍，拥乃黎元。协力同心，聿来胥会。斯则圣人之柔服也。绝域殊方，搜奇蕴异，验青云之不散，仰白日之高悬，梯山如履篑之功，航海如容舠之隘，不愆其素，咸造于庭，常满之盃，岂弗索而何获难得之货？

盖不求而自来斯，则圣人之怀远也。泽盈利碧露，井有黄云，山涌龟蛇之金，匣鸣龙虎之剑，九苞神凤，窥阿阁以来仪，八翼灵禽肖羽山而戾止。斯则圣人之符瑞也。又若陋常钧之瓅瓅笃至德之巍巍。当大道既隐之时，行至昔所无之事，宅于望苑，命我天伦。洪惟至公，实冠百辟，在昔，郊金抚运，代邸承祧，高视前王，良无愧色。洎定建储之计，始无必子之言，徒自饰情，竟成虚语，何则？

五帝官天下，三王家域中，各私其亲，有自来矣。虽甚盛德，莫能行之。然犹纪其功者，烂若云编；颂其德者，溢于玉牒。苟以今而拟古，谅如日而映星，重以并建戚藩，特逾旧制。姬周异姓，为后何足道哉？炎汉非刘不王，既闻命矣。逾千越万，绝后光前。皇太弟以天纵之资，懋日新之德。初开凤邸东平之善，尤彰旋正龙楼北阁之游殆绝。开物成务，藏往知来。大元帅齐王下士好贤，经德秉哲，分茅建社，荒十二之雄都，佐国庇人，得五千之深旨。副元帅燕王，拔乎群萃，体自吾君，居无求安，不以珥貂自贵。坐进此道，岂以驷马为先？咸树风声，同守社稷，中外既理，华夷已清。然而上心犹或未足，思致人于寿域，每澄虑于大庭。寤寐通仙，阐扬道教以为德。如可尚，岂隔于古今，道之将行，必先于崇奉。乃诏执事，建天师新庙于信州龙虎山。

是山也，夙号洞天，由来福地；南襟百越，北带三吴。台岭前瞻，仿佛赤城之状，庐峰回盼，依稀紫霄之形。岂犹罗浮洞中，潜通句曲；祝融坛上，平视长沙。彼词人之炫，四朝方士之称。三岛欲将拟议，犹或荒凉。至如璇房琼室之深严，金楼玉台之秘邃，惠圃芝田之芬馥。霓裳雀盖之褊褷，道士之青牛仙翁之白鹿，固已纷纶于秘箓，杂还于灵篇，更著丹崖青壁之奇谷，隐岩栖之美，纤萝夕动，闻天籁之寥寥；瀑布晨飞，动日华之杲杲。孤桐倥偬，上出云霄，修竹檀栾，下凝烟雾。倚树而多称君子，采药而更遇王孙。宅之者潜契希夷，游之者自祛鄙俗。天师顷来江左，尚憩兹峰。旋指汉川，实留遗爱，厥后运当典午。年在永嘉有美后昆聿来遘止，遂崇真宇，以永灵风。亦犹缑岭之旁，子晋之祠，盛启阜亭之下，安期之庙聿，与仇生膺石室之祈，稷邱享太上之祀。谅同条而共贯，实接武以均芳。自是日薄星回，时迁代改，虽桑田自变，而蓬岛长春，迄皇运之中微，属昊天之不弔，蚩尤作梗，暴海内之衣冠；回禄为灾，延壶中之日月，千寻建木，俱为柏殿之灰；八景灵坛，但有芜城之草。钟随鼎折，磬逐杯飞。荒阶之苔藓易浸，空余玉碣；废井之梧桐半在，不见银牀。洎区中之厌兵，乃江表之无事。永维仙胄，犹固颓基。虽渐务修崇，然终非博敞，成乃集灵之所，钟乎好道之君。及此尤徒，遂期永逸，事当农隙，人若子来。既遴麈尾之松，仍采雉群之木。桂虽有蠹，实出小山，栢从后凋，竟辞大谷。工输剞劂，匠运钩绳。竞呈巧以致功。乍星罗而雾集，回廊四合，忽若云垂，秘殿百垂，矗如山立。芝栭绩桷，藻井绮疏，上赪壤以成文，下朱雾而勳彩。飞檐偃蹇，疑螮蝀之横空，碧瓦参差，状鹦鹉之群集。凌竞失视，坱圠无垠，宝座既严，睟容惟穆。种番不动，有若存神。羽服如飘，还疑上汉，差差仙仗，肃肃灵官，顾望增辉，游从生敬，演兹大教，卫我兴朝，天子万年，与南山而永固。本支百世，将四伯以齐芳。其福祉也，既如此，其壮丽也，又如彼。纵高岸之为谷，必灵光之岿然。

二十一代孙秉一，体备清和，气凝元寂，钩深致远。所得者金简玉书，吐故纳新，其验者，赤筋青骨。许椽之灵风未振，吕恭之道荫弥高，岂徒三世无惭，斯固一言以蔽，再光先构，不亦宜乎？夫妄起精庐，诞作梵室，犹存碑表，必播声诗。况简在帝心，成兹妙果，以祈苍生之福，以崇元牝之门。苟匪颂宣，孰传来者。

臣才非黄绢，福谢青缯，学壮武之讨论，未窥铁砚佐元元之述作。又乏金壶，辄罄謏闻，强为铭曰：

天地万物，未生厥初，道乃特立，为之权舆，惟寂惟寞，不盈不虚，帝返金阙，神传玉书，圣教以宣，列仙继作，陟降朱凌，优游碧落，身虽化去，功乃昭灼，猗欤真人，用实宏博。真人者，何堂堂乎？张家藏鹊印，代冨貂珰，区区田窦，瓅瓅袁扬，我独高谢，于何不臧？访道求真，存神守一，九鼎传芳，飞仙得术。内养灵符，外宏阴隲。众邪奔溃，群生宁谧。我功既著，我惠既敷，上瞻绛府，旁睨蓬壶。仙踪去蜀，庙貌留吴。正一之教，今宁远乎？赫赫我唐，明明天子，亲诣崆峒，精求赤水，尊道贵德，任贤尚齿。禹好昌言，尧称光被，瓯闽恃险，谭我兴戎，室家相吊，杼柚其空，帝思俾乂，师乃徂东，曾无遗镞，俄已韬弓，泽浸殊邻，声覃绝域，条支入朝，窦融归国，方贿连延，襁负匍匐，乐我王道。誓依有德，义高睦族，举必至公，脱略常法，从容古风，命我棣萼，处我桂宫。亦建贤戚，施于无穷。能事毕修，圣功益茂，思致华戎，同跻仁寿。躭味道腴，表扬仙胄，乃圣真祠宇。兹名岫，庀徒揆日，舍旧谋新，燕山斩桂，嶰谷诛筠，不遗文木，仍采贞珉，隐如山积，响若雷震。功匪浃旬，成由不日，敞作阳台，邃为阴室，璀璨珠金，熒煌丹漆，子午非速，琼华讵匹，峨峨秘殿，穆穆睟容，众真列侍，仙裔相从，如聆夕唱，似喜晨钟，洪惟妙用，实亚犹龙，旷览前阀，恭闻住诰，自匪哲王，孰云好道，我后綄天，升堂睹貌，光扬真科，必膺丰报。[1]

三、预知时至　地震果验

第二十一代天师张秉一享年九十二，在他即将羽化之际，曾经预言说："吾去也，须地震。"就在张秉一天师下葬之后的第七天，果然发生了大地震。据说他去世之后，身体不僵不硬，温热如玉。张秉一夫人为杨氏。元至正十三年，被追赠为守玄紫极昭化真君。

高道白玉蟾《历代天师赞》对他的生平事迹加以了总结：

第二十一代讳秉一，字温甫。

入腹金龟梦正疑，琳房初诞谪仙儿。丹传祖印百来岁，执简归仙地震时。

① 娄近垣：《重修龙虎山志》，第530页。

第十一章
第二十二代天师张善评传

一、幼不茹荤　渊默内修

第二十二代天师张善，字元长，为第二十一代天师张秉一的长子。自幼聪颖，嗜书如命，经常把自己关在书房内翻检并阅读那些古旧发黄的书籍。每当家人劝他出门走动时，他总是理直气壮地说："此中大有佳趣，何必出门?"除了爱书外，张善还特别喜食蔬菜和瓜果，对各种荤腥则一概不沾。而爱书和茹素这两个特点使得他显得特别沉稳和成熟，跟别的同龄孩子迥然不同。

一天，张善照例在书香四溢的书房中翻检古书，不经意间翻到了唐代高道司马承祯的《天地宫府图》。该书优美的图画，古雅的文字，神奇的内容深深地吸引了他。他轻轻翻动书页，十大洞天、三十六小洞天、七十二福地映入了他的眼帘：

十大洞天

太上曰：十大洞天者，处大地名山之间，是上天遣群仙统治之所。

第一王屋山洞

周回万里，号曰小有清虚之天。在洛阳、河阳两界，去王屋县六十里，属西城王君治之。

第二委羽山洞

周回万里，号曰大有空明之天。在台州黄岩县，去县三十里，青童君治之。

第三西城山洞

周回三千里，号曰太玄总真之天。未详在所，《登真隐诀》云，疑终南太一山是，属上宰王君治之。

第四西玄山洞

周回三千里，号三元极真洞天。恐非人迹所及，莫知其所在。

第五青城山洞

周回二千里，名曰宝仙九室之洞天。在蜀州青城县，属青城丈人治之。

第六赤城山洞

周回三百里，名曰上清玉平之洞天。在台州唐兴县，属玄洲仙伯治之。

第七罗浮山洞

周回五百里，名曰朱明辉真之洞天。在循州博罗县，属青精先生治之。

第八句曲山洞

周回一百五十里，名曰金坛华阳之洞天。润州句容县，属紫阳真人治之。

第九林屋山洞

周回四百里，号曰尤神幽虚之洞天。在洞庭湖口，属北岳真人治之。

第十括苍山洞

周回三百里，号曰成德隐玄之洞天。在处州乐安县，属北海公涓子治之。

三十六小洞天

太上曰：其次三十六小洞天。在诸名山之中，亦上仙所统治之处也。

第一霍桐山洞

周回三千里，名霍林洞天。在福州长溪县，属仙人王纬玄治之。

第二东岳太山洞

周回一千里，名曰蓬玄洞天。在兖州乾封县，属山图公子治之。

第三南岳衡山洞

周回七百里，名曰朱陵洞天。在衡州衡山县，仙人石长生治之。

第四西岳华山洞

周回三百里，名曰总仙洞天。在华州华阴县，真人惠车子治之。

第五北岳常山洞

周回三千里，号曰总玄洞天。在恒州常山曲阳县，真人郑子真治之。

第六中岳嵩山洞

周回三千里，名曰司马洞天。在东都登封县，仙人郑云山治之。

第七峨眉山洞

周回三百里，名曰虚陵洞天。在嘉州峨嵋县，真人唐览治之。

第八庐山洞

周回一百八十里，名曰洞灵真天。在江州德安县，真人周正时治之。

第九四明山洞

周回一百八十里，名曰丹山赤水天。在越州上虞县，真人刁道林治之。

第十会稽山洞

周回三百五十里，名曰极玄大元天。在越州山阴县镜湖中，仙人郭华治之。

第十一太白山洞

周回五百里，名曰玄德洞天。在京兆府长安县，连终南山，仙人张季连治之。

第十二西山洞

周回三百里，名曰天柱宝极玄天。在洪州南昌县，真人唐公成治之。

第十三小沩山洞

周回三百里，名曰好生玄上天。在潭州澧陵县，仙人花丘林治之。

第十四灊山洞

周回八十里，名曰天柱司玄天。在舒州怀宁县，仙人稷丘子治之。

第十五鬼谷山洞

周回七十里，名曰贵玄司真天。在信州贵溪县，真人崔文子治之。

第十六武夷山洞

周回一百二十里，名曰真升化玄天。在建州建阳县，真人刘少公治之。

第十七玉笥山洞

周回一百二十里，名曰太玄法乐天。在吉州峡江县，真人梁伯鸾治之。

第十八华盖山洞

周回四十里，名曰容成大玉天。在温州永嘉县，仙人羊公修治之。

第十九盖竹山洞

周回八十里，名曰长耀宝光天。在台州黄严县，属仙人商丘子治之。

第二十都峤山洞

周回一百八十里，名曰宝玄洞天。在容州普宁县，仙人刘根治之。

第二十一白石山洞

周回七十里，名曰秀乐长真天。在郁林州南海之南也，又云和州含山县，是白真人治之。

第二十二岣嵝山洞

周回四十里，名曰玉阙宝圭天。在容州北流县，属仙人饯真人治之。

第二十三九疑山洞

周回三千里，名曰朝真太虚天。在道州延唐县，仙人严真青治之。

第二十四洞阳山洞

周回一百五十里，名曰洞阳隐观天。在潭州长沙县，刘真人治之。

第二十五幕阜山洞

周回一百八十里，名曰玄真太元天。在鄂州唐年县，属陈真人治之。

第二十六大酉山洞

周回一百里，名曰大酉华妙天。去辰州七十里，尹真人治之。

第二十七金庭山洞

周回三百里，名曰金庭崇妙天。在越州剡县，属赵仙伯治之。

第二十八麻姑山洞

周回一百五十里，名曰丹霞天。在抚州南城县，属王真人治之。

第二十九仙都山洞

周回三百里，名曰仙都祈仙天。在处州缙云县，属赵真人治之。

第三十青田山洞

周回四十五里，名曰青田大鹤天。在处州青田县，属傅真人治之。

第三十一锺山洞

周回一百里，名曰朱日太生天。在润州上元县，属龚真人治之。

第三十二良常山洞

周回三十里，名良常放命洞天。在润州句容县，属李真人治之。

第三十三紫盖山洞

周回八十里，名紫玄洞照天。在荆州常阳县，属公羽真人治之。

第三十四天目山洞

周回一百里，名曰天盖涤玄天。在杭州馀杭县，属姜真人治之。

第三十五桃源山洞

周回七十里，名曰白马玄光天。在玄洲武陵县，属谢真人治之。

第三十六金华山洞

周回五十里，名曰金华洞元天。在婺州金华县，属戴真人治之。

七十二福地

第一地肺山(即茅山)，在江宁府句容县(今属江苏)。

第二盖竹山，在衢州仙都县。

第三仙磕山，在温州梁城县十五里近白溪草市。

第四东仙源，在台州黄岩县(今属浙江)。

第五西仙源，在台州黄岩县峤岭。

第六南田山，在东海东。

第七玉溜山，在东海近蓬莱岛。

第八清屿山，在东海之西，与扶桑仙境相接。

第九郁木洞，在玉笥山(今江西峡江县境内)南。

第十丹霞洞，在麻姑山(今江西南城境内)西。

第十一君山，在洞庭青草湖(今湖南洞庭湖)中。

第十二大若岩，在温州永嘉县(今属浙江)。

第十三焦源，在建州建阳县(今属福建)北。

第十四灵墟，在台州唐兴县(今浙江天台)北。

第十五沃州，在越州剡县(今浙江嵊县)南。

第十六天姥岑，在剡县(今浙江嵊县)。

第十七若耶溪，在越州会稽县(今浙江绍兴)南。

第十八金庭山，在庐州巢县(今属安徽)。

第十九清远山，在广州清远县(今属广东)。

第二十安山，在交州(今广东、广西)北。

第二十一马岭山，在郴州郭内(今湖南郴县)水东。

第二十二鹅羊山，在潭州长沙县(今属湖南)。

第二十三洞真墟，亦在潭州长沙县。

第二十四青玉坛，在南岳祝融峰西。

第二十五光天坛，在衡岳西源头。

第二十六洞灵源，在南岳衡山招仙观西。

第二十七洞宫山，在建州关隶镇五岭。

第二十八陶山，在温州安国县(今浙江瑞安)。

第二十九三皇井，在温州横阳县(今浙江平阳)。

第三十烂柯山，在衢州信安县(今浙江衢州市)。

第三十一勒溪，在建州建阳(今属福建)东。

第三十二龙虎山，在信州贵溪县(今属江西)。

第三十三灵山，在信州上饶县(今属江西)。

第三十四泉源，在罗浮山(今广东博罗境内)。

第三十五金精山，在虔州虔化县(今江西宁都)。

第三十六阁皂山，在吉州新淦县(今江西清江)。

第三十七始丰山，在洪州丰城县(今属江西)。

第三十八逍遥山，在洪州南昌县(今江西南昌)。

第三十九东白源，在洪州新吴县(今江西奉新)东。

第四十钵池山，在楚州(今江苏淮安)。

第四十一论山，在润州丹徒县(今属江苏)。

第四十二毛公坛，在苏州长洲县(今江苏吴县)。

第四十三鸡笼山，在和州历阳县(今安徽和县)。

第四十四桐柏山，在唐州桐柏县(今属河南)。

第四十五平都山，在忠州酆都县(今重庆丰都)。

第四十六绿萝山，在朗州武陵县(今湖南桃源)北。

第四十七虎溪山，在江州南彭泽县(今属江西)。

第四十八彰龙山，在潭州醴陵县(今属湖南)北。

第四十九抱福山，在连州连山县(今属广东)。

第五十大面山，在益州成都县(今属四川都江堰市)。

第五十一元晨山，在江州都昌县（今属江西）。

第五十二马蹄山，在饶州鄱阳县（今江西鄱阳县）。

第五十三德山，在朗州武陵县（今湖南常德）。

第五十四高溪蓝水山，在雍州蓝田县（今属陕西）。

第五十五蓝水，在西都蓝田县（今属陕西）。

第五十六玉峰，在西都京兆县（今陕西西安）。

第五十七天柱山，在杭州于潜县（今浙江临安境）。

第五十八商谷山，在商州（治在今陕西商县）。

第五十九张公洞，在常州宜兴县（今江苏宜兴市）。

第六十司马悔山，在台州天台（今属浙江）。

第六十一长在山，在齐州长山县（今属山东邹平）。

第六十二中条山，在河中府虞乡县（今山西永济）。

第六十三茭湖鱼澄洞，在西古姚州（治在今云南姚安）。

第六十四绵竹山，在汉州绵竹县（今属四川）。

第六十五泸水，在西梁州。

第六十六甘山，在黔南（泛指今贵州）。

第六十七瑰山（一作"瑰山"），在汉州（治在今四川广汉）。

第六十八金城山，在古限戍，又云石戍。

第六十九云山，在邵州武刚县（今湖南武冈）。

第七十北邙山，在东都洛阳县（今河南洛阳）。

第七十一卢山，在福州连江县（今属福建）。

第七十二东海山，在海州（今江苏连云港海州镇）东二十五里。

二、洞天福地　禀气交感

张善完全陶醉于司马承祯《天地宫府图》所描绘的峰峦、洞府、溪流、灵芝、森林、动物、神仙、祥云，好像发现了新大陆似的，当天晚上兴奋得几乎一夜未曾合眼，满脑子都是这些洞天福地的形象。第二天一早，他便迫不及待跑去问父亲张秉一天师：

“父亲，我昨天读到一本叫《天地宫府图》的书，认为天下名山有十大洞天、三十六小洞天、七十二福地，什么叫洞天福地啊？”

“很好！《天地宫府图》是高道白云子司马承祯的大作，你小小年纪就看了这本书，我非常高兴。所谓洞天福地，通俗讲，就是我们所说的人间仙境。所谓洞天就是通天的意思，是指这些人间仙境可以通天；所谓福地，是指各种灾厄不会降临的地方。我们道门历来有阳九百六的灾厄之说，遇到这样的年份人间就会遭遇各种天灾和人祸，只有在洞天福地中我们才能平安地渡过这些灾厄，也才能进一步修炼成仙。”

“父亲，按照《天地宫府图》的说法，我们天师世家所居的龙虎山乃是七十二福地之一。”

“是啊！龙虎山风水颇佳，历来仙真辈出，前来此处修炼的学道者不可胜数，这跟龙虎山的福地之号有极大的关系。”

“父亲，我昨天虽然仔细看了《天地宫府图》中所描绘的十大洞天、三十六小洞天、七十二福地，但是我还是不懂，这些洞天福地何以跟修道有着极深的关系？”

“这个问题问得很好！其实，洞天福地的问题涉及我们道门的宇宙观，你如果搞懂了这个问题，就不难理解洞天福地跟修道的关系了。我们道门认为，宇宙的万事万物都是一气所化成，由于所禀之气的清浊不同，就形成了不同的东西。或融为江河，或结为山岳，或开洞府于名山，含藏风雨，蕴蓄云雷，为天地之关枢，为阴阳之机轴。而人同样是禀不同的气而生成，故而有圣凡智愚、男女贵贱的差别。人是一个小宇宙，人所禀之气与洞天福地所禀之气相互交感，故人在洞天福地中修道，能极大地促进修道的成功，而且这些洞天福地都是由天山的神仙掌管，如果你足够幸运，亲自到这些洞天福地参访，也许还能得到这些神仙的直接教导。除了司马承祯的《天地宫府图》，你还可以看看杜光庭《洞天福地岳渎名山记》，里边描述得更加详细。”

听了父亲的回答，张善深受启发，又回头到书房找到了杜光庭《洞天福地岳渎名山记》读了起来。此时一个念头突然从他的头脑中迸发出来，那就是自己一定要穷自己一身之力遍访这些名山洞府。

三、遍访名山　卅年始还

有一天，这位足不出户的少年，突然辞别父母和家人要外出遍访洞天福地了，这个消息让龙虎山天师世家的亲朋好友吃惊不已！很多人惊异于在张善身上，竟然发生了如此巨大的转变。很多人纷纷劝他别出去，对一个尚未成年的孩子来说，外边的世界实在是潜伏着太多未知的和难以预料的困难和危险。然而张善态度坚决，毅然辞别亲朋好友，独自一人去拜访洞天福地去了。

张善一走就是三十年，人们再也没得到他的半点消息。一天，龙虎山回来一位皮肤黝黑、身材敦实的中年汉子，原来他就是当年出走遍访洞天福地的张善。张善回家的消息，霎时间传遍整个龙虎山，亲朋好友们前来看望。言谈中，人们得知他这三十年里所经历的磨难，并得知他得到了多位高道和神仙的指点。张善也从大家的口中得知不少老辈的人已不在人世，当年的壮年现在也垂垂老矣，言谈间，大家不禁感叹唏嘘！

回到龙虎山后，古书上说他"渊默内修，不与物接"，闭门修道。父亲张秉一羽化之后，张善顺利嗣教，他在世达八十七年之久，夫人为曾氏。元至正十三年，被追封为清虚崇应孚惠真君。有文献对张善天师的生平加以记载。

《汉天师世家》载：

二十二代天师，讳善，字元长。幼不茹荤，稍长，遍游名山，三十余年，始还。渊默内修，不与物接，寿八十七。元至正十三年，赠清虚崇应孚惠真君。

《历世真仙体道通鉴》卷之十九"张善"条载：

张善，字元长，温甫之长子。幼不茹荤，长好道，游历名山大川，二十年方还。即不出户，深有内养。年八十七岁而终，一云八十一。

高道白玉蟾《赞历代天师》对他的生平事迹加以总结：

第二十二代讳善，字元长。

参遍名山谒洞天，相逢却是活神仙。归来换骨回阳日，屈指人间九十年。

第十二章

第二十三代天师张季文评传

一、精通易理　悉究元旨

第二十三代天师张季文，字仲珪，为第二十二代天师张善的长子。张季文自幼喜读《周易》，对易理有很深的研究，并把他对易理的体悟和领会运用到具体的修道实践中。除此之外，张季文还跟当时的易学大师陈抟（字图南）和穆修（字伯长）等人有着极深的交情。

陈抟和穆修为师徒关系，《宋史·朱震传》有记载：

有《汉上易解》云：陈抟以《先天图》传种放，放传穆修，穆修传李之才，之才传邵雍。放以《河图》、《洛书》传李溉，溉传许坚，许坚传范谔昌，谔昌传刘牧。穆修以《太极图》传周敦颐，敦颐传程颢、程颐。

《宋史·李之才传》记载：

修之《易》受之种放，放受之陈抟，源流最远，其图书象数变通之妙，秦汉以来鲜有知者。

穆修为当时的才子，为宋明理学薪火相传过程中的一位关键人物，以文章著称于世，但恃才傲物、性情刚介，好论斥时病、诋诮权贵，颇难相处。然而就是这么一位极为自负且睥睨天下的才俊却对张季文欣赏有加，古书上说他们经常在一起"讲贯道妙，悉究元旨"，相互砥砺，相互促进，互相服膺于彼此的见解，并引为知己。由此可见，张季文在易学和文学方面的造诣一定达到了相当的高度，否则就很难同陈抟和穆修一道“讲贯道妙，悉究元旨”。

二、五代战乱　悲悯生灵

张季文嗣教的时代，正值五代藩镇混战、兵连祸结之际。五代的诗人在诗中对此惨痛的现实加以了描写，如黄滔《书事》称：“望岁心空切，耕夫尽把弓。千家数人在，一税十年空。设阵风沙黑，烧城水陆红。飞章奏西蜀，明诏与殊功。”李咸用《陇头行》中写道：“行人何彷徨，陇头水呜咽。寒沙战鬼愁，白骨风霜切。薄日朦胧秋，怨气阴云结。杀成边将名，名著生灵灭。”由于烽火连年，饿殍遍地，白骨露野，在战乱面前，个人的生命如此脆弱与不堪，于是很多人转而追求宗教的慰藉。面对空前的社会劫难，张季文不躲避、不畏缩，勇敢地承担起一位宗教领袖应当承担的抚慰民众苦难、解除民众疾苦、济世度人的职责。

三、符水治病　铁券解厄

张季文主要从以下几个方面来帮助饱受战争折磨的那些大众。道门素有“悬壶济世”的传统，尤其在兵荒马乱之时，医药济世，效果尤佳。张季文天师家学渊源深厚，手法特别，符水和药物并重，下手治病，总能手到病除。尤其是那些危重病人，以及在死亡线上挣扎的病人，经他妙手施治之后，总能发生奇迹，起死回生，被难民们誉为再生父母、华佗再世。不仅如此，张季文治病不但不收分文，而且对那些流离失所的难民，施药、施粥、施衣，并安置简易的住所，帮助他们渡过难关。张季文天师的善举，温暖并感动了当时的难民。因此，他个人也受到了广大人民的衷心爱戴与追随。许多难民见张季文医术高妙、品德高尚、胸怀宽广、仁逮于物，纷纷皈依其门下，成为他的弟子。按照天师道的传度仪式，受度的弟子皆为善良之辈，他们在仪式之前必须斋戒、沐浴，以示虔诚。已经加入道门的弟子要时常佩箓，这样就能得到神灵的护佑。

《隋书·经籍志》记载了当时授箓的具体程式：“道教授道之法，初授《五千文箓》，次授《三洞箓》，次授《洞玄箓》，次授《上清箓》。箓皆素书，记诸天曹官属佐吏之名有多少，又有诸符错在其间，文章诡怪，世所不识。受者必先斋戒，然后赍金环一，并诸贽币，以见于师。师受其贽，以箓授之，乃剖金环，各持其半，云以为约，弟子得箓缄而佩之。”

当然，天师道经箓的授受，按《天坛玉格》规定，是有严格的等级秩序的：

1. 初授《太上三五都功经箓》为六品七品衔；
2. 升授《正一盟威经箓》为四、五品衔；
3. 加授《上清五雷经箓》为三品衔；
4. 加升《上清三洞五雷经箓》为正二品衔；
5. 再升《上清大洞经箓》为正一品衔，属天师职衔，一般不外授。

据说，那些皈依张季文天师的坚持佩箓的弟子，似有神助，从此以后，一家老小，平平安安，再也没受到兵灾的祸害。这件事，在当时兵荒马乱的年月，产生了轰动效应。谁不愿趋吉避祸、追求幸福呢？佩箓避灾这件事，对五代时期饱受兵灾蹂躏的广大难民来说，无疑是雪中送炭、雨中送伞。为什么天师世家祖传的箓有如此神奇的力量呢？《正一法文科戒品》是这样解释"箓"的功效的："总统天地一切神鬼，诛服邪魔，斩灭妖精，征灵召气，制御山川，涤荡气秽，章奏传驿，达通神仙，莫先乎正一。"由于箓的功效是如此之神奇，于是各地求箓之人蜂拥而至，来到张季文天师的门下。由于需求量是如此之大，以至于现场的画写已远远供不应求了。面对此种情况，张季文天师想到用铁环券的方法，铁环券跟纸质的箓相比，有以下几个优点：①不论什么环境都不易损坏；②可以大批量生产；③跟纸质的箓一样，同样具有神奇的威力。为了满足民众的需求，解救大家的苦难，张季文天师立即派人着手制作铁环券，很快制作了数万铁环券，转眼就发放一空。由于张季文天师的倡导，铁环券成为五代时期最受欢迎、最为流行的道教护身符，佩带铁环券成为当时的风尚。

那么，铁环券到底是什么样的东西？为什么如此流行并大受欢迎呢？

所谓铁环券，《上清骨髓灵文鬼律》称："夫板符铁券者，高九寸，五寸应身五体，四寸表身四灵。长四尺九寸，长四维，法九星。以黄花缯帛为之。今行法之人，多使柏木为符，铁板为券。此皆不然，以俗世所见，非合仙旨。板符则是板籍符契之义。铁券则誓坚确盟，要之不移也。"之所以要用铁券，用今天的话来说就是要立下大誓，矢志不移，毕生追随仙道的意思。

中国人使用铁环券的历史由来已久，最早被中国古代帝王用作御人之术。古代帝王为了巩固自己的统治地位，猜忌并提防手下的臣子觊觎皇位，是皇帝对臣子，特别是那些功高盖主的大臣们所要的一种心计。汉高祖刘邦在获取天下之后，就向所有的封侯者都赐予了丹书铁券，在这些铁券上写下这样的文字："使黄河如带，泰山如砺，汉有宗庙，尔无绝世。"即是向这些封侯者保证，要让他们的子孙后代永远享受荣华富贵。其实，这些都是骗人的鬼话，历史上许多有功之臣，转眼就被皇帝满门抄斩。故《叶八白易传》卷十六对此加以了总结："是故君臣之间不以诚而以猜，不以心而以术，鲜不均失而胥败矣。昔者后唐明宗问赵凤：帝王赐人铁券何也？对曰：与之立誓，令其子孙长享爵禄耳。唐主曰：先朝受此者三人崇韬继麟寻皆族灭，朕得脱如毫厘耳。因叹息久之。凤曰：帝王心存大信，固不必刻之金石也。然则君臣之所以相与，可知已矣。"帝王赐铁券的御人之术也有弄巧成拙的，如唐代河中节度使李怀光就是一个典型案例。《诗传旁通》称："自汉以下，功臣赐铁券。至唐而跋扈之臣赐铁券以坚其心。唐以铁券赐河中节度使李怀光，怀光怒曰：人臣反赐铁券，怀光不反，亦赐铁券耶？是使怀光反也！已而果叛。"

道门使用铁券的用途跟世俗的皇权攻心术有很大的区别。铁券在道教中主要有护佑个人的功能、拯救亡灵的功能、致雨功能和驱邪的功能等。铁券的传承跟祖天师有很大的关系，此外，许逊也获得过铁券之术。杜光庭在《太上老君说常清静经注》中提到铁券传自祖天师："正一真人曰：正者，真也；一者，大也，亦为心也。心者，南方太阳之象，元处北方。因何太阳处于北方？为坎离中有一画，故为一阳，是谓心也。一是阴中阳位，二是阳中阴位。此是五行返复之理，阴阳变化之用，是谓正一也。正一真人者，汉天师也，姓张讳道陵也。今为三天大法师，位任正一真人。又为三清度师。其真人今居圣真之位，亦曾炼五行，修功为国，扶衰救苦，除害兴物，利济庶民，功圆行满，超凡成圣，位居高上正一真人。人若能修炼其心，自然关府通泰，神和气畅，皆由正一之事。今有天师所行正一斩邪三五飞步之道、铜符铁券、金丹宝经、秘诀灵章、二十四阶品箓，此不一一载也。"《历世真仙体道通鉴卷》卷二十六则提到许逊的铁券术传自斗姆："姆曰：君等皆夙禀灵骨，仙名在天。然昔孝悌王自上清下降，化度人世，示陈孝道。初降兖州曲阜县兰公家，谓公曰：'后，晋代当有神仙许逊，传吾此道，是为众真之长。'留下《金丹宝经》、《铜符铁券》，令公授吾，使掌之以俟子，积有年矣。吾复受孝道明王之法，亦以孝为本。子今来矣，吾当授子。乃择日，登坛依科盟授，阐明孝道，拆戒丁宁，出《铜符铁券》、《金丹宝经》，并《正一斩邪之法》、《三五飞步之术》，诸阶秘法悉以传付许君。"可见，张季文天师制作铁券并非一时心血来潮，而是有深厚的家学渊源和传统。

除了上述铁券护佑个人的功能外，铁券还有拯救亡灵的功能，如"神虎追摄门"。

《灵宝玉鉴》卷之九，《道藏》：

神虎追摄门

夫升天入地，通幽达冥，呼阴召阳，追魂摄魄者，其神矣乎。故灵宝大法，有神虎追摄者，亦阴阳之至灵，造化之枢机也。以至雄左雌右，三部七真，运斗道以合明，由大魁而总制，吐纳二炁，混泱三光，回紫户以聚灵，知白守黑。法华京而炼景，回黄命灵。内而道炁金光，外而玉札铁券，皆神虎之体用也。及其凝光神室，合景玄关，唯此一真，本无诸法，一有感发，应念而生。尔神尔灵，斯性斯道，以其会五行于虚谷，明一炁于先天，混合百神，周旋万化，又岂止拘魂制魄而已哉。

铁券致雨功能：

太上驱雨符

符用朱书铁板上，步罡伏剑，差天丁力士，望天罡取炁，投江湖中。

上清致雨符

铁券，阔二寸四分，长二尺四寸，朱书，用夹袋封，投龙洞。俟雨足，乃前收起。

右符并如前法。凡投铁符，于境域之内，渊深灵异之处乃可投符。浅水，则不可。若无源泉窟穴，须就灵异井中。近江湖，则投江湖，尤妙。投符之际，不可反顾，以防雷雨暴作。盖此大应，有如反掌。谨之。

倒海铁券致雨符

右用铁券，阔二寸四分，长二尺四寸，朱书，用夹袋封，投龙洞。俟雨足，乃前收起。

铁券驱邪功能：

北帝诛五金怪魅符

此符治金银铜铁之怪，应千年铜佛铜像铸造之日，适逢时日凶邪，则真灵不降，妖孽附之。以铁券朱书此符，密埋神像之下，则鬼灵遁散，不复为怪，不以其像遇毁矣。

北帝诛水怪符

此符治一切水怪，应江、海、湖、湫、潭元、溪源、井洞之中，多有蛟蜃、蛇蟒，兼有孽龙，其状不一，皆能兴风作浪，损人舟船，坏人性命。又或托形现相，交通妇女、生人者，并以此符焚之，其怪自殒绝矣。用铁札投水中，黄纸书符，焚之。[1]

由此可见，道门中铁券的功能多多，威力巨大。张季文天师就是采用铁券这种形式，拯救了无数饱受五代战乱的人民。有文献记载了第二十三代天师张季文的基本生平。《汉天师世家》载："二十三代天师，讳季文，字仲珪。五代之季，人受其经箓甚众，乃铸铁环券继之。宋初，铁券箓尤盛。寿八十七。元至正十三年，赠清虚妙道辅国真君。"《历世真仙体道通鉴》卷十九"张季文"条称："张季文字仲归。元长之子。岁以诸阶密箓传度弟子之能修行者，用符水治病立愈。年八十七岁而卒。"高道白玉蟾用一首诗总结了第二十三代天师张季文的生平和功绩。

白玉蟾《赞历代天师》：

第二十三代讳季文，字仲珪。

玉盂祝水起波云，笔下雷声泣鬼神。龙虎山前山后问，先生活尽几多人。

① 路时中：《无上玄元三天玉堂大法》卷之二十。见《道藏》第4册。

第十三章

第二十四代天师张正随评传

一、质直淳朴　不与俗交

第二十四代天师张正随，字宝神，乃张季文天师的长子。他秉性直朴，专心修道，不与俗人交接。《历世真仙体道通鉴》卷之十九说他："为人质直淳朴，不与俗人交，遇诸途，则趋而避之。"然而正是这位有几分羞怯的年轻人，却迎来了天师道发展的新契机。

二、真宗赐号　历朝承袭

众所周知，纵观整个宋代，最为推崇道教的皇帝当数宋真宗和宋徽宗。而张正随嗣教的时代，正是宋真宗在位之际。当时，辽军南侵，宋真宗亲征。最终，宋辽议和达成澶渊之盟，此后，宋辽边境出现了几十年的和平，老百姓安居乐业，宋朝的经济逐渐繁荣，国力大幅提升。然而，宋真宗并没因为获得了一时间的和平而感到安心。宋真宗感到辽国虽然暂时停止了战争，然而觊觎中原之心一直不死，因此一直在思考如何在更高的层面凝聚国人，消除外人的觊觎之心？用兵书上的话来讲就是，有没有一种不战而屈人之兵的更为高明的国策和战略？用今天的话来说就是，既要有政治、军事和经济上的硬实力，又要有文化上的软实力。正在真宗思来想去没有答案之际，吏部尚书王钦若来了。真宗问："今将奈何？"王钦若知道真宗还对每年向辽输纳银两和绢匹之事耿耿于怀，于是故说反话："陛下以兵取幽蓟，乃可刷此耻也。"战争可不是真宗的选项，真宗道："河朔生灵，始得休息，吾不忍复驱之死地。卿盍思其次？"于是王钦若亮出了自己的观点："陛下苟不用兵，则当为大功业，庶可以镇服四海，夸示戎狄也。"这话真宗爱听，说到自己心坎里去了，忙问："何谓大功业？"王钦若曰："封禅是矣。然封禅当得天瑞乃可。"真宗的确想过封禅，然而封禅要求的条件太高了，既要求帝王有丰功伟绩，还要求天降祥瑞，这可达不到，真宗故隐而不发。王钦若对真宗的顾虑心知肚明，于是道："天瑞安可必得，前代盖有以人力为之者，陛下谓《河图》、《洛书》果有此乎？圣人以神道设教耳。"这次真宗听懂了王钦若的意思，丰功伟绩这个好办，说大说小就凭一张嘴；天降祥瑞也可安排人去造嘛。真宗忖度再三，同意了王钦若的说法，于是王钦若等人就去安排天降祥瑞之事。

不久，宋大中祥符元年(1008)祥瑞如约而至，在官民的恳请下，真宗隆重封禅泰山。这次封禅大典的成功让宋真宗感觉很好，既振奋了国人的精神，又向辽国展示了大宋的文化软实力。通过此次封禅，宋真宗深深地认识到"神道设教"对于治理国家的重要性，并开始思考起汉民族的本土宗教道教的命运来。可以说宋辽之战，激起了宋真宗的民族自尊心。真宗深知两国之间的竞争，不仅是政治、经济和军事的竞争，还包括文化上的比拼。文化的竞争，乃是不见狼烟的战场，如果运用得当，可以杀敌于无形。大宋的武备也许不及辽国，但在文化上的优越感和自信心还是有的。强调文化正好以己之长制敌之短。说起文化，最能代表汉民族信仰的首推道教，然而土生土长的汉民族本土宗教——道教，用宋真宗的原话来说，就是"唯中原有之，然不甚盛"。可是，土生土长的道教一直以来并不兴盛，跟外来的佛教相比，也是相差甚远，因此必须有意识地提携道教、崇奉道教，并因此来强化中国固有的传统文化，并强化国人的文化自信心。

宋真宗的这种想法，得到了元朝修撰《宋史》史家的理解，并在《真宗本纪》后附评："赞曰：真宗英晤之主。其初践位，相臣李沆屡言其聪明，必多作为，数奏灾异以杜其侈心，盖有所见也。及澶渊既盟，封禅事作，祥瑞沓杂，天书屡降，导引奠安，一国君臣，如病狂然。吁，可怪也。他日修《辽史》，见契丹故俗，而后推求《宋史》之微言焉。宋自太宗幽州之败，恶言兵矣。契丹其主称天，其后称地，应岁祭天，不知凡几。猎而手接飞雁，鸨自投地，皆称为天赐，祭告而夸耀之。意者宋之诸臣，因知契丹之习，又见其君有厌兵之意，遂进'神道设教'之言，欲假是以动敌人之听闻，庶几足以潜消其窥觎之志欤？然不思修本以制敌，又效尤焉，计亦末矣。仁宗以天书殉葬山陵，呜呼贤哉。"

总之，为了达到振兴道教的目的，宋真宗主要采取了以下几种措施：一、广修宫观、塑造神像；二、优礼道士、提高待遇；三、收集道书、校刊《道藏》。

第二十四代天师张正随的嗣教生涯就是在整个国家崇奉道教的背景上展开的。应该说，张正随天师是非常幸运的天师，有幸生活在一位崇道皇帝宋真宗的时代，有如鱼得水之感，而龙虎山天师道在张正随天师的手上也取得了决定性的发展。

宋大中祥符八年(1015)宋真宗召龙虎山第二十四代天师张正随到京城并亲自接见了他。这次会见产生了三个积极的成果：

第一、为张正随天师在京城设立专门的传道机构授箓院，让他在京城传授道法，培养道教人才。

第二、敕令改龙虎山的"真仙观"为"上清观"，并免除田租，以示朝廷的支持和重视。

第三、赐张正随天师号"真静先生"，以示朝廷荣宠。

这些事在不少文献上均有确凿的记载。

娄近垣《重修龙虎山志》第177页：

二十四代，正随，字宝神，性质直。宋真宗召至阙，赐号真静先生，为立授箓院，年八十七，配魏氏。

元妙善《龙虎山志》第56页：

正随，宋大中祥符八年，召至京师。吏部尚书王钦若为奏，立授箓院；又敕改真仙观为上清观，赐号真静先生，是为天师二十四代。元至正十三年，赠清虚广教妙济真君。子乾曜嗣。

《汉天师世家》载：

二十四代天师，讳正随，字宝神。性质直敦朴，不与俗接。宋大中祥符八年乙卯召至，吏部尚书王钦若为奏，立授箓院，并奉敕改真仙观为上清观，年八十七岁而终。

《历世真仙体道通鉴》卷之十九“张正随”条：

张正随字宝神，仲归长子也。为人质直淳朴，不与俗人交，遇诸途，则趋而避之。岁以传度法信救施贫乏，虽家贫而不顾。年八十七岁而终，追封真静先生。

《四库全书》史部，编年类，《御批历代通鉴辑览》卷七十三载：

赐信州道士张正随号真静先生

初汉张鲁子，自汉中徙居信州龙虎山（在今江西广信府贵溪县西南相传汉张道陵修炼于此）。世以鬼道惑众，正随其后也。至是召赴阙赐号，王钦若为奏立授箓院及上清观（今曰太上清宫在龙虎山上），蠲其田租，自是凡嗣世者皆赐号。

《四库全书》史部，地理类，都会郡县之属，《江西通志》卷一百四载：

宋

张正随，字宝神，季文子，汉天师第二十四世。性质直敦朴，不与俗接。大中祥符八年，真宗召至阙，赐号真静先生。子乾曜，字符光，端静寡言。天圣八年，仁宗召问冲举之事，对曰：“此非所以辅政教也，陛下诚能返之朴，行以简易，则天下和平矣，奚事冲举哉？”上嘉之，赐号澄素先生。乾曜子嗣宗，仁宗赐号虚白先生；嗣宗子象中，生五月能言，七岁朝京师，赐紫衣；象中子敦复，神宗赐号葆光先生；敦复无子，以从子景端嗣徽。宗大观二年，赠号葆真先生。（《天师世家》）

上述提到的授箓院到底是一个什么样的机构呢？授箓院之设，源头可上溯到唐代，据《龙虎山志》记载，唐玄宗召见第十五代天师张高：“命即京师（长安）置坛传箓。”唐朝之时仅仅是置坛传箓，还未设一个专门的机构。到宋真宗大中祥符八年（1015）敕二十四代天师张正随于京都（汴梁）立授箓院，这应该是一个官方的专门机构，相当于今天的道教学院，专门培养道教人才。这在道教史上是一个了不起的进步。元明之后，绍其余绪，立“万法宗坛”，授箓在龙虎山天师府举行。

其次，真宗敕令改龙虎山的“真仙观”为“上清观”，并免除田租。这里提到的“真仙观”就是今天龙虎山的“大上清宫”。唐代题名为真仙观，宋代大中祥符间改名为上清观；宋天圣年间迁于龙虎山之南；宋元祐元年第二十八代天师张敦复重新修葺；宋政和三年升上清观为上清宫；元大德间，赐名为正一万寿宫。宋大中祥符八年(1015)敕令改“真仙观”为“上清观”的举措，很大程度上奠定了龙年虎山天师道的重要地位，为后来朝廷的赐名、拨款等开了一个先例。

此外，皇帝为龙虎山的现任天师赐号，这在以前是前所未有的。自第二十四代天师张正随被赐号“真静先生”后，宋代的历代皇帝都给龙虎山天师赐号，后成为朝廷的恩例。虽然，给道士赐紫衣、师号唐代已有，并非宋代独创，然而就天师道的整个发展史来看，此次赐号意义非凡，极大地提升了现任天师的社会地位和影响，因而具有重要的意义。不少文献皆提到此次封号的重要作用，乃是龙虎山封号所由始。

元代陈元靓《事林广记续集》称：

廿四代

正随，字宝神，季文长子，封真静先生，年八十七而化。

明代于慎行《谷山笔麈》卷之十七“释道”：

汉沛人张鲁，自大父陵以来，世为五斗米道，其后，遂从刘焉分据汉中。后魏寇谦之首奉其道。至宋真宗之世，赐其裔信州道士张正随号真静先生，以后，继世子孙，皆有赐号，此龙虎山封号所由始。原其所以，盖因天书、符命之兴，粉饰道教，诳惑四海，王钦若为之奏立授箓院及上清观，历代相沿，遂为成典，而不察其由，亦惑之甚者矣。

《四库全书》史部，职官类，官制之属，《礼部志稿》卷八十九载：

裁革真人名号

隆庆二年，诏革正一真人名号夺其印。张氏自东汉建武中，张道陵以修炼符水术起，传数世。有张鲁者，即史称五斗米贼也，号能摄役鬼物，愚民神而事之。鲁之子元忠，即道陵炼丹处，设坛授法。唐会昌间，始赐名真仙观。宋大忠祥符间，王钦若奏改为上清观。元至正中，赐号正一教主真人，主领符箓事，国朝因令承袭，传至嗣孙张永绪，以淫纵闻，术益衰。永绪死，无嗣。江西守臣因言张职名赐印，不在典制，且复隐税逃役，公行吞噬，无功于世，有害于民，宜永为裁革。礼部覆言，请革其封号，止以裔孙张国祥为上清观提点，铸给提点印，上从之。

清代赵翼《陔余丛考》记载：

《通考》：宋太宗祥符九年，赐信州道士张正随号真静先生，王钦若为奏立授箓院及上清观，蠲其租税。自是凡嗣世者皆赐号。

明代沈德符《万历野获编》补遗卷四“张天师之始”条称：

张天师名道陵，字辅汉，生于汉光武十年，居吴之天目山，以符水治病，灵帝永寿元年，白日上升，年百二十岁。唐天宝七年，册赠太师。中和四年，封三天扶教大法师。宋熙宁中，加“辅元”二字，大观二年，册号正一清应真君，子孙相传，以至于今。东晋王旷、王羲之父子俱奉其道。

后魏寇谦之，以其教授太武帝，及宰相崔浩。至宋真宗，赐其裔信州龙虎山道士张正随，号真静先生，立授箓院及上清观，盖其时崇奉天书，故有天师之称。

三、跻世仁寿　益衍玄猷

以上几条都跟一个人的极力推荐分不开，此人不是别人正是真宗时的重臣王钦若。王钦若，字定国。官至宰相，是北宋开国以来的第一位江南人宰相。王钦若身材矮小，脖子上长有肉瘤，人称“瘿相”。王钦若最为著名的是跟杨亿等人修纂了大部头类书《册府元龟》。此外，王钦若有着极为浓郁的道教情结。据说他年轻时到蜀地曾经遇到异人预言日后会官至宰相，后发现此异人不是别人乃是唐相裴度，后果如其言。此外，王钦若还积极编修道书。宋祥符九年，王钦若上《新校道藏经》，赐目录名《宝文统录》，对道教的发展作出了重要贡献。

正是在宋真宗、王钦若等人的大力支持下，龙虎山天师道在第二十四代张正随的领导下获得了长足的进展。张正随天师，夫人魏氏育有名两位儿子：张乾曜、张日新。张正随寿八十七岁。宋真宗的制诰对张正随天师的一生有精练的总结：

宋真宗皇帝制曰：朕嗣守宗祧，钦崇天道，荷乾坤之瑞应，阐河洛之珍符，思与至人共参妙道。尔祖得灵诠于金阙，垂法统于后昆。汝为嫡孙，绍承异学，兹启先天之秘，以诱后觉之民。惟帝鉴观，跻世仁寿，肆颁徽号，益衍玄猷，赐号真静先生。[1]

后元至正十三年，追封张正随为清虚广教妙济真君。白玉蟾《赞历代天师》对他的生平事迹加以总结：

第二十四代讳正随字宝神

人在犁锄烟水乡，结茅高卧小松岗。敕封真静先生号，一卷仙经一炷香。

① 见《汉天师世家》。

第十四章

第二十五代天师张乾曜评传

一、端静寡言　笃志内修

第二十五代天师张乾曜，字元光，乃第二十四代天师张正随长子。张乾曜自幼端静寡言，嘱意玄学，道行精严，颇得人望。父亲张正随天师羽化之后，以嫡长子的身份嗣教。张乾曜嗣教后将天师道上下治理得井井有条，一时间名声远播。皇上听闻他的名声之后特召他进京面圣。很多文献都记载了宋代皇帝接见张乾曜天师的事实，至于是哪位皇帝接见的却众说纷纭。有说宋真宗的、有说宋神宗的、也有说宋仁宗的。此外，皇帝对张乾曜先生的赐号，也有两种不同的说法，有些说是虚靖先生，此后，该号为天师世家所承袭；另外一种说法认为是赐号为澄素先生。

二、仁宗召见　蠲除赋役

说宋真宗接见张乾曜的文献有《宋会要》和《耶稣会文献汇编》。

《宋会要》称：

大中祥符八年，召信州道士张乾曜，于京师上清宫置坛，传箓度人。

《耶稣会文献汇编》第三卷：

至宋朝时重张乾曜，号澄素先生，宋真宗封广信府龙虎山，世袭天师府职，衮衣玉带。

称宋神宗接见张乾曜的文献有娄近垣的《重修龙虎山志》177—179页：

二十五代乾曜，字元光，宋神宗召问冲举之事，对曰："此非可以辅政教也。陛下苟能还淳反朴，行以简易，则天下和平矣，奚事冲举哉？"帝嘉之，赐号澄素先生，请蠲赋役，诏从之。帝问有几子？对曰："长子传道，次子业儒，遂以次子见素为将作主簿。见素，字叔晦，官至卫尉寺丞，归隐鄱阳之东湖，至今子孙家焉。乾曜年八十九，葬仁福乡梓埠曹家源，配倪氏。

称宋仁宗接见张乾曜的文献最多，分别如下：

元明善《龙虎山志》第56页：

乾曜，宋天圣八年，召至阙下，仁宗问白日冲举之事，对曰："此非可以辅政教也。陛下苟能返古之朴，行以简易，志虑清明，神气完和矣，奚事冲举？"上嘉之，赐号澄素先生，是为天师二十五代。元至正十三年赠崇真普济湛寂真君。子嗣宗嗣。

《汉天师世家》载：

二十五代天师，讳乾曜，字元光。端静寡言，笃志内修。宋天圣八年，仁宗召赴阙，问以冲举之事。对曰：此非可以辅政教也。陛下苟能返之朴，行以简易，则天下和平矣，奚事冲举哉。上嘉之，赐号澄素先生。上又问，卿有几子。对曰：长子传道，次业儒。遂以次子见素为将，作监主簿，见素虽仕，而志尤慕道，以卫尉守丞，休官隐居鄱阳东湖，至今子孙家焉。天师年八十五而化，瘗剑仁福乡樟埠曹家源。

《历世真仙体道通鉴》卷十九"张乾曜"条：

张乾曜，宝神之长子也。好道，守掌真人之教法（《会要》云：大中祥符八年，召信州道士张乾曜，于京师上清宫置坛，传箓度人。）。宋仁宗闻其有道，天圣八年五月召赴阙，赐澄素先生之号。上问以飞升之事，沉吟久之，对曰：此非可以辅政教也。上嘉之。又问几子，对以长子传道，次业儒。遂以次子见素为将，作监主簿。见素虽仕，而志尤慕道，以卫尉寺丞休官，隐居鄱阳东湖，至今子孙家焉。

元代脱脱《宋史》载：

（仁宗）五月甲寅，赐信州龙虎山张乾曜号澄素先生。

宋代李焘《续资治通鉴长编》卷十：

（仁宗）五月甲寅，赐信州龙虎山汉天师张道陵二十五世孙乾曜号虚靖先生。（按《宋史本纪》：赐号澄素先生。）以其孙见素为试将作监主簿，仍令世袭先生号，蠲其租课。

清代爱新觉罗弘历《钦定续通志》卷二十八"宋纪四"中"仁宗"条：

夏五月甲寅。赐信州龙虎山张乾曜号澄素先生。

句曲外史吴郡海昌张天雨集《玄品录》卷之五"道言"：

张乾曜，汉天师二十四代孙也。天圣八年召至阙下，仁宗问以白日冲举事，对曰：此非所以辅政教也，陛下苟能返古之朴，行以简易，志虑清明，神气完和矣，奚事冲举。上嘉之，赐号澄素先生。

清代程穆衡《水浒传注略》卷下：

按宋仁宗时，龙虎山嗣天师，名张乾曜，尝赐号澄素先生。天师之号，始于寇谦之，晋以前无有也。自宋以来，龙虎山张氏始专其名，国家崇宠，俾之世袭，或范金为印，刻玉为简，以赐之，典礼优异。史谓乾曜汉张道陵之后，而张氏自云留侯之裔。史又载道陵即张鲁之祖，当汉末，以妖术窃据汉中，与黄巾张角无异。其后裔获宠，岂非乾曜建醮祝厘，本有足取者耶。（清道光二十五年王氏听香阁刻王开沃补注本）

宋代高道白玉蟾《赞历代天师》认为第二十五代天师张乾曜认为是宋仁宗接见了张乾曜。白玉蟾写道:“仁宗亲问金丹诀,笑指斜阳噪乱蝉。”这差不多是同时代人的观点,应该说是比较可靠。

这三种说法中真宗说和神宗说最不可信,仁宗说最可信,所有的资料形成了一个完整的证据链。此外,张乾曜天师跟前面和后面的天师相比,仁宗时期嗣教是符合逻辑的。娄近垣的《重修龙虎山志》中提到的“神宗召问”应该是传抄过程中的笔误,而《宋会要》称“大中祥符八年”宋真宗召见,则把张正随和张乾曜父子搞混了。

三、赐号澄素　典礼优异

此外,张乾曜获得的赐号到底是“虚静先生”还是“澄素先生”也有不同的说法。称张乾曜为“虚静先生”的文献较少也最不可信。

陆游《老学庵笔记》卷五认为第二十五代天师张乾曜世袭了“虚静先生”号。

> 信州龙虎山汉天师张道陵后世,袭虚静先生号,蠲赋役,自二十五世孙乾曜始,时天圣八年也。今黄冠辈谓始于三十二代,非也。又独谓三十二代为张虚静,亦非也。

另,《续资治通鉴》也记载张乾曜的赐号为“虚静先生”。

> 甲寅,赐信州龙虎山张道陵二十五世孙乾曜号虚静先生,以其孙见素为试将作监主簿,仍令世袭先生号,蠲其租课。

《钦定四库全书考证》卷三十:

> 天圣八年五月甲寅,赐龙虎山汉天师张道陵二十五世张乾曜,号虚静先生(案宋史本纪赐号澄素先生与此互异)。

《关云长大破蚩尤》杂剧中则称张乾曜为第三十二代天师,道号为澄素,赐号为“虚静”。

> 贫道姓张,名乾曜,道号澄素。我祖传道法,戒律精严。三十二代,辈辈留

传。贫道在这信州龙虎山居住，每日修行辨道。……小官天朝使命是也。今奉圣人的命，着小官直至信州龙虎山，请虚静天师。

娄近垣《重修龙虎山志》专门对张乾曜世袭"虚静先生"号的说法进行了批驳，以为此说无据，是传闻之误。

按：旧世家二十五代及虚静传，俱不载蠲赋役事。放翁谓在天圣八年其为二十五代，无疑世家脱漏，据以增入。至谓"虚静"为世袭之号，是系传闻之误。

认为张乾曜赐号为"澄素先生"的文献最多也最可信。《宋史》、《江西通志》、《龙虎山志》、《汉天师世家》、《历世真仙体道通鉴》等文献皆认为赐号为"澄素先生"。

《椒邱文集》一文专门讨论"张乾曜号澄素先生"一事。《椒邱文集》卷五载：

赐龙虎道士张乾曜号澄素先生

天师之号昉于寇谦之，晋以前无有也。自宋以来，龙虎山张氏始专其号，若乾曜是已历元以迄于今，国家崇宠俾之世袭，或范金为印，刻玉为简，以赐之，典礼优异，视曲阜宣圣之裔，有过无不及焉。史谓乾曜汉张道陵之后，而张氏自云道陵留侯之裔也。以予考之，留侯卒于惠帝之世，岂真凌虚御气以从赤松子游耶？道陵者鲁之祖，当汉末以妖术惑众，窃据汉中，与黄巾张角等耳，岂有道之士哉？而历代崇宠如此，其至何欤？谓其有长生久世之术耶？则所谓天师者，皆死且葬，未有至今犹存者也。谓其建醮祝厘，可以消沴致福耶？则宋之疆场日蹙，元之豪杰并争，天师末如之何也？谓其清静之行有可嘉耶？则妾媵姬姜之奉，与俗不异也，然则何取于斯而崇宠之欤？有天下者黜其号，散其徒，而焚其所谓符箓者，亦足以祛千古之惑矣。

另，宋仁宗的敕令亦表明张乾曜的赐号为"澄素先生"。

宋仁宗皇帝制曰：朕嗣服历年，潜心至道。若稽黄帝之为君也，所以养人民，官阴阳而成无为之治者。则有广成子在崆峒之上，不惮膝行，顺下风而问焉，为民故也。尔不远千里，至辇下一言，悟朕得养生治民之要，可无徽称，以示旌异，尚弘神化，用副招延，罔俾广成，专美前古，赐号澄素先生。

综上可见，张乾曜天师为宋仁宗召见并赐号为“澄素先生”，虽然不及宋真宗和宋徽宗那么狂热，宋仁宗亦是一位好道的皇帝。这次召见主要询问了飞升成仙之事，张乾曜的回答很有意思，他的内心认为皇帝的主要职责是治理好国家而不应该把精力放在“飞升成仙”这样的事务上，因此很委婉地回答道：“此非关政教也！”用今天的话来说就是：这个问题跟陛下您治理国家的重任无关。张乾曜担心皇帝心无旁骛，会把国家带到危险的境地，给人民带来灾难。接下来又说：“陛下苟能还淳反朴，行以简易，则天下和平矣，奚事冲举哉？”张乾曜的意思是皇帝不能因自己至尊的权位就自以为是，滥下命令，干扰自然规律，违背天道，唯有倾听自己的声音，变得更加谦卑，才有可能出现天下太平的局面。宋仁宗乃聪明之人，听出张乾曜天师话里有话，莞尔一笑，龙颜大悦，因为仁宗看出了张乾曜乃耿介忠直之人，而非媚颜屈膝之徒。于是赐号为“澄素先生”并蠲除赋税。此后宋仁宗还关切地问到张乾曜天师有几个孩子，张乾曜回答有两个，老大张嗣宗学习道法，老二张见素钻研儒学，于是皇帝恩准老二张见素为监主簿，官至卫尉寺丞休官，张见素虽然人在仕途，却心慕道教，休官后隐居鄱阳东湖，后来张见素的子孙世代居于此地。另据《江西鄱阳莲湖金山张氏家谱目录》称张见素于宋仁宗天圣年间，授作监主簿，至给事中，历卫尉寺丞，赠其妻宁氏为恭人，虽仕而志犹慕道，弃官归隐饶洲鄱阳之东湖凤凰岗遂家，生子二名张凤和张凰。此外，《天师府张氏族谱》的记载张乾曜四个儿子，分别为张嗣宗、张淇素、张见素、张清素，又是一说，备参考。另外，张乾曜的弟弟为张日新，据《若岭张氏族谱》的记载乃是今天江西省东乡县王桥镇大塘村的张姓始祖，张天师的后人的一支亦在此繁衍生息。

张乾曜天师寿年八十九，夫人为倪氏，后葬仁福乡梓埠曹家源。元至正十三年，追封为崇玄普济湛寂真君。

白玉蟾《赞历代天师》对他的生平加以总结：

第二十五代讳乾曜。

横握镆铘入洞天，洞天漠漠掩寒烟。仁宗亲问金丹诀，笑指斜阳噪乱蝉。

第十五章
第二十六代天师张嗣宗评传

一、生有印文　神异具著

第二十六代天师张嗣宗，字荣祖，为第二十五代天师张乾曜长子。张嗣宗的出生充满了神奇的色彩，据载他一生下来左手就长着一个清晰可辨的印文的胎记。这些瑞应之迹预示了他将是未来嗣教天师的不二人选。

张嗣宗生活的北宋真宗和仁宗朝时期，一方面，有很多的信众尊奉并追随龙虎山张姓天师，另一方面，有不少儒家知识分子以儒家正统自居，视道教的实践和学说为异端邪说，对道教实行抨击和打压。面对如此现实，嗣教不久的张嗣宗天师就决定通过努力弘道来纠正人们对道教的偏见和误解。

二、安福弘道　锒铛入狱

很快，张嗣宗天师选中了江西西部的安福县作为他传道弘法的第一站。为什么张嗣宗天师选取安福而不是别的地方为他弘道的第一站呢？张嗣宗天师主要是基于以下几点考虑：

首先，安福，素有“赣中福地”之美誉，又称“江南衣冠一大都会”，介于吴、楚文化的交融地带，孕育出了特殊的赣西文化特色。该地民风淳朴，文风鼎盛，英才辈出。地势西北高，东南低，三面环山，东挹蒙山之秀，南据牛岭之雄，泸水折北而东走，势若苍龙，乃地灵人杰的风水宝地。因此，在安福弘道能较将道教辐射到吴楚两地。

其次，安福离龙虎山距离不算太远。在安福和龙虎山之间旅程较近，往返便利，若是遇到什么事，返回龙虎山也较为方便。

另外，张嗣宗对武功山仰慕已久，到安福还有一个很大的心愿就是前来参拜安福的武功山。因为，历史上高道葛玄和葛洪都曾到此修道炼丹，到安福来，正好拜访仙山灵迹。武功山历史上曾与衡山、庐山并称江南三大名山，被冠以“衡首庐尾武功中”，乃是横亘于江西与湖南之间的雄伟罗霄山脉的最高点。历代不少文人骚客都对武功山加以吟咏：

游武功

邹守益

我从石屋访葛仙，芒鞋犹带东阳烟。
山灵爱客苦淹留，九日阴雨相缠牵。
东游龙窟西集云，足迹宛转溟海堧。
新晴忽报钟磬清，仰视星河净涓涓。
兴来清晨理我发，追逐同志升崪兀。
石磴盘回转长虬，触目挥汗不宜歇。
俯首万山波相舂，玉井碎茁青芙蓉。
澄川交暴砂矶练，比屋斜缀蜜房蜂。
团云忽起障我热，两岫飃飃驾岗风。
咫尺林木不得辨，冷然直入东吴宫。
环视上下天一色，僮仆争愁云雨急。
恍疑混沌犹未闻，手抉两仪分太极。
仙翁献奇遽如许，指挥白云铺下土。
灵锁不放塵氛来，独悬赤日照天府。
圆光荧荧敞玉京，云拥雉堞如银城。
霓裳羽衣舞蹁跹，均天广乐锵九成。
章亥所步几万里，寂寥无翳海波平。
洞开肝胆对上帝，粗秽一涤丹池清。
雷岩石瞰滚龙峡，相传神箓藏琼匣。
结茆且倚林榻卧，初试囊中煮石法。

浩歌呼月正皎皎，白兔怯寒杵声小。
香炉臃肿手可爇，檀烟扑鼻何缥缈。
徙倚不觉斗柄斜，启明先驱引绛霞。
阳乌振羽若木华，金灯炫耀东皇家。
熊熊魄魄侣堪掬，朱轮推出羲皇车。
人家此时方熟睡，谁识丸中第一义。
群虱莫咲阮籍狂，溷厕争中李赤魅。
屈指奇观此为雄，青原玉岩皆下风。
脂车便欲入邹鲁，丹检一启泰山封。

宋代诗人郑强曾登临武功山，并赋诗一首《登武功山》：“绿色青黛梁群山，院锁屋峦迭嶂间，金顶插天云漠漠，飞瀑泻地不潺潺。拔地凌穹吊马桩，巍然在望葛仙坛。灯荧星点清霄静。炉烟缭绕白云还。俯瞰日山齐到眼，江南尽境属吴邦。疑是神仙真洞府，公余幸得一跻攀。”

话说张嗣宗带着众弟子一行风尘仆仆来到安福县，稍事安顿之后，随即展开了弘道的工作。当地百姓听说天师亲自来安福传法，颇有万人空巷的态势，纷纷前往探视，张嗣宗天师趁机为大家讲经说法，并现场为大家画驱鬼避邪的平安符，并加盖阳平都功印，现场十分热烈火爆。有不少人得到感召，当场就表示愿意皈依成为张嗣宗天师的俗家弟子。这一火爆的现象很快引起一位官员的注意，这位官员不是别人正是安福县令林积。林积是何许人也？林积，天禧四年即 1020 年出生，卒于元祐六年(1091)六月七日，终年 71 岁。他乃南剑龙溪县人氏，北宋庆历六年(1046)26 岁时考中进士，曾担任过循州军事判官，后担任安福县令。此人为人正直，拾金不昧，年轻时曾拾得一袋珍珠，如数奉还，分文不取。为官颇具才干，在担任循州军事判官时，发现当地官员抓强盗时误抓了五十八人，在搞清案情后，当庭释放了这五十八人，林积因解救他们的性命却违逆了上司的意志，于是上司因此放弃提拔林积的打算，林积不以为意，认为跟五十八人的性命相比，官职的晋升根本算不了什么。不过，这位林积什么都好，就是持非常顽固的儒家正统的文化立场，以宣扬儒家正统思想为己任，在当地聚众兴学，亲为督导，而对道教等非儒家的文化传统极为鄙视，视为异端，欲斩之而后快。张嗣宗天师遇到这样的官员，后果可想而知。林积听说张嗣宗传道的消息后立马派人将天师及其随从抓了起来，驱散追随天师的信众，没收天师随身携带的阳平都功印。宋代的很多文献都记载张嗣宗天师被林积所抓并锒铛入狱的事实。不过，他们都是从儒家正统的立场出发，称张嗣宗的道法为“妖学”，这其实是一种极度的文化偏见，这是我们解读文献时必须十分小心的地方。这件事情，《江西通志》、《能改斋漫录》、《演山集》、《朱子语类》、《延平府志》均有记载。

《江西通志》卷六十一载：

林积，字公济，福建人，庆历进士。由循州判改令安福，建学聚徒，亲为训督。时有张嗣宗者，煽妖术惑世，积收系之，以闻，妖遂息。嘉祐元年秋旱，积率吏民祷于石屋，雨立至。仕终河南转运使。（《安福志》）

《能改斋漫录》卷十三载：

林积毁张嗣宗妖术印

南剑尤溪林积，仁宗时为吉州安福令。时有张嗣宗者，挟妖术作符箓，自称汉师君三十三代孙，率其徒自龙虎山至，谓能却祸邀福，百姓翕然以从。积视其印文，曰：“嘻，乃贼物耳！昔张道陵再传至鲁，鲁以鬼道教民，自号师君，遂据汉川，垂三十年，方败于曹操，而归阳平关，此印所以有阳平治都公之文。今有道之世，讵容妖贼苗裔，公肆诬罔，以害吾治耶？”于是收治之，闻于朝，毁印而江左妖学遂息。

《演山集》卷三十三，黄裳撰《中散大夫林公墓志铭》：

公讳积，字功济，其先比干之后，莫知其所由来，唐末避巢冠之乱，走延平白泉山中，遂世家尤溪，曾祖曰扶、祖仁就、考商，不仕，商累赠中大夫。庆历六年，公举进士，中乙科，尤溪未常有仕进者，自公倡之后，遂有人。始为循州军事判官，县解强盗五十人，公再讯得其情，坐罪而黥者三十余人，其他释失宪司意欲荐公而罢。公曰：“吾失一荐而得生者五十人，复何憾哉？”改大理寺丞，知湖州安吉县，被谤坐出谋杀，罢官，为通州监税，知吉州安福县，改殿中丞。安福江西之剧邑，面折讼日数百纸不下吏无留狱。邑子弟少向学，公召其父兄，开谕义方，建学以延之，用是有登第者。道士张嗣宗，率其徒由龙虎山而来，自称汉师君二十六代孙，持铜印出符箓，其文曰阳平治都功，印所至风从，有欲必得，公探其伪而治之。案后汉刘焉及魏志张鲁传，以弊其狱，言自东汉张陵，作符书惑百姓谓之米贼，陵传之衡，衡传之鲁，汉道既衰，而邪说鬼道横行于天下，力不能讨，故鲁据汉川垂三十年，有曹操之强，然后委质操，斩衡于阳平关，则所谓阳平治都功印，乃贼物耳！以为能与吾民却祸而邀福，不亦妄乎？而况方今天下有道，岂容汉末所不能制之妖，贼乱民罔，上与吾政事，相为利害者耶？于是力究其弊，奏毁印废恩例，势要或为之地，莫能救，江左妖学遂熄。

《朱子语类》卷一百三十八“杂类”载：

因论张天师，先生曰：“本朝有南剑太守林积，送张天师于狱中，而奏云：其祖乃汉贼，不宜使子孙袭封。一时人皆信之，而彼独能明其为贼，其所奏必有可观者。林积者，秦相时尝为侍郎。”

嘉靖《延平府志》第402页，绍兴，林积，传见名宦。绍兴年间(1131—1161)卷三十四名宦，第644页。

林积，知州事，尝录张天师子于狱。奏云：其祖乃汉贼，子孙不宜袭封。绍兴中，仕至侍郎。朱文公以其事告门人曰：人皆信张而积独明其为贼，所奏必有可观者。(《祀府名宦》)

林积抓了张嗣宗天师后，立即上书禀报了朝廷，要求销毁张嗣宗携带的阳平治都功印，并废除历代朝廷对龙虎山张天师世家的恩例。林积称张陵为“米贼”、天师道教理教义为“邪说鬼道”、阳平治都功印为“贼物”，反映出其褊狭的文化立场。林积的文化立场其实也是当时士大夫普遍的文化立场，也显示儒家和道教之间某种程度上的紧张关系。

雄心勃勃的张嗣宗天师，刚刚出山弘道就遇此厄难。虽然有历代皇上的恩例，但是，面对这些儒家正统士大夫的偏见与敌意，龙虎山天师道的发展，随着张嗣宗天师的锒铛入狱，顿时陷入了巨大的危机之中。

张嗣宗天师在狱中究竟呆了多长时间？又是谁将张嗣宗从狱中解救出来？由于资料的缺乏，我们无从得知。我们从文献得到的确切信息是：张嗣宗师携带的“阳平治都功印”铜印，的确被林积所毁，而林积奏请朝廷废除天师世家恩例的上书，最终朝廷并没有允准。《宋会要辑稿》、《续资治通鉴长编》、娄近垣《重修龙虎山志》和元明善《龙虎山志》均记载了宋仁宗沿用历代恩例赐张嗣宗“先生”之号的史实。唯一有争议的是前两者认为是赐号“冲静先生”，后两者认为是赐号“虚白先生”。

清代徐松《宋会要辑稿》载：

(致)[至]和元年八月十二日，赐信州贵溪县龙虎山上清观张嗣宗为“冲静先生”。

宋代李焘《续资治通鉴长编》卷十载：

赐信州贵溪县龙虎山上清观汉天师二十六代孙张嗣宗为“冲静先生”。

娄近垣《重修龙虎山志》第306页：

至和二年(1055)，赐张嗣宗号虚白先生，宋仁宗皇帝制曰：柴望秩宗，诚祷祠之肇启，行宫藏事，非巫史之可侪。苟诚意之旁通，亦治世之所赖。汉天师二十六代孙张嗣宗，绍承家学；绰有祖风，比露剡以荐天，旋弥灾而为福，非道心精一，至诚感神，能若是耶。虚空生白，吉神止止，惟尔有焉。赐号虚白先生。元至正十三年，赠崇真普化妙悟真君。

元明善《龙虎山志》第56页：

嗣宗生而右手掌若有印文，迁上清观于龙虎山之阳，赐号虚白先生，是为天师第二十六代。元至正十三年赠崇真普化妙悟真君，子象中□□。

三、矢志抗争　终获承认

宋仁宗赐张嗣宗天师的号应该是发生在林积毁印以及羁押张嗣宗天师之后的至和二年(1055)。林积于庆历六年(1046)26岁时考中进士，先后担任过循州军事判官和安福县令，应该是公元1055年前的史实。因为获得皇帝的封号，实际上就是获得了官方的承认，有了“先生”的头衔，林积是万万不敢羁押张嗣宗天师并销毁铜印的。

张嗣宗天师嗣教伊始就办了一件大事，那就是将龙虎山的“上清宫”迁到龙虎山之南。这件事是在宋仁宗刚刚做皇帝的头几年办的，具体来说就是宋天圣年间(1023—1032)。据张国祥《天启续修龙虎山志》记载(第18页)：

唐会昌中，二十代天师子坚，奉敕修建，赐额“真仙观”；宋祥符中，敕改额“上清观”；天圣间二十六代天师嗣宗，奉敕迁建观于山之阳；政和中，敕改额“上清正一宫”；元大德甲辰，加赐额“大上清万寿宫”。

娄近垣《重修龙虎山志》卷三，第94页：

第四代天师自汉中归龙虎山建传箓坛，唐会昌中赐额真仙观，宋祥符中，敕改上清观；天圣间，迁于龙虎山之南。元祐元年，二十八代天师重新之，贾善翔为之记。

事实上，天师世家并不像儒家正统士大夫所想象的那样邪门歪道，专行不轨；天师世家的子孙无不饱读诗书，深受儒家经典的浸润，甚至不乏救社稷于水火，为国捐躯的烈士。如曾被林积所羁押的第二十六代天师张嗣宗的孙子“武功大夫”张宪和曾孙“保议郎”张琳，就是为国捐躯战死沙场的烈士。同治《贵溪县志》和同治《广信府志》都记载了张宪和张琳父子双双为国捐躯的事实：

张宪，字吉老，武举绝伦科第一人。绍圣初，选为博兴巡检。方腊寇陷两浙，宪募勇士千人，兼程以进，贼惧引退，遂复衢州。刘光世奏列其功，拜武义大夫。丫头岩寨卒谋变，宪讯，获首谋者，按诛之，郡赖以安。拜武略大夫。未几，金掠滑州，即驰赴之，既濒河，会桥断，不克。渡至亳州，闻驾北狩，欲邀截，不克。乃趋兵济南，谒高宗，因荐文武全材堪为将相者七人，以李纲、宗泽为首，拜武义大夫，江南东路军骑总管。建炎四年，江东妖贼王则大炽，宪走上饶，会兵进讨，兵未集，为贼所陷，与其子琳死焉。事闻，赠武功大夫，官其两子。（《旧志》）

张宪曾经抗击金兵，并为国家举李纲、宗泽都栋梁之材。最终，他和儿子张琳却被江东匪徒王则所杀。张宪的另外三个儿子，张玗、张球、张珪因父亲张宪有功而“推恩荫补”成为政府官员，继续为朝廷效力。

此外张嗣宗的另外一个儿子武功郎张大方、孙子承信郎张念、曾孙张琬（字禹锡）皆是赳赳武夫，亦为国家作出不小的贡献。陆王心学的代表人物陆九渊与张嗣宗曾孙张琬为亲戚关系，张琬为陆九渊的表妹夫，两家关系极为密切。陆九渊还专门为张琬写了一篇墓志铭。武功大夫张宪在当地和龙虎山族人的心目中具有较高的地位，据《汉天师世家》的记载，第三十代天师张继先羽化之后，正是武功大夫张宪率族人将其掩埋。

兹全文转录陆九渊的墓志铭，收录于《象山集》卷二十八：

张公墓志

公讳琬，字禹锡姓张，系出汉留侯世，居信之龙虎山。曾祖嗣宗，赐虚白先生，祖大方赠武功郎，考念承信郎。公生于元符二年十有一月五日癸酉，卒于淳熙八年三月十有四日庚申，享年八十有三，公甫冠应举不利，乃去入京师。宣和间，应募破方腊，补进义副尉。建炎初自京师从冯獬等诣济南府，扈从至南京转进校尉，明年以尝从使虏转承信郎，倾侧扰攘汴淮之间，所志不就，浩然归休。居家处乡，孝慈悌顺，无所违拂，留意吐纳，希踪乔柳，中年卜居，不用世俗阴阳地理等说，自得胜处。家既饶给，益自燕适，晚岁尊延礼法之士为子弟，师变其旧俗，轨范一新，乡里改观焉。寝疾且亟，召子孙申戒之言既而逝。娶庄氏早卒，继室周氏子男四人：崇之、简之、安之、明之；女二人，长适章如玮，次适将仕郎魏安国；孙男八人，女七人，曾孙男一人，卜以十月三日丙午葬于长湖，既得卜，子明之来求志其墓，公继室余表姊也，明之又尝从余游，不可辞。青田陆某记。

从上可知，张嗣宗天师虽然在弘道的过程中受到了地方官员的不公平待遇，张嗣宗天师并不因此而气馁，而是持续努力，最终赢得了朝廷的承认。

张嗣宗天师驻世时间有两种说法，一说七十八岁，一说八十一岁，总之是高寿。据说他七八十岁时，容颜如月儿童一般，足见其高深的养生功夫。元至正十三年，张嗣宗天师被追封为崇真普化妙悟真君。

白玉蟾《赞历代天师》对他的生平加以总结：

第二十六代讳嗣宗。

朱砂鼎里炼金晶，默祷天皇入紫冥。月落半山丹井水，猿声惊断满天星。

第十六章

第二十七代天师张象中评传

一、五月能言　七岁赐紫

第二十七代天师张象中,字拱辰,乃第二十六代天师张嗣宗的长子。张象中的字"拱辰"包含了儒道两方面的含义:从儒家的角度来理解,有忠君报国拱卫君王的含义。《论语·为政》云:"为政以德,譬如北辰,居其所,而众星共(拱)之。"从道教的角度来理解,有拱卫北斗七星的含义,体现了北斗崇拜的思想。《太上玄灵北斗本命长生妙经》称:"北斗司生司杀,养物济人之都会也。凡诸有情之人,既禀天地之气,阴阳之令,为男为女,可寿可夭,皆出其北斗之政命也。"就是对这种北斗崇拜的最好说明。张象中的名字中的这些含义代表父母对他的美好期望。

张象中乃是天师世家中少见的神童之一,据载他三个月大时就能行走,五月大时就能说话。当他还是几岁的孩童时就已经遍览群书,博通经史了,所有见过张象中的人,无不对他的聪慧才学惊叹不已。于是张象中"神童"之名不胫而走。就在张象中七岁那年,宋仁宗听说龙虎山有这么一位神童,特召他前往京城面见圣上。《汉天师世家》、《龙虎山志》和《历世真仙体道通鉴》均记载了宋仁宗召见七岁神童张象中之事。张象中跟宋仁宗见面时都谈了些什么,我们今天已经无从得知。不过,可以确定的是张象中跟宋仁宗的这次见面非常成功。一位稚气未脱的孩子竟然如此聪慧与博学,宋仁宗大喜过望,龙颜大悦,不仅赐给张象中紫衣、束帛金器，还亲自为张象中泼墨挥毫赠予皇上的墨宝以示荣宠。《历世真仙体道通鉴》记载："宋仁宗召见，赐坐，咨问道法甚妙，特赐紫衣，亲洒宸翰以镇福庭，复赐束帛金器，自后朝廷宠赉荐至。师承袭真人之教，终身不怠。"按照宋代紫衣师号的制度，宋仁宗赐张象中紫衣时，往往也同时赐予师号。遗憾的是，由于文献无记载，我们今天已无法得知皇上赐给张象中的师号到底是什么了。

也许宋仁宗真的是太喜欢张象中了，身为九五之尊的他竟然破例干出了以行政命令干预张家内部天师职位传承的事务来。《汉天师世家》记载："七岁，召赴阙，赐紫衣，命嗣教。赐坐问道，大称旨，上赐宸翰。"娄近垣《重修龙虎山志》亦称："七岁，召赴阙，问道，大称旨，赐紫衣，命嗣教。"本来前任天师羽化之后，后任天师由谁来当本属天师世家的内部事务，外人不宜干预。宋仁宗由于非常欣赏尚是儿童的张象中的聪明才智，心中早已认定他为嗣教天师的不二人选，认为非他不足以领导龙虎山天师道，于是不惜做出了"命嗣教"的举动来。好在皇上的旨意也正是大家心中的想法，张象中嗣教乃是众望所归，他日后接替第二十六代天师张嗣宗成为第二十七代天师就成为一件顺理成章的事情。

二、征君圣井　隐修遗迹

张象中非常崇拜许逊真人和自己的祖先张慈正天师，心中暗暗将这两位前辈作为自己修道效法的榜样。这两位前辈曾经在征君山和圣井山修行过，张象中也效法他们的足迹，前往征君山和圣井山修道。很多文献都记载了这件事情。

娄近垣《重修龙虎山志》载：

（张象中）结庐于征君山梧竹塘，得道冲举。有七星墩，白鹤坞存焉。配金氏，子三人：敦复、敦信、敦直。

同书第69页载：

征君山，在龙虎山东，十四代真君隐此，累征不起，故名。二十七代真君结庐山中之梧竹塘，得道冲举，亦名聘君山。（郑淡《雄石镇记》）

同书第132页又载：

七星墩、白鹤坞，俱在征君山之梧竹塘，二十七代真君冲举遗迹也。

乾隆华西植《贵溪县志》第65页载：

征君山：上清东南，唐张慈正隐此，累征不起，故名。宋张象中结庐山中梧竹塘，今七星墩、白鹤坞存焉。亦名聘君山，资国寺在其麓，见陆子文集、郑淡《雄石镇记》。

乾隆华西植《贵溪县志》又载：

第二十七代张象中天师

嗣宗长子，居圣井山，年81岁，其孙张宪为武状元。

圣井山：昂山发脉特起，为琵琶、天台之祖，积翠千仞中。有龙井，三岁旱，祷雨辄应，下有龙泉观。（赵孟頫碑）

《重修龙虎山志》认为张象中在圣井山和征君山经过不懈的修行，最终白日飞升，冲举成仙。冲举成仙方式所达到的仙品仙阶是较高的，按照仙经中的说法，必须达到形神俱妙的境地，才有可能冲举飞升。张象中的成就非常令人仰慕，不仅留下了七星墩、白鹤坞、梧竹塘等仙踪灵迹，还吸引了后世大量的修道者慕名而来，追随他的足迹。如金蓬头、黄公望、方壶子等均在圣井山结庐修道。特别黄公望、方壶子更是对圣井山情有独钟，黄公望因结庐圣井旁自号井西道人。

三、裴仙相约　得道冲举

大家都知道第二十七代天师张象中道行精严，冲举成仙。至于张象中天师是如何冲举成仙的，现存的《龙虎山志》、《贵溪县志》和《汉天师世家》皆语焉不详。据笔者所查各种方志和笔记小说发现张象中天师的冲举升天跟一位叫裴庆的人有着千丝万缕的关系。那么，裴庆又是何方神圣？竟然跟张象中的冲举成仙有如此大的关系？

裴庆乃苏州一位异人，曾贩鲜为业，潦倒落魄，后遇异人授以吞吐炼气之术。为了达到修道的目的，放任别人与自己的妻子私通，并让私通者出资供养其修行。后来道成，为人言说休咎，无不神验，惊为仙人。第二十七代天师张象中得知裴庆的事后，亲自到苏州邀请他去龙虎山，甚至屈尊长跪恳请，然而，裴庆拒不从命，而是跟张象中天师约定，要张象中天师三年后在庐峰顶上等他。三年之后裴庆如约而至，却挑了一担弃履破鞋抵达庐峰峰顶，并用这些破鞋垒了一个洞，然后裴庆钻进洞后，只见烈焰迸发，裴庆在烈焰中乘白鹤升天，等在峰顶的张象中天师就跟裴庆一道乘鹤升天了。《御定渊鉴类函》和《元明事类钞》就记载了这件事。

《御定渊鉴类函》卷三百五十九载：

又曰裴庆，苏州人。二十七代天师某，抵姑苏，知其异人，长跪延之，庆约三年后俟我于庐顶上，遂别去。越三年，果归担弃履数石，垒一洞，自入，塞其门，火自内发，焚讫烈焰中，犹见庆乘白鹤升天，天师俟于庐顶，庆果至并去，莫知所之。

《元明事类钞》卷三十七“乘鹤升天”条：

《续文献通考》：裴庆，苏州人。天师某知其异人，长跪延之，庆约三年后，俟我于庐峰顶上。至期担弃履数石，垒一洞而入，火自内发，烈熖中，见庆乘白鹤升天，天师俟于庐峰顶上，庆果至，遂并去，不知所之。

此外，有关第二十七代天师与裴庆相遇的故事有多个版本，其中最有名的就是明代王同轨的《耳谈》，《光绪续辑均州志》卷之十六（参见《中国地方志集成·湖北府县志辑》引《耳谈》），清代赵吉士的《寄园寄所寄》均转录了《耳谈》中的故事，流传甚广，影响最大。在该版本中第二十七代张象中与裴庆相遇在武当山玄帝殿。张象中原本打算向武当山玄帝殿献头香，然而一连三天都被别人抢先上了头香，这令张象中天师非常生气，认为是值殿道士失职，打算治他的罪，正在此时，神座下忽然爬出来一位污秽不堪的叫花子，称香是他点的，请天师不要治道士的罪。天师觉得眼前这位乞丐神采异常，于是下令释放了道士。裴庆与天师相约姑苏再见。后边的情节与前述的“乘鹤升天”的内容大同小异。

明代王同轨《耳谈》卷四“裴庆”条：

龙虎山二十七代天师某，进香武当玄帝殿前，预戒道士曰："必我先香，始令客进。"关门未启，然三辰皆有香先之。天师怒击道士，将治之，忽神座下一秽人出曰："香自我焚，道士何罪！"天师视其神采异常，下拜之。即命释道士，秽人不顾而去曰："我姑苏裴庆也，当与君会姑苏。"天师视其足不在地上，益异之，遍追求之不可得。抵姑苏求裴仙，皆曰："此癫人，常寄宿狗窦猪圈中，臭不可闻，且出乞食久矣。"其邑令逮其家，至一妇一男子。妇曰："裴庆久不归。"问男子为谁曰："此妾相倚以衣食者。"令大怒，男子曰："他人妇可有乎！"大捶之。

天师已去姑苏，前途缆夫中，庆在焉。天师长跪延之，益畏匿，浴于泥淖。天师跪不已，庆忽跃起，踞上席大噱曰："子何以有知耶？"故挠以臭秽，天师直舐之，相与谈终夜。天师长跪涕泣，愿以飘笠相从。庆曰："未也，三年后俟我于庐峰顶上。"遂别去。越三年，庆果归。担弃履数石，垒一洞自入，塞其门，火自内发。焚讫，烈焰中人犹见庆骑白鹤升天。天师迟于庐峰。须，庆果至，携手并去，莫知所之。沈泰履宅客谈。

此外，明代刘凤的《续吴先贤赞》亦记载裴庆去了龙虎山真人府的事迹。《续吴先贤赞》卷之十四第105—106页，"裴庆"条：

裴道人者，吴市人也。忽有所遇，一旦遣其妻去，举其筐筥，所为养者，悉委之衢，乃浮游无所之。后坐废畤，累月不起，亦不见其饮食，人始异之。叩焉辄不应，既而之信。之山中即为张氏道者宫止焉，间有言事，良验。人愈益神之，来者几得其一言，卒秘不肯酬也，亡何化去。

不过，令人困惑的是，有关裴庆的记载有的说他是宋代人，有的说他为明代人。如吴履震《五茸志逸》和张德夫修(明)，皇甫汸等纂《长洲县志》卷之十四就记载为明代嘉靖年间，龙虎山的天师与之相遇。兹转录于后备考。

吴履震《五茸志逸》记载明嘉靖四年(1525)裴庆的活动。

裴仙，名庆，苏州人。贩鲜为业，尝遇异人授以吞吐炼气之术。裴仙受而习之，精化为气，不复有欲，渐疏其妻。妻私与人通，裴知之勿发。一夕，见妻与所私者绸缪，直趋至前，其人皇遽。裴曰：毋恐，我欲安放此妇。天明，遍告里人，且立券，不收值，实告之曰：我修炼无从得食，汝纳此妇，供我三年饭，足矣！越三年而道果成。嘉靖乙酉三月朔，凡五岳进香者，俱见一人坐绝顶，非人所能到处。久之，太平道士来苏见之，即下拜呼为大仙。云：前日坐山顶者即此人。裴语人曰：道士妄言耳！我何尝得仙术。道士往龙虎山报知张真人，真人遣使迎之，不肯往。真人曰：须具舟楫，推裴入舟，竟至广信也。裴至真人府，佯为颠狂，每食毕，辄毁具器，历数日，真人备修银器，自后遂止。忽一日，夜半入真人堂击鼓，人惊问之曰：今日小天师下降。及真人举雄计其时日，正夫人成胎之夕也。吾松薛公某，为广信府别驾太守。某率府僚往访裴，薛曰：天下安得有仙人？守曰：始住看之。及至裴所，坐定未通名姓，裴即呼曰：薛先生，天下安得有仙人？同来者皆失色，问以他事，亦笑而不言。顾豫斋少多病，后得方士传坐功法，遂愈，为江西分守。道访裴问己年寿，裴曰：君是生囱，我是熟囱。无他言。后顾年九十余而卒，生熟盖主修炼说也。

(明)张德夫修，皇甫汸等纂《长洲县志》卷之十四也提到明嘉靖年间，认为裴庆是明代的人。

裴庆，性落魄嗜酒，每卧人户外，日无醒时。市儿时押侮之，不为意。每至人家吃酒，或有老妪病，即自扯衣带煮汤瘳之。其卧处无雪。时大学士夏言闻其名，往候之。庆坚不肯出见，夏遣人牵出，呼杀人，盖讽之也。夏不悟，后果不免。嘉靖间，天师朝京，道经吴门，下舆请至鹢中，以裴仙称而拜之，遂载归龙虎山。

总之，张象中天师乃天师中的神童，博通经史，道行精深，后冲举升天。张象中天师跟夫人金氏，共育有三子张敦复、张敦信、张敦直。后长子张敦复嗣教。元至正十三年，张象中天师被追封为崇真通惠紫玄真君。

白玉蟾《赞历代天师》对他的生平加以总结：

第二十七代讳象中，字拱辰。

仁皇恩赐紫衣时，方是宁馨七岁儿。闲把洞章歌一阕，不知鸾鹤满天飞。

第十七章

第二十八代天师张敦复评传

一、学识天成　早悟真诠

第二十八代天师张敦复，字延之，为第二十七代天师张象中的长子。由于张象中天师跟苏州异人裴庆一道飞举升天，而当时张象中的三个儿子，长子张敦复、次子张敦信、三子张敦直，年龄尚幼，暂时无法承担龙虎山嗣教的重任，于是就由张象中的弟弟张执中代为执掌天师的剑印，行使天师的权力，后待长子张敦复成人之后，张执中又将剑印归还敦复，由敦复正式成为第二十八代嗣教天师。

张敦复的名字，“敦复”一词，语出《易经》中的复卦中对第五阴爻的描述，“六五，敦复，无悔。”那么，敦复一词的具体含义是什么呢？

《四库全书》经部，易类，紫岩易传，卷三称：

六五，敦复，无悔。象曰：敦复，无悔，中以自考也。法坤静厚而自养以中曰敦复。记曰：致中和，天地位焉，万物育焉。此敦复，事尧舜性之用此耳，且中者性之未发也，用功于中，诚一不贰，与天地参，其无悔也。心同天地，施之天下，仁德甚大，亦五以坤中，履震之刚，体中德而不息，是以能敦复也。

《四库全书》经部，易类，童溪易传，卷十二称：

六五，敦复，无悔。象曰：敦复，无悔，中以自考也。博厚者，地之德也。五体坤德而得尊位，大中当复之时，远于刚阳之应，躬自厚者也，故曰敦复。夫以自厚为德，则求其在己者而已矣。其与所谓下仁从道者又异矣，盖下仁从道之复，资诸人者也，而敦复之复，则资诸己者也。夫资诸己以为复，而能自厚其德，则无失之可指矣。故曰无悔，又不特无大悔而已也。何也？未尝过乎中故也。考稽也，动稽诸中而未尝过乎中焉。非躬自厚者而能之乎？故曰敦复无悔中以自考也。曰自考云者，以明敦复之复，非资诸人而然也。

朱熹《朱子语类》卷第七十曰：

《易》曰：敦复无悔，中以自考也。敦者，厚之至也。人生而厚者，性也。复其性者处其厚而已，此大丈夫所以备道而全德。

由上可知，所谓的“敦复”就是“法坤静厚而自养以中”。这首先体现了张敦复的父母精研易理，能随意撷取易经中的经文为孩子取名。其次，“敦复”一词体现了父母对孩子的极高的期许，希望他像大地一样宽广深厚，希望他不偏不倚致中和，希望他“资诸己”“备道而全德”有极高学识和道德修养。而从文献的记载来看，张敦复确乎达到了父母对他“备道而全德”的期望，如《龙虎山志》称他“士林仰之”，《历世真仙体道通鉴》卷之十九称他“丕阐祖风，四方宗之”。

此外，据《龙虎山志》和《汉天师世家》都提到了张敦复天师性情直率、学识天成、声如洪钟的特点。

娄近垣《重修龙虎山志》第180页载：

二十八代，敦复，字延之。象中长子，象中冲举，弟执中掌印剑，既而归之。敦复学识天成，声如洪钟，士林仰之。

元明善《龙虎山志》第57页载：

敦复，性简率，声如洪钟。

《汉天师世家》称：

二十八代天师，讳敦复，字延之。学识天成，声如洪钟，士林仰之。

二、少习儒业　科场失意

另外，值得注意的是张敦复在继嗣天师之位之前，曾努力学习儒家经典，追求功名，多次参加科举考试。然而，张敦复在科举场上屡战屡败，屡败屡战，最终无缘功名，失意而归。这方面的信息似乎并未引起研究天师世家的学者注意。兹举要如下：

白玉蟾的赞诗特别提到张敦复参加科举考试以及考场失意，最后放弃追求功名的事实。白玉蟾写道："第二十八代讳敦复，字延之。棘围战罢笑归来，一寸功名心已灰。"白玉蟾诗中提到的"棘围"就是古代科举时代的考场。据载唐五代科举开科试士时，常常用荆棘围在考试场地的周围以防弊端，因此人们就用"棘围"代指考场。如，黄庭坚《博士王扬休碾密云龙同事十三人饮之戏作》诗说："棘围深锁武成宫，谈天进士雕虚空。"元代王实甫《西厢记》第一本第一折写道："将棘围守暖，把铁砚磨穿。"清代钮琇《觚賸·洪庙神梦》称："谓掇科第如拾芥，而久困棘围，年将四十，始举于乡。"

赵道一的《历世真仙体道通鉴》卷之十九的"张敦复"条，特别讲到了张敦复"少儒服，有声场屋"。

张敦复字延之，拱辰长子。少儒服，有声场屋，后以嫡子承正一二十八世，丕阐祖风，四方宗之。年五十三而卒，追封葆光先生。

该书记载了张敦复青少年时期身着儒服，研读儒家经典，参加科举考试的事实。这里所谓"场屋"本义是指打谷场上或场院里供人休息或存放农具的小屋子，后"场屋"用指科举考试的场所。如：清代田兰芳《明河南参政袁公墓志铭》说："公实出于潘母。美仪观，多大略。年十二入州庠，见赏于督学何公应瑞，文章有声场屋间。"这里《历世真仙体道通鉴》所说的"有声场屋"就是对张敦复参加科举考试的委婉说法。

三、及长嗣教　追赠葆光

另外，张敦复嗣教期间是否得到了宋神宗的召见也颇具争议。《汉天师世家》和元明善《龙虎山志》都认为张敦复受到皇帝的召见，醮于内廷。元明善《龙虎山志》认为张敦复应召的时间是宋徽宗崇宁年间，而《汉天师世家》则认为是宋神宗熙宁年间。

元明善《龙虎山志》第57页称：

宋崇宁间，醮于内廷，大观二年赠葆光先生，是为天师二十八代。

《汉天师世家》载：

宋熙宁间，神宗召赴阙，命醮于内殿，赐号葆光先生。年五十三而化，瘗剑邓家坞。

娄近垣《重修龙虎山志》认为上述说法是错误的，张敦复根本就没有应召进过京，且张敦复的"葆光先生"的赐号也是追封的。娄近垣列出御赐的制词为证据加以说明，因为御赐的制词明确指出，张敦复还没来得及应召进京就英年早逝了。

娄近垣《重修龙虎山志》记载：

赐号制词曰：昔遽返于丹邱，遂莫前于宣室。是敦复未尝赴阙，而先生之号乃追赠也。旧世家云：神宗召命醮于内殿，赐号葆光先生，其误明矣。

此外，第二十八代天师张敦复还在宋元祐元年（1086）间重新将龙虎山大上清宫修葺一新。娄近垣《重修龙虎山志》卷三"大上清宫建置沿革"记载了此事，称"元祐元年，二十八代天师重新之，贾善翔为之记"。其所在已不可考。可见第二十八代天师张敦复为龙虎山天师道走向兴盛也贡献了自己的一分力量。

第二十八代天师张敦复寿五十三岁。张敦复与夫人陈氏膝下无子嗣，后将侄子张景端过继为嗣子。敦复羽化之后被朝廷追封为"葆光先生"。元至正十三年，又被追封为太极无为演道真君。后由侄子张景端继任为嗣教天师。宋神宗对张敦复天师的一生加以赞颂。

宋神宗皇帝制曰:“朕荷后皇眷顾之休,藉祖宗盈成之业,海宇宁谧,民物阜康,思弘清净之风,共乐无为之治。汉天师二十八代孙张敦复,世传祖印,早悟真诠,惜遽返于丹丘,遂莫前于宣室,宜申简册,以贲烟霞,赐号葆光先生。元至正十三年,赠太极无为演道真君。”(《汉天师世家》)

宋代高道白玉蟾的诗赞也极为精到地概括了张敦复天师的生平和业绩,其中,特别指出了张敦复天师早年参加科举的事实。

白玉蟾《赞历代天师》对他的生平加以总结:

第二十八代讳敦复,字延之。

棘围战罢笑归来,一寸功名心已灰。白鹤何年归洞府,夕阳影里野猿哀。

第十八章

第二十九代天师张景端评传

一、不与物兢 笃志玄学

第二十九代天师张景端，字子仁，乃是第二十七代天师张象中的孙子，第二十八代天师张敦复的侄子。在天师世家的传承中，前二十八代的传承都较为顺利，然而到第二十八代开始遇到了一个严峻的问题，张敦复天师已经五十多岁了依然膝下无子。张敦复天师跟夫人陈氏早年生过一个儿子，取名叫张景福，然而寿命不长，还在襁褓之中就夭折了。此后多年，张敦复一直没有得子，眼看天师一天天垂垂老矣，将来谁来嗣教的问题就成了张敦复天师一个心病。想来想去，张敦复考虑到从自己的侄儿中选一个来过继给自己做嗣子，这样，将来自己羽化以后，就有人可以顺理成章地嗣教，这样天师世家就不至于后继无人了。所谓过继，乃是多为延续男性继承人的一种收养行为。当一个家庭需要后嗣时，就从宗族或其他亲属中，收养一位子女，以维持祭祀香火或男性继承人。张敦复就是想采用这样的方法来妥当地解决下任天师继任的问题。

张敦复共有弟兄四人，张敦复为长兄、张敦信为二弟、张敦后为三弟、张敦直为四弟。其中二弟张敦信有三个儿子分别为张处仁、张乔仲、张伯谆，三弟张敦后有一个儿子叫张景端，四弟张敦直有一个儿子叫张时修。张敦复经过仔细的考察认为这五个侄儿中，张景端是最为理想的人选。于是经过跟张景端的父母和族人的协商，择日举行了特别的仪式，将侄儿张景端过继为自己的嗣子。

那么，为什么张敦复选择张景端而不是别的侄子呢？这个恐怕跟张景端自身的禀赋有很大的关系。《汉天师世家》卷之三称张景端："性恬澹，绝嗜欲，不与物兢，笃志玄学。"也许正是张景端不与物竞恬淡不争的性格，以及对道学的强烈兴趣和追求打动了张敦复天师，认为此子可教，可堪大用。而事实证明张敦复天师的眼光不错，就在张敦复天师羽化归天之后，张景端顺利继承了天师的职位，成为龙虎山天师道的新任领袖。

二、慷慨丈夫　梅福是效

提到张景端就不能不提到张景端心目中最崇拜的偶像——梅福。那么，梅福到底是何许人也，竟然在新任天师心目中有如此重要的分量？原来，梅福乃是西汉末年的一位下级官员，曾担任过南昌县县尉，相当于今天的县公安局长。虽然梅福生活的时代距张景端所处的时代已相隔一千多年的时间，然而他不顾个人官阶卑微，满怀一腔爱国忠君的热血，频频向朝廷上书，仗义执言，批评时政，逆龙鳞探虎口，不惧灾祸加身的事迹曾激励了一代代的热血男儿，张景端天师也是其中之一。难怪宋代明教大师契嵩在《镡津文集》中对梅福大加激赏道："呜呼！子真处九品之末，朝无一介之援，毅然奋志，忠勇过人，吐词扶国家之危，逆龙鳞探虎口，不旋踵而祸及其身，尚不以为惧，真慷慨大丈夫也！"不仅如此，当梅福预感到王莽即将篡权后，毅然抛家别子，挂冠辞职，入山求仙，后丹成得道，驾鸾升仙而去。

道门中已把梅福视为神仙，元代赵道一的《历世真仙体道通鉴》卷之十四专门收录梅福的仙传如下：

梅福，字子真，九江寿春人也。少学长安，明尚书、谷梁、春秋，为郡文学，补南昌尉。汉成帝委任大将军王凤，凤专执擅权。而京兆尹三章素忠，直讥刺凤，为凤所诛。王氏浸盛，灾异数见，群下莫敢正言，福复上书讥切王氏，上不纳。又成帝久亡继嗣，福以为立建三统，封孔子之世以为殷后，复上书，终不见纳。是时福居家，读书养性为事。至平帝元始中，王莽专政，福一朝弃妻子，去九江，为吴市门卒，云出前汉书。道家云：梅福得道仙去。豫章职方乘云：梅岭在西山，极崇峻，羊肠而上五里至顶，山下有梅仙观，今号阳灵观。观之上有梅仙坛，旧说梅子真弃南昌尉，学道于此。梅岭之下，白石源水出焉。又云：墨池在南昌县治，东汉南昌县尉梅福故宅基，因立为观，水竹幽茂。晋王右军羲之典临川郡，日每过此，盘却久之不能去，因号墨池。宋谢灵运亦尝居此一年，着老子经隐述并疏一部。唐太宗贞观中，号太一观，礼迎万天师居之。高宗龙朔二年来致醮祭，夜有云降殿上，至晓而散，坛上有仙灯之祥。玄宗开元间，即为开元观，玄宗自书额。宋徽宗崇宁二年，为崇宁万寿观后，又曰天宁。十道四蕃志载：梅福池，福种莲华池中，叹曰：生为我酷，身为我桔，形为我辱，妻为我毒。遂弃妻入洪崖山。岂墨池即此池与？如抚州之梅山梅仙观，隆兴府丰城县之梅仙观，有仙坛丹井在焉。临江军新淦县之玉笋山承天宫，瑞州新昌县之梅墩宅仙观、梅仙观，皆梅福经由修真之地。建宁府梅山在城南三里，方舆记梅福尝炼丹于此，有升仙坛。梅仙事实云：梅君求师慕道，访鸦荡诸山，游南闽，入支提山。又入仙霞山，乃武夷之东也。遂于岩上结庵积年，遇空同仙君，授以内外丹法。乃至鹦笼山，修炼不成。次至毛竹洞，入演仙山。复往玉华山，次至乌石山。至剑江西岭，再遇空同仙君降谓曰：汝之道缘在飞鸿山也。梅君遂至飞鸿山，结庵修炼，千日功成，神游体外，丹光烛天。梅君服丹讫，趣装登途，复回九江。只见祥光射日，紫雾浮空，云中仙乐嘹亮。金童执节，玉女持幡，力士控鸾，侍仙捧韶。梅君拜诏谢恩，乘青鸾飞升而去。自后飞鸿山号曰梅仙山也。

可以说，梅福的身上集中了忠勇爱国、高洁磊落、高蹈出世等理想品格，成为人们心目中的超级偶像。到了宋代，特别是在北宋和南宋之际，内忧外困交迫，跟梅福所处的西汉末年有几分相似之处。于是在当时掀起了对梅福信仰的高潮。在宋代，梅福的信仰已经有着广泛深入的群众基础，当时的民众求雨禳旱无不前往丰城梅仙坛观，而且官方也逐年在此斋醮祈福。在此基础上，宋神宗赵顼和宋高宗赵构先后下敕加封梅福为“寿春真人”和“寿春更隐真人”，朝廷的加封更对宋代的梅福信仰起到了推波助澜的作用。

宋代敕诰则明确记载了朝廷加封梅福的缘由和具体过程：

尚书省牒：

中书省奏尚书省送到祠部奏：据太常寺状、准送下镇南军奏状，据丰城县申勘会到宣风乡南岐里梅仙坛观，委是国家逐年祭醮。每遇水旱，人民祈祷，皆有感应，委得诣实，州司检会。昨据梅仙坛观道士杨智远状，本观元系汉朝梅福遗迹之所，古坛、丹井、庵基见存，观宇已是汉代兴建，名垂典祀，乞奏闻赐真君名号。州司所据前项申述，切以福之伟节忠论，布在史策，可考而见。晚避逆莽，弃妻子，去九江，全性吴市门，世传以为仙，今遗迹具存，观宇严饬，水旱疾疠，有祷即应。伏望特赐宠号，以称远民祈报之意。会到本州自来只称呼梅真人，当寺参详，汉朝梅福真人加封申侯，指挥本部。今据太常寺状伏候敕旨。（元丰年）

加封：

牒奉敕：梅福在汉之际，数以孤远极言天下之事，其志壮哉。晚而家居，读书养性，卒于遗俗高蹈，世传为仙。今大江之西，实存庙像，祷祠辄应，能泽吾民。有司上闻，是用锡兹显号，光灵不泯，其服朕恩，宜特封寿春真人，牒至准敕，故牒。元丰五年七月（1079）。

尚书礼部：

勘会近据尚书省送下录黄镇南军丰城县梅仙观汉朝梅福

敕：特封寿春真人，其敕牒令本观收掌，及差官往彼，精虔祭告，及造牌额安挂，已符本处，具已施行及收管。敕：牒文状申省去讫，今来多日未见回申。须议催促镇南军主者，详前去今来，符内事理，疾速回申，不管准前稽迟，符到奉行。元丰五年八月十二日。

洪州：

元丰五年八月二十三日，准本年七月二十九日太常寺牒，准尚书礼部符，准元丰五年七月十八日尚书省送下画黄，中书省奏，尚书省送到祠部奏。据太常寺状，准送下镇南军奏状。据丰城县申勘到宣风南岐里梅仙坛观，委是国家逐年祭醮，每遇水旱，人民祈祷，皆有感应。委是诣实，州司检会。昨据寿圣梅仙观道士杨智远状，本观元系汉朝梅福遗迹之所，古坛、丹井、庵基见存，观宇乃是汉代兴建，名垂典祀，乞奏闻赐真君名号，州司所据前项申述，切以福之伟节忠论，布在史策，可考而知，晚避逆莽，弃妻子，去九江，全性吴市门，世传以为仙。

今遗迹具存，观宇严饰，水旱疾疠，有祷辄应。伏望特赐宠号，以称远民祈报之意。会到本州自来只称号梅真人，当寺参详汉朝梅福真人，加封申侯，指挥本部。今据太常寺状，伏候勅旨。今月十四日奉圣旨如前，应有合行事件，检会旧例施行，奉敕如右，牒到奉行。前批已降勅命封号，讫七月十八日未时付礼部。依圣旨，指挥施行，仍关合属去处，太常寺主者详画，黄指挥应有合行事件，疾速施行，符到奉行，牒到请详前项尚书礼部符内圣旨指挥施行者。

勅：梅福在汉朝之际，数以孤远极言天下之事，其志壮哉，晚而家居，读书养性，卒于遗俗高蹈，世传为仙。今大江之西实存庙像，祷祠辄应，能泽吾民，有司闻，是用锡兹显号，光灵不泯，其服朕恩，宜特封寿春真人。元丰五年九月。

洪州：

所准尚书礼部符，内详画黄指挥差官往丰城县寿圣梅仙坛观，精虔祭告，劫封寿春真人，及造牌额安挂其所，降到敕牒，令本观收掌，讫具已施行收管文状申省者。右具上件牌额，州司制造，用金贴字号，已于今月十九日了当，交付本观道士归观，及差人赍祭文，一道前去外帖。丰城知县张长官仰照会候到，依时尚书礼部符内前项指挥，速便前去。本观精虔祭告及安挂牌额，讫具事状申州。元丰五年十月九日。

勅：朕向巡狩于南国，以豫章为东，朝母后率掖庭而行舟楫，冒风波之险，凡所经涉，必有护持，爰锡褒恩，以答神贶。洪州丰城大江北岸梅福升仙坛观寿春真人，正谏不用，高名独存，悯汉室之不纲，去吴市而不返。既严祠馆，亦赐封名，兹复益于美称，益少歎于新渥，共歆异眷，用慰平生，可特封寿春吏隐真人，奉劫如右，牒到奉行。绍兴二年闰四月十八日(1132)。

宋代的梅福信仰是如此的兴盛，毫不夸张地说，宋代的士人学子很少没有品评和咏吟过梅福的。上至苏辙、黄庭坚、杨杰等大文豪，下至普通文人皆留下吟咏梅福的诗句。

题梅仙馆　孟宾于

仙界路遥云缥缈，古坛风玲叶萧骚。后来岂合言淹滞，一尉升腾道最高。

梅先生故居　黄庭坚

吴门不作南昌尉，上疏归来朝市空。笑拂岩花问尘世，故人子是国师公。

寄梅仙观杨道师　苏辙

道师住在真人峰，欲往见之路无踪。
去年许我入城市，尘埃暗天待不至。
莫往莫来劳我心，道书寄我千黄金。
奋衣肉食虑谋短，文字满前看不见。
口传指授要有时，脱去罗网当见知。
梅翁汉朝南昌尉，手摩龙鳞言世事。
一朝拂衣去不还，身骑白麟翳红鸾。
我今虽复堕尘土，道师何不与我语。
他年荣足投名山，相逢拍手一破颜。

题梅仙馆　杨杰

天下人心爱至忠，天心还与世人同。自生羽翼三清去，不独丹砂九转功。
汉代变名游越国，道家遗像立萧公。石坛正是飞升处，老鹤一声松桧风。

题梅仙观　洪朋

炎灵失其御，四海无安税。
乌乎梅南昌，脱屣元始岁。
小臣披肝胆，宫掖事严秘。
上书竟渺茫，弃掷江湖外。
一朝厌蜗角，万里寄鹏背。
向来杀青上，此事美无对。

到今瑶池地，风露翔孔翠。

仰瞻神界游，千载想生气。

愿为龙鳞婴，勿学蝉骨蜕。

可以说，宋代一朝士人学子无不怀着一股浓浓的“梅福”情结，通过品评梅福来抒发胸臆，评论时事。当时的明教大师契嵩就批评了当时世人对梅福的理解普遍存在的偏误，他认为时人只注重梅福得术仙去，为尉者美言的社会风尚，而忽略了梅福奋不顾身，忠勇上书的磊落大节。

《四库全书》集部，别集类，北宋建隆至靖康，《镡津集》卷十六：

题梅福传后

班固云：梅子真尝为南昌尉，不得志，遂自引去，变姓名为会稽监门。又曰仙去。故后之说者，不过谓子真能以仙尉为吏隐善，与时浮沉，往往引其事为尉者美言，亦学者之不详也。小哉言乎子真磊落有大节，奋不顾身，忠于国家，忧天下者也。当汉朝失理，本末皆颠，子真嫉邪臣用事窃弄大权，发愤上书，论国大体大要，兴行礼度，登用俊良之人。虽抵触谗佞辈而无所避忌，词气謇谔意欲警动时主。虽书屡上而主竟不悟，卒土崩瓦解。使当时稍用其言，而高祖社稷未必丧亡。呜呼！子真处九品之末，朝无一介之援，毅然奋志，忠勇过人，吐词扶国家之危，逆龙鳞探虎口，不旋踵而祸及其身尚不以为惧，真慷慨大丈夫也！噫，古今读书为学，孰不抱气自视为英雄于朋游间？苟有一语相忤不协其意也，必发愤诟骂恨不能诛之如雠。及其立于朝廷也，视有不义，虽大至于害教化伤风俗，以其不切于己，虽视如不视；虽闻如不闻，往往从而谀之。苟其败也，则聚口而笑之，此闻子真之风宜如何为心？子真没在先汉之季，于今上下千有余年，所论县尉未有如子真者也，将有而未闻见乎予。尝病世不知子真之德，与道徒高其得术仙去，故题云。

宋代高斯得撰《耻堂存稿》亦借题发挥，每读到梅福传就被感动得痛哭流涕，感叹自己无法像梅福那样向皇帝进言建三统的理想，自己只能苟且全生了。

《四库全书》集部，别集类，南宋建炎至德佑，《耻堂存稿》卷七的《读梅福传有感》(原注因皇子薨而作)称：

君不见绥和天子在御世，五春画堂甲观寂寂空无人。岂无壮发类元帝，奈燕飞来啄皇孙。三星屡暗紫宫里，群臣默默谁扣阍？忽闻县道上急变，乃是南昌梅子真，书言愿蚤建三统，以孔子后上继殷存人自立乃周武，壅人自塞为亡秦，陛下若欲保继嗣，成汤不祀宜留神。子真先曾拄王凤，言不见省徒报闻。小臣读史每流涕，福于异代犹谆谆，而况交柯紫荆树，东枝顑頷西枝荣，有能建此第一义，本支百世何足云？我今那复效梅叟，聊欲全生吴市门。

三、题诗赞唱　显露心迹

第二十九代天师张景端受此社会风尚和传统的影响，也留了一首题写梅福的诗，十分罕见，亦十分珍贵，目前被收录于《道藏》和《宋诗纪事》中。这是唯一一首可以提供张景端天师的思想线索的诗文，值得进一步研究。

清代厉鹗辑撰《宋诗纪事》卷九十收录了张景端的诗，称："张景端，字子仁，嗣汉第二十九代天师，大观初，赠葆真先生。"

题梅山　张景端

作尉南昌日，投书北阙频。忠言不悟主，直节耻为臣。
汉室多灾异，吴门念隐沦。挂冠忘宠辱，蒙袂出埃尘。
虹屈英雄气，鸥君自在身。永怀三洞诀，高谢九江春。
择地开仙馆，看云翦寿巾。玄台秋步月，虚室夜凝真。
无梦生芳草，留年养大椿。碧茸香不断，青鸟性偏驯。
太液刀圭就，中黄道路新。武夷空坠马，郁木竟栖神。
绛节虽朝帝，灵波尚济民。一名传旧史，千古事严禋。
瑞气生仙药，清风付羽人。坛遗金鼎像，井锁玉华津。
地接洪崖府，溪通剑水滨。鹤归云抖擞，龙起石鳞皴。

已悟身为患，元期德有邻。青山不忘我，今日是天亲。[①]

张景端天师五十二岁羽化登仙。张景端与夫人游氏婚后多年无子嗣，于是将堂兄张处仁的第二个儿子张继先过继为嗣子。张景端羽化后，就由张继先继任为第三十代天师。宋大观二年（1108），张景端被追封为赠葆真先生。宋徽宗皇帝制曰："朕惟御灾捍患，祀典所先，崇德报功，圣人所尚。乃者虚靖先生张继先，靖盐池之妖氛，藏金庭之醮奏，如响斯答，厥功甚懋，推其本原，盖有家学，而汝名号之称，朕甚嫌焉，特赠葆真先生。"元至正十三年（1353），张景端又被追封为太极清虚慈妙真君。

白玉蟾《赞历代天师》对他的生平加以总结：

第二十九代讳景端，字子仁。

当年仙去鹤巢空，万壑千崖夕照红。人在丹丘玄圃外，潇潇松桂夜来风。

① 参见厉鹗辑撰《宋诗纪事》卷九十，上海古籍出版社，第2136—2137页。

第十九章
第三十代天师张继先评传

第一节 宿植聪慧 诗吟灵鸡

张继先(1092—1127),字嘉闻,又字道正,号翛然子(意取无拘无束、自由自在)。宋徽宗崇宁四年赐号"虚靖先生",元武宗至大元年敕封"虚靖玄通弘悟真君",元顺帝至正十三年敕赠"虚靖玄通弘悟真君"。祖天师张道陵、嗣师张衡,系师张鲁(三师)以后,张继先乃是最为著名的天师之一。张继先之所以声名远播,原因大体可归结为:幼年神异、道法高强、崇道时代这三个重要因素。张继先幼年即神异非凡,九岁嗣教,三十六岁英年早逝。因此,张继先被誉为"神童天师"。此外,在他嗣教的二十七年的时间里,因其出众的才华、高妙的道法以及跟皇室的密切关系,天师道由衰微走向兴盛,因此,张继先又被公认为"中兴天师"。另外,张继先更是一位"幸运天师",他有幸身逢一个极为崇道的时代——他的活跃期恰好是被称为中国历史最为著名的崇道皇帝"宋徽宗"的时代,张继先正是抓住了宋徽宗崇道这一有利时机,促进了龙虎山天师道的大发展。

此后,各种各样的文艺作品对"虚靖天师"的影响力的提升更是起到了推波助澜的作用。如《水浒传》、《三教源流搜神大全》、《三宝太监西洋记》、《大破蚩尤》、《咒枣记》等,对"虚靖天师"形象进行大量绘声绘色描写,使得"虚靖天师"的形象深入人心、妇孺皆知。

张继先为第二十七代天师张象中的曾孙，祖父为张敦信，父亲张处仁曾经担任临川县知县。临川县位于江西省抚州市西南，众水汇聚，南面的赣江、崇江、抚河流向临川，在临川北面汇合流入长江和鄱阳湖；西北有山脉环绕，地理位置十分优越，乃是风水学家所谓“藏风聚气”的风水宝地。临川县乃地灵人杰、万物殷富，文化发达、藏龙卧虎之地。宋代的王安石、晏殊、晏几道，以及被称为“东方莎士比亚”的明代戏曲大师汤显祖等文化名人均出自临川县。深厚的家学渊源以及天师世家的传统，使得张继先拥有了他人所不具备的深厚的文化底蕴。

张继先于宋元祐七年(1092)十月二十日，出生于蒙谷庵(于今龙虎山上清宫西一里)[①]。蒙谷庵乃是宋代龙虎山修建的大批道教建筑中的一个，这些建筑包括浑沦庵、靖通庵、云锦观、仙隐观、归隐庵等。其中，蒙谷庵的名字是因张继先的父亲张处仁自号蒙谷子而得名。[②] 张继先出生后，即表现出与众不同的神异。五岁之前，他一言不发。在这个年龄，别的小孩，早都伶牙俐齿，跟父母撒欢时，他却默然无语，眼神和体态却显示得跟他的同龄人非常不同的成熟与稳重。他从来没有开口叫过爸爸妈妈和周围的亲人，这引起了他父母的深深忧虑。难道他是一个聋哑的孩子？还是身患有什么疾病？父母四处求医问药，但情况并未稍见改观。终于有一天，惊人的一幕出现了。就在张继先五岁时的一天早上，蒙谷庵外的雄鸡跟往常一样“喔喔喔”准时报晓，雄鸡这一叫不打紧，从不说话的张继先居然开口说话了。张继先一开口，不是叫爸爸妈妈，而是吟出一首诗来。《汉天师世家》全文记载如下：

灵鸡有五德，冠距不离身。五更张大口，唤醒梦中人。

小小年纪，竟能吟出如此意境深远、富含哲理的诗来，足以见得他的早慧与神异。该诗好像在向世人解释，为什么他这么长的时间都不说话；似乎又在暗暗讽刺生活在现世中的人们，性灵为物质所蒙蔽，认梦为真，真幻颠倒。五岁的

① 《日涉编》卷十称：“三十代天师张继先生于蒙谷庵(继先，字嘉闻，号翛然子，宋元祐七年十月二十日生。)”

② 元明善：《龙虎山志》第41页记载：“蒙谷庵：三十代天师所生故宅，天师父自号蒙谷子因名。”

张继先，出口成章，已经让人觉得不可思议了，更让人不可思议的是，第二天一早，他居然一个人爬到蒙谷庵外边的一个荷花池中的荷花上双足跏趺，如仙佛一般，静坐不动。所有路过荷花池的成年人看了都啧啧称奇。他是如何爬到荷花上边而没有陷入泥沼的？他怎么做双足跏趺这样高难度的打坐姿势？他坐在荷花上荷花居然没有塌陷？总之，大家感到了小小的张继先身上隐藏着一股巨大的神奇力量，他似乎是带着使命来到这个世界上的，他的神异已经让人们隐约感到了龙虎山振兴的希望。此后，张继先就展示出卓尔不群的学习能力和才华来，经史子集无不过目成诵，琴棋书画无不样样精通，张家传承的符箓雷法、斋醮科仪、天文地理、风水占卜、医药岐黄无不门门研习。小小年纪，因神异和才华早已名声大噪，成为龙虎山远近无人不知无人不晓的神童。

北宋建中靖国(1101)，龙虎山发生了一件大事，第二十九代天师张景端过世，终年 52 岁。由于张景端没有子嗣，因此，谁将继任第二十九代天师成为下一任天师就成为龙虎山的头等大事。按照龙虎山张天师传承“传男不传女，传嫡不传庶，传长不传幼，传子不传弟，传侄不传叔，传叔不传族人，传族人不传外族人”的祖制法统，强调严格的血缘关系，强调亲疏分明、长幼有序。嫡长子为最优人选，其后依次为弟、孙、堂弟、从子(即侄子)、叔父、族人。有学者研究显示，在 63 代天师中，嫡长子继承的有 45 位，占总数的 73%，从子继承的有 5 位，占总数的 8%。相对于第二十九代天师，张景端和张继先均属于从子嗣教，是属于比较少见的情况。相对于张景端，张继先则是堂弟。[①] 按照天师世家的祖制法统，堂弟和从子嗣教则是比较靠后的选择。张继先正是因其过人的天资，出众的才华，以及令人称奇的神异，九岁这年，就被推举为第三十代嗣教天师。得到了祖天师传下来的斩邪雌雄剑、阳平治都功印、天蓬尺、玉冠、玉笏、拷鬼桃棒等。

第二节　四次征召　盐池除妖

宋徽宗赵佶，被公认为是一位成功的艺术家，失败的皇帝，为政昏庸。靖康二年(1127)宋徽宗、宋钦宗父子被金军俘虏至北方，最后客死他乡。元代脱脱

① 肖云忠:《正一道天师传承制度初探》,《宗教学研究》2007 年第 1 期，第 155 页。

撰《宋史》的《徽宗纪》称:“宋徽宗诸事皆能,独不能为君耳!”另外,在崇奉道教方面,宋徽宗堪称登峰造极,他册封自己为“教主道君皇帝”。道教在宋徽宗一朝得到了极大的发展,他宠幸林灵素、刘混康、徐神翁等道士;大兴宫观、铸造九鼎;设立道学制度,编修道史和道典;提高道士的社会地位,为道士发放俸禄。毫不夸张地说,宋徽宗一朝,道教实际上已成为国教。

第三十代天师张继先嗣教的时代,正好是宋徽宗大力推崇道教的时代。山西解州是全国有名的产盐地,此地的水卤经日光暴晒而成,色白味正,杂质极少。张岱《夜航船》“疆域”称:“解池盐:不必煎煮。居人疏地为畦,决水灌其中,俟南风起,此盐即成。故大舜歌曰:南风之时兮,可以阜吾民之财兮。”解州盐产地的范围很广,“西出秦陇,南过樊邓,北极燕代,东逾周宋”,乃是国家赋税的重要来源,被誉为“国之大宝”。

崇宁三年(1104)宋徽宗第一次召见张继先,当时张继先才十三岁,已嗣教四年。当时宋徽宗早闻张继先大名,这位小小的孩童,居然是一位掌教天师,很想会会他,看看他究竟是不是三头六臂,到底有什么过人之处?初见张继先,徽宗眼前的这位小天师清癯白皙,似乎是沉默寡言,而眉宇之间颇具仙人气象。

宋徽宗决定来考考这位孩子,看看他到底有什么能耐,便决定不按常规出牌,单刀直入,首先发难道:

“听说你住在龙虎山,你可曾见过龙和虎吗?”

这对成人来说都是一个十分刁钻的问题,更何况说一个十三岁的孩子呢?说见过,那不是骗人吗?闹得不好是欺君之罪。说没见过,那天师世家的尊严又如何捍卫呢?天师的随行人员和满朝文武都为小天师捏了把汗。

没想到张继先反应敏捷,出口成章,态度不卑不亢,回答十分得体,他答道:

“回陛下,我住在龙虎山,山上的老虎多得很,我经常见到;至于龙嘛,今天我见到了陛下您,才算是见到真龙天子。”

张继先机敏的回答,惹得徽宗哈哈大笑,左右随从和文武官员稍稍松了口气。不过,考验才刚刚开始,更刁钻的问题,还在后边。宋徽宗并没有因张继先顺利回答第一个问题,而减轻问题的难度。徽宗待人接物明察秋毫,接着问了一个十分奇怪的问题:

“天师,你腰间所带葫芦为什么没有开口呢?”

“回陛下,腰间悬葫芦乃是我们道门的传统。葫芦在道家文化中象征朴,即未经利用的原始东西，悬挂葫芦就是提醒自己时时刻刻别忘了返璞归真，复归婴孩！这就是不开口的葫芦的寓意，并没有什么别出心裁的意思。此外，道家还有悬壶济世的传统，要信道之人永远记得利物济人，不能只做一个自我解脱的自了汉。”

少年天师把葫芦的问题说得头头是道，说得宋徽宗不禁频频点头。就在徽宗点头之际，少年天师已经就葫芦这个话题构思好一首《点绛唇》的词作，向左右索要纸笔，顷刻之间，一挥而就，一首词作已呈现在徽宗的面前：

小小葫芦，生来不大身材。矮子儿在内，无口如何怪。
藏得乾坤，此理谁人会。腰间带，臣今偏爱。胜挂金鱼袋。

徽宗一看笔迹，结字遒劲，笔势雄浑，气象非凡。一读，果然遣词讲究，才思敏捷，不禁面露喜色。

不过，徽宗的问题还没完，就着又问：

“听说你很会画符，你能现场给我画一个符吗？”

“没问题！不过，我需要一些黄宣纸、笔墨、朱砂和净水。”张继先马上应允。画符乃是道家之绝学，是一件非常严肃的事，是沟通人神的秘密法宝，故有“画符不知窍，反惹鬼神笑；画符若知窍，惊得鬼神叫”的说法。画符对张继先来说，早已是轻车熟路，这个难不倒他。徽宗马上吩咐左右，备齐张继先所需材料。张继先立即净口、净手、净面、焚香、步罡踏斗，口念仙诀，右手执笔，左手掐诀，屏气凝神，笔走龙蛇，一挥而就。

呈现在徽宗面前的是一幅笔势奇峭、活力四射的道符，现场的人无不感到震撼！徽宗当时更是吃惊得张大嘴巴，但是，他很快加以掩饰，故作镇静，又接着发问。不过，跟先前相比，态度已经缓和了不少。

“画符为什么要用黄宣纸、朱砂呢？”徽宗对此颇感兴趣。

“回陛下，黄宣纸的黄色，于五行属土，土在五行中居中央，有统御四方之意。符者，乃天帝之律令，因此用黄色以示尊贵与灵验。朱砂，则是天地纯阳之气所结，能辟阴邪；此外，朱砂色赤，可以入心经，安魂神。这些要素再加上，画符时所念的咒语，使得所画道符具有考召鬼神，祈福禳灾的巨大威力。”

“妙哉！”徽宗见张继先应答得当，已经面露喜色与欣赏之情。不过，徽宗仍然纠结于道符何以有如此这般的威力和灵验，不禁又问道：

“天师，有一个问题，朕不知当问不当问？”

“陛下，不必客气，您尽管吩咐。”

“为什么，你一笔画下去的道符，竟然有如此巨大的威力和灵验；而一般人所画的符，却毫无威力呢？”

这个问题，看似简单，实则涉及道门的核心机密。道门的核心机密，唯有道门中的师徒口传心印，内外有别，外人万万不可窥探，因为天机不可泄露，否则会招致天谴。然而，天子发问，这如何是好？倘若实话相告，泄露天机，天谴立至；若假意应付，欺君之名，同样罪不可赦。张继先，略作沉吟，便答道：

“陛下，符箓的核心理论乃天人感应。我们认为人体是一个小宇宙，是跟身外的大宇宙相感相通的。具体讲，也就是说人体内的一己之炁是跟天地之炁相互感应的，画符的时候，画符的人如果能控制自己体内的一己之炁，就能把握天地之枢机，招神出吏。据此画符，符箓因此便产生了威力与灵验。一般人画符，只是信笔涂鸦，不明白如何把握天地之枢机，因此也就没有什么效验了。”张继先专门写过《明真破妄章颂》谈符箓为何会有威力。

灵光一点

书符道妙起工夫，委聚毫端篆作符。着相想存行咒诀，将来只是墨和朱。

先天字号

号头用处须天篆，元是皇人按笔书。仓颉后天尘世字，用之总是惑迷愚。

张继先的一番宏论，既涉及符箓的秘密，同时又大而化之，真正做到了显而不露，既不欺君，亦不泄密，确实难为他了。

徽宗乃绝顶聪明之人，见张继先这么一说，自然没再苦苦逼问。站在一旁在宰相蔡京，心中十分反感徽宗礼遇的徐神翁、王文卿、张继先等人，认为这些人不过是一些夸夸其谈的江湖术士和骗子，平时因忌惮徽宗而不敢对这些人表现出不敬，今天好不容易抓住这个机会，岂能轻易放过？正好趁此机会向张继先发发难：

“天师，道教方面，我是个外行。我非常好奇，您和徐神翁、王文卿先生经常都提到修炼，你们所说的修炼之术到底是一个什么东西啊？”

别看蔡京的问题不紧不慢，实际却是一个十分棘手，难以用三言两语来回答的难题。张继先对蔡京的用意心知肚明，为了避免跟他正面冲突，特意作词两首作答。《三十代天师虚靖真君语录》卷之六就收录了这两首词，现抄录如下：

忆桃源二首

蔡师元疑予及神翁、侍宸。师元发问予：如何是修炼之术？予走笔成小词以答之忆桃源。

长生之话口相传，求丹金液全。混成一物作神仙，丁宁说与贤。休咽气，莫胡传，岂知造化玄。用铅投汞汞投铅，分明颠倒颠。

白云堆里采芙蓉，枝枝香艳浓。灵龟岸畔起祥风，楼高十二重。黄金殿，碧云笼，丹砂透顶红。神机运处鬼神通，清真达上宫。

老实说，张继先的回答实在高明，谈修炼的词，蔡京哪里看得懂啊？以词作答，既避免了纠纷和争执，也保全了蔡京的面子，免得他陷入尴尬。徽宗见大家把话题转移到修炼的问题上，于是，就把话锋转到内丹问题上来。

“天师，你看，像朕这样的一国之君，可不可以也去修炼丹道？”

徽宗问这句话时，已不是刁难和考问了，实际上是他的肺腑之言。徽宗贵为天子，却非同一般地热爱道教和成仙之术，然而他的身份却让他无法像别的出家人一样，专注于修道。这也正是他常常苦恼的地方。

“陛下，万万不可！修炼丹道乃是野人方士的事业，您乃九五之尊，万万不可屈尊就卑。陛下，您清静无为，像古代圣王尧舜那般治理天下，就是苍生黎民最大的幸运和福祉了。”张继先言辞既恳切又巧妙，貌似赞美，实则暗含规谏。

徽宗正在兴头上，听张继先这么一说，哈哈一笑，心情大好！

“传旨，今日朕要赐宴天师，封张继先为碧虚大夫。”

张继先年龄虽小，在大是大非的关头，头脑却十分清醒。他坚辞不受：

“臣无功不敢受禄！请陛下收回成命。”

徽宗见张继先态度坚决，也就没有再坚持。不过，晚上宴请天师，两人把盏言欢，言语投机，已经没有徽宗发难张继先时的那种剑拔弩张的气氛了。此次召见，使得徽宗确认了小小年纪的张继先，绝非浪得虚名，乃是身怀绝技的高道。

同年十二月十五日，徽宗再次召见张继先，此次召见，不再玩言语的机锋，而是有重任相托。徽宗开门见山，几乎是在恳求张继先了：

“天师，国家眼下遇到了大难，需要您出马，替朕分忧，为民解难。”

“陛下，尽管吩咐，我张继先赴汤蹈火，在所不辞。”

“天师，山西解州的盐池，出了水怪，池水上溢不止，盐工无法采盐，国家的盐税也收不上来，下至百姓，上至国家皆深受其害。朕恳请你前往山西解州，捉拿水妖，你能答应则黎民幸甚！国家幸甚！”

且说，张继先得了圣旨，当晚特地去东岳庙行香，将解州捉妖一事详细禀报上天诸司，并上章通报了水府，及当地的城隍和土地神。行香至一位面色红紫、长须、红袍金甲、手执大刀的将军的神像面前，询问左右，这位神将是谁？左右答道：此乃忠义之神，汉将关羽。张继先心中暗叹道：真乃天助我也！此番捉拿水妖，正好召请神将关羽。行香完毕，立即带着高徒祝永祐，昼夜兼程，赶往山西解州。

张继先和祝永祐刚刚赶到盐池边，已经听到周围百姓哭声一片。放眼望去，只见盐池浩渺无边，池水泛着白沫，正不断上涨。池边以盐为生计的百姓，长期收不到盐，已陷入了苦难。听说皇帝下圣旨派张天师前来盐池捉妖解救大家，都止住了哭声，围了上来。张继先天师对围观的百姓进行了抚慰，让大家放心，并请有锣和鼓的百姓，把锣鼓带到水边，待会儿往水中投铁符的时候，请大家敲锣打鼓，呐喊助威，以惊动水妖，逼其现身。

张继先立即在盐池边设坛作法。步罡踏斗、掐诀、执剑、口念咒语。

“东岳独体地祇义勇武安英济关羽元帅，听令！”

然后，存想关羽面红紫色，红袍，金甲，长髯，手执大刀，乘火云自南而来。

紧接着，默念一炁咒七遍：

“一炁合得，水火摄精。阴动阳应，万神化生。赤书徘徊，黑烟育英。令我洞彻，精达玄明。召之立应，受命上清。急急如律令！”

接着，张继先天师，快速用剑诀在空中书写了“唵吽吒唎”四字，然后存想这四个大字于一星辰之中，随后，张继先用剑诀劈开这四个字，存想神将关羽红袍金甲绿靴玉带，乘火云自南方而来。然后，存想自己将神将关羽吸入体内中丹田，神将关羽跟体内各身神混合为一大神，然后将此大神嘘出坛前，任意调遣。此乃道门秘法，回风混合，召神出吏之术，旁人哪里看得懂。

接着，张继先天师用毛笔，在关羽的“关”内加了六个“丁”字，并在铁器上书写了镇妖之符，口念神咒：

“坤神坤神，火急通灵。北帝有敕，佑圣叮咛。谨召关羽，定于此时，翻天覆地，内外速要响应。叱摄速去疾。”

咒毕，对着符，喷了一口水。喷水这件举动，外行可看不懂，道门内有专门的术语叫“噀水”。张继先的弟子祝永祐一看便知，这是下达了战斗命令。立即扛着写好镇妖符的铁器，投入盐池之中。

岸边的民众见状，立即敲锣击鼓，呐喊声震天动地。

只见顷刻之间，天色大变，狂风激荡，雷霆震动，晦暗的天色中，似乎有人看见一位红脸神将，手持大刀正在跟水妖搏斗，平静的盐池顿时变得波浪滔天。接着一声巨雷，天色逐渐放晴，盐池很快又恢复了平静。众人放眼望去，只见水面上漂浮着一只巨大的龟首鱼身的水怪尸体。盐池的水已不再上溢，百姓无不奔走相告，解州的盐业很快恢复正常。

张继先首次出山捉妖，便手到擒来，马到成功，足以见得他道法高妙，功力深厚。当地的百姓更是对张继先天师崇拜得五体投地，于是，民间街坊便流传出各种张天师捉妖的各种文艺版本，在全国传唱开来。一时间，年仅十三岁的少年天师张继先便声名远播，成为大宋家喻户晓的英雄人物。

张继先天师平妖成功，即刻启程回京复命。且说，宋徽宗在京城早就得到有司的详细奏报，不禁龙颜大悦，更是对这位少年天师刮目相看。待张继先师徒回到京城，便大宴宾客，下旨赏赐。

席间，已经喝得微醺的徽宗，依然不改其“道君皇帝”的本色，又追问起张继先道法方面的问题。

“天师，朕听说，你捉拿水妖的时候，电闪雷鸣，战斗非常激烈。很多人都向我禀报，说看见了你召遣了一位红脸神将，异常勇武，把水妖斩杀盐池中。朕非常好奇，这位神将到底是谁啊？天师你能告诉我吗？”

“陛下，臣召遣的是忠义之神，汉将关羽。”

“能让我见见他的尊容吗？”徽宗有点说酒话了。

按理说，在这样的场合，召遣神将是不合适的。

“陛下，召遣关羽，毫无问题。不过，臣担心关羽真的出现之后，陛下会受到惊吓。”

“没事没事，你只管召遣。”

徽宗再三恳求，少年天师也无法拒绝，只好仗剑作法，暗念口诀。转眼间一位身着红袍金甲，右手持刀，左手拿着水妖的首级，威风凛凛的红脸将军现身面前，逼视着徽宗。

徽宗大为惊骇，酒也醒了一半。随手把手边的崇宁钱向关羽掷去，道："以此封汝。"

话音刚落，关羽倏然消失了，徽宗的酒也醒了。《大宋宣和遗事》记载了这则张继先解州盐池除蛟祟的事迹。

"卿此剪除，是何妖魅?"继先答曰："昔轩辕斩蚩尤，后人立祠于池侧以祀焉。今其祠宇顿弊，故变为蛟，以妖是境，欲求祀典。臣赖圣威，幸已除灭。"帝曰："卿用何神，愿获一见，少劳神麻。"继先曰："神即当起居圣驾。"忽有二神现于殿庭：一神降衣金甲青巾美须髯；一神乃介胄之士。继先指示金甲者曰："此即蜀将关羽也。"又指介胄者曰："此乃信上自鸣山神石氏也。"言讫不见。帝遂褒加封赠，仍赐张继先为视秩大夫虚靖真人。

这件事件，自然也传到了民间。老百姓也知道了少年天师张继先捉妖时召遣的神将是关羽，于是各地关羽膜拜大兴。因徽宗向关羽掷崇宁钱一事，老百姓亲切地称关羽为"崇宁真君"。

第二年，也就是崇宁四年(1105)五月，徽宗再次召见少年天师张继先。此次召见，并没有什么特别重要的事情，因徽宗本人琴棋书画样样精通，文艺和道学方面颇有造诣，因此特意抽空想跟少年天师切磋一下道法玄理方面的问题。

"天师，自你上次解州灭妖之后，让我对道法产生了深深的思考。我自己喜欢道学义理，可惜我自己不会道法，因此对道和法的关系搞不明白。天师，你自幼便承续绝学，道法高妙，能不能告诉我这两者的区别吗?"

"陛下，过誉了，下臣不敢当。依下臣看，道本来无为而无不为，体即道也，用就是法，体用一源。道和法本来就没有什么异同，不过是为了方便众人理解，勉强用两个不同术语来命名同一个东西罢了。从本质上讲，道和法是没有什么异同的。"

少年天师的这番大论，义涉玄理，深奥莫测，旁人根本听不懂他在说什么。好在徽宗聪慧过人，一点即明白，颇有恍然大悟之感。心里边深深赞许少年天师张继先关于道法的宏论。

为了自己随时能请教天师，徽宗特意授意左右，让张继先留在京城，这样等他一有空闲便可以随时请益。自此以后，徽宗并未介意相貌上稚气未脱的张继先，而是把他当成可以推心置腹的良师益友。

然而，少年天师早就过惯了山野的自然无为的生活，对皇家宫廷的繁文缛节的礼节和奢侈逸乐非常不适应，一再要求回龙虎山。掐指一算，自己于炎炎夏日离开龙虎山，转眼之间半年时间已经过去，雨雪霏霏的冬季。想起了自己在龙虎山浑沦庵闲静自如、挥洒由心的自在生活，内心不禁充满怅惘。这段时间，张继先天师分别写《京师七夕率赋》和《次韵答赵尚书》两首诗，诗中流露出了强烈的感情：

京师七夕率赋

七夕风光岂易阑，一年一度巧相干。不惊高处流星过，尽向今宵仰面看。
花月有情天阙冷，胭山随分酒杯寒。从兹肃肃秋阴扣，却恐衣衾未复单。

次韵答赵尚书

炎蒸时节别家山，霜雪如今却渐寒。恨我虚名徒涉世，忆君高语共凭栏。
比因厌客连朝卧，长是援琴终夜弹。已得明春归去旨，预惊灵鹤整翎翰。

张继先虽然得到徽宗明春归去的允诺，然而，久居京城感觉自己就像一只远离了森林，被囚禁在藩篱中的小鸟，锦衣玉食又有何用？心中万分想念“琴书消日月，耕钓老烟萝”以及“闲寻仙传读，静把玉经科”的山野生活，有时候思归之情强烈得无法遏制，甚至到了“援琴终夜弹”，夜不能寐的地步。张天师的另一首《京师夜坐怀浑沦庵有作寄之》，就记录了这种深受思归之情煎熬的夜不能寐的情形。

独坐空庐静可知，江城意味岂如斯。君看凤实初成处，自称蟾华欲妙时。
酒兴原同云叟乐，风尘无取庆宗诗。山中林壑虚明境，不得归吟有所思。

一天，徽宗跟张继先在天祥殿聊起了仁宗、神宗和哲宗朝的旧事，自然绕不开王安石变法，以及元丰党人和元祐党人之间的是是非非。从生活来看，宋徽宗颇有轻佻之名，然而从政治上立场的角度来看，宋徽宗却是一个地地道道的维新变法派。他即位伊始，就提拔并重用蔡京，于崇宁元年(1102)，拜蔡京为尚书左丞，接着又提拔为右仆射和左仆射（即宰相）。蔡京正是王安石变法的坚决拥护者和得力干将。1104年7月10日，也就是崇宁三年，少年天师张继先解州镇妖的前一年，宋徽宗听从了蔡京的提议，将司马光为首的反对王安石变法者共309人重定党籍，并刻石于朝堂，即“元祐党人碑”，以示贬斥。这个打着“绍述”新法旗号来报复元祐党人士的做法，引起了朝野人士的争议。张继先对此事也有自己的看法和立场，不过，作为道门领袖，他不便发表任何意见。由于徽宗想听听他对“元祐党人碑”一事的看法，他不得不亮出自己的观点。明代蒋一葵《尧山堂外纪》卷五十五中提到林灵素时也有类似的记载：

林灵素一日同帝夜静礼斗，至太清楼下，见有碑题曰《元祐奸党之碑》，灵素稽首。上怪问之，对曰：“碑上姓名皆天上列宿，臣敢不稽首。”因作诗献云：“苏、黄不作文章客，童、蔡翻为社稷臣。三十年来无定论，不知奸党是何人？”帝明日以示蔡京，京惶恐乞去，仍免留之。

“陛下，元祐诸位官员深受皇恩，却反对新法，的确辜负了陛下以及天下黎民百姓的重托，不过，陛下您若能对这些人更加宽厚包容，那最好不过了！”张继先此言，暗含规谏。张继先言下之意是指蔡京所主导的“元祐党人碑”这件事做得太过，大可不必这样意气用事，冤冤相报何时了啊！徽宗早已经听惯了阿谀奉承的话语，此类逆耳忠言，倒还是头一回听见，不禁有些惊讶：

“天师，难道朕此事做得不够宽厚包容吗？”

“陛下恕罪！臣绝没有冒犯圣上之意。陛下实施政教，治理下民，使用无偏无斜，中中正正的法则，以天下苍生为念，此乃是我大宋子民的幸运啊！”

少年天师反应机敏、见忠言难进、便自圆其说；在赞美徽宗的同时，也表达了自己以天下为念，以苍生为念的拳拳之心。不过，这件事还是给少年天师提了个醒，使得他明白，他真正的归宿还是龙虎山，还是道的天地，而不这个皇恩浩荡、豪华奢侈的金銮殿。这也是他跟当时权倾朝野，名噪一时的道士林灵素的最大不同之处：林灵素喜欢权力的味道，而张继先却向往山野的质朴。

由于这件事的经历，第二天，张继先坚决请辞回龙虎山。这次，徽宗终于拗不过他，同意了他的请求。在他回山之前，徽宗赏赐了大量的黄金玉帛，不过，张继先一件也没有要。徽宗由于公务繁忙，就委托自己的心腹大臣在京城的城门外为张继先设宴饯行。

徽宗第三次召见张继先天师，同样是崇宁四年（1105）。宋徽宗大概是隐隐感到北方的金国的威胁越来越大，特意请张继先天师来都城的内廷建醮做法事禳灾。道教经典《洞玄灵宝玄门大义》认为道教有三种不同等级的斋醮科仪："三箓者，一者金箓斋，上消天灾，保镇帝王；二者玉箓斋，救度人民，请福谢过；三者黄箓斋，下拔地狱九幽之苦。"简单讲，金箓斋是专门针对帝王的，只有帝王才有资格举办金箓斋科仪，期望达到皇位和江山永固的目的；玉箓斋是针对官员的，只有官员才有资格做玉箓斋来消灾祈福；黄箓斋是普通百姓都能办的科仪，最主要的功能是解除那些在地狱中受苦的生灵的苦难。

少年天师此次前来，就是为徽宗做金箓斋。金箓斋一般要九天时间，至少也需要七天时间。在举行法事之前，张继先天师，已经素食三月，清心洁身，以期通神接灵。接着在内廷建坛树幡，这些坛包括：都坛（即上表奏章的总坛），度人坛（用于诵《度人经》），三是皇坛（用于诵《高上玉皇本行集经》）和诸神坛（用于供奉几百位神位）等。

只见少年天师身着紫长袍，头戴芙蓉冠，右手执剑，左手掐诀，行止威仪皆合法度，观者无不叹服。

整个仪式过程由发炉、上启、三上香、谢十方和复炉组成。金箓斋大概的意思是说，由于方方面面的原因，天地的阴阳失衡，于是天师通过金箓斋的仪式来通达天上的尊神，从而达到调和天地阴阳的目的。

发炉是指天师登坛启圣之初，手持香炉，行发炉仪，目的是清净心身，召请神将，以便把祈愿送达天上尊神那儿。发炉时，天师首次从东南角（亦称地户）入坛烧香，召出身中的三五功曹，左右使者等身神，通告当地的土地、城隍等真神，确保仪式的诉求能顺利抵达天上最高尊神那里。

上启，是指天师以法师的身份禀告上天诸位尊神，大体的内容是说自己有幸得入教门，修仙学道，同时身负济世度人、佐国立功的重任，惜乎当今国土失和、阴阳失调、灾厄横行、百姓受难；由于帝王受上天的委派来治理天下万民，遇此苦难，特意恳请天仙兵马想上天尊神传言奏事。

三上香，即是三次捻香，每捻一次香发一次祈愿。第一次上香祈愿，帝王国主、君臣吏民及天下所有人的七世父母，远离苦难，上升天堂；第二次上香祈愿，祈愿帝王国主、君臣吏民及所有人皈依大道，与道合真。第三次上香祈愿天下人民及一切众生(包括一切已生未生)皈依大道,与道合真。

谢十方,乃是忏悔仪式。所谓十方是指东、西、南、北、东南、西南、东北、西北、上、下十个方位。谢十方就是分别对这十个方位叩头忏悔。一般先从南方开始叩头,共叩头八十一次。

最后是复炉,复炉与发炉相对。发炉召出身中的神将的仪式,而复炉则是天师让自己的身神重新回到自己的身体之中的仪式。

场面盛大、花销不菲的金箓斋法会终于落下帷幕。这九天对张继先天师来说,无论是身体还是精神都是一个巨大的考验。整个过程如法如仪,没出现任何纰漏,这是令少年天师感到欣慰的地方;然而,通过此次科仪,少年天师真正感到了宋王朝气数已衰,自己回天无术。一想到这里,张继先天师的脸上,不禁写满了深深的倦意。如何向徽宗复命呢?是讲真话还是说假话?讲真话,那是泄露天机,会致天谴;说假话,这可违背了少年天师做人的基本原则。

回龙虎山之前,少年天师面圣复命,向徽宗详细汇报了金箓斋的情况,同时向徽宗强烈暗示在不久的将来,宋王朝将有"赤马红羊之厄",进言徽宗修德以禳灾。由于关涉天机,张继先天师不敢明说,但又不能不说。一般人可能不懂"赤马红羊"是什么,但宋徽宗乃是绝顶聪明之人,岂有不懂"赤马红羊"的含义之理?不过,他的心思不在这里,而在诗书字画、花石艮岳、琴棋蹴鞠、青楼歌舞。徽宗认为,坏事应该跟他没有关系,现在一切不是都很好吗?歌舞升平,一排和平景象。徽宗压根儿没有把"赤马红羊之厄"的进言当回事。其实,向宋徽宗警示灾厄将至的,不仅仅是张继先一人,还有林灵素也屡次警示。赵与时《林灵素传》中,林灵素说:"愿陛下知丙午之乱,奉大道,去华饰,任忠良,灭奸党,修德行,诛童、蔡,此祸可免,他时玉府再会天颜,不然则大祸将临。"其后,林灵素又多次警告徽宗:"幸速避地,勿尚奢华,当出圣断,毋听奸邪所败。"

《历世真仙体道通鉴》卷之五十三"林灵蘁"条,亦提到林灵素反复强调了"大祸将临"。

后见帝曰:"臣妾昔为仙官主者,因神霄相会,思凡,得罪谪下人间。今业缘已满,还遂旧职。荷帝宠召,闻命即临。愿陛下知丙午之乱,奉大道,去华饰,任忠良,灭奸党,修德行,诛童、蔡,此祸可免。他时玉府再会天颜,不然则大祸将临,因循沉坠。切为陛下忧之。"

“朕闻汉武帝尝请西王母降见问道。朕欲见西王母，卿能致否?”先生云：“谨领圣论。”乃于香炉上烧一小符，少顷，见王母领诸玉女，乘云而降。一如常人，与帝对坐，顾先生曰：“今日何缘，特蒙相召?”先生曰：“今天子慕道，愿见元君。”帝即起，拈香再拜。王母曰：“东华帝君，免拜!”帝曰：“今睹仙颜，万劫千生，实为荣幸。若有指教，敢望圣慈。”王母曰：“凡事可请问侍宸林先生、张虚静天师，可脱大难。”帝曰：“元君既降，得无垂训?”王母遂授帝神丹补益之术，曰：“察奸臣，迁都长安，法太祖、太宗行事，虽见小灾，不为大祸。不然，后悔无及矣。”言讫而去。

徽宗当然知道所谓“赤马红羊”的说法，乃是古已有之的一种谶纬预言。历史上，有很多术士言灾异以自重。方士借大肆宣讲灾异来抬高自己身价者历史上比比皆是。所谓的“赤马红羊”，其中“赤马”指的是农历丙午年，而“红羊”则指的是农历丁未年，传说在六十甲子中这两个年份通常会发生重大劫难。那么，为什么农历丙午年和农历丁未年被称为“赤马”和“红羊”呢?

这是因为中国古人用五行(金、木、水、火、土)与十天干相配对，即东方甲乙木、南方丙丁火、西方庚申金、北方壬癸水、中央戊己土，还用地支又跟十二属相相配，即子鼠、丑牛、寅虎、卯兔、辰龙、巳蛇、午马、未羊、申猴、酉鸡、戌狗、亥猪。六十甲子中，丙午为马年、丁未为羊年，这就是称“马”和“羊”的由来，而丙、丁又与五行中属“火”，火为红色。因此，丙午、丁未年分别称赤马年和红羊年。

古代预言家通过对历史的总结，认为在六十甲子中，每逢丙午年、丁未年是非常不吉利的，国家往往会出大的动乱和灾祸。南宋的洪迈和柴望就是持这种观点的人。柴望乃是南宋著名预言家，专门写了一本总结历史上丙午年、丁未年灾祸的《丙丁龟鉴》，该著作总结上自秦昭襄王五十二年(丙午，公元前255年)下至五代汉天福十二年(丁未，公元947年)，1260年间的21个丙午、丁未年，都是中国动乱和灾祸之年。洪迈《容斋随笔》也做了同样的工作，不过说得更加具体，他说：“丙午、丁未之岁，中国遇此辄有变故，非祸生于内，则夷狄外侮。”并列举了秦代以后中国历史上每逢丙午、丁未年所发生的大事。

为什么丙午、丁未年会多厄事，少平安呢?

俞文豹《吹剑录》称：“历代皆忌此两年何也? 意者，丙午、丁未，在天之中，丙丁属火，皆在午位旺乡。五行中惟水火不宜旺，旺则不可救药。”认为丙丁属火，火遇午未而盛(午未正处农历五月、六月，火旺)。阳极必战，所谓亢龙有悔。丙禄在巳，午为刃煞。丁禄在午，未为刃煞，也是一理，都是阳气太盛的缘故。

中国的历代预言家和文人，几乎对“赤马红羊”形成了一个共识，逢丙午年和丁未年，国家必然遭受大的劫难。后来，“赤马红羊”一词逐渐成为劫难的代名词，历代诗家和文人多有唱咏诗。唐朝殷尧藩《李节度平虏诗》：“太平从此销兵甲，记取红羊换劫年。”徐愚溪“红羊浩劫音书断，青鸟殷勤探看难”。元代张翥《画马》诗：“百年重遭赤马劫，散落不逐兵尘空。”明代崇祯皇帝亲自给洪承畴写的祭文也称：“呜呼！劫际红羊，祸深黄龙。安内攘外，端赖重臣。吴天不吊，折我股肱。朕以薄德，罹此蹇剥，临轩洒涕，痛何如之!”清代龚自珍《百字令·投袁大琴南》词：“无奈苍狗看云，红羊数劫，惘惘休提起。”张昭汉《隐居》：“怡情那管红羊劫，高卧闲听玄鹤喧。”清代丘逢甲《题仲迟月中课读图》诗：“一年几度见明月，况值红羊换劫年。万里河山方破碎，一家儿女共团圆。”秋瑾在日本留学时所填《翠楼怨》：“紫玉烟沉，惊鸿影在，历劫红羊迹未消。”孙中山七言绝句《咏志》：“万象阴霾扫不开，红羊劫运日相催。顶天立地奇男子，要把乾坤扭转来。”郁达夫 1919 年写的《过徐州》：“红羊劫后几经秋，沙草牛羊各带愁。独依车窗看古垒，夕阳影里过徐州。”语言学家王力《赠内》一首：“甜甜苦苦两人尝，四十五年情意长。七省奔波逃猃狁，一灯如豆伴凄凉。红羊溅汝鲛绡泪，白药医吾铁杖伤。今日桑榆晚景好，共祈百岁老鸳鸯。”

少年天师张继先无疑已经预见到了未来的丙午年即是 1126 年和第二年丁未 1127 年，即将发生的大事，并郑重其事地提前提醒徽宗，要多多修德或许能禳解灾祸。后来，事情发展的进展正如张继先天师所料，这两年即是历史有名的“靖康之耻”，金兵南下攻陷汴京，俘获两位皇帝。

张继先天师料事如神、未卜先知的神奇能力使得少年天师的名声大振，“红羊赤马”的故事更是民间广为流传。不少后代诗人和学者在他们的诗文中也反复提到张继先与“红羊赤马”的预言。如元代诗人袁桷的诗作《张虚靖圜庵扁曰归鹤次韵》就吟咏了此事。

招仙游馆构亭亭，万叠松寒晓日青。玉局讲残春换劫，石台丹在草通灵。
红羊赤马悲沧海，白虎苍龙俨大庭。为爱子乔笙鹤美，月凉时许夜深听。

且说，徽宗虽然对张继先天师的“红羊赤马”提示不以为然，但是徽宗本人十分敬重张继先天师。张继先天师的金箓斋科仪非常圆满，徽宗龙颜大悦。因此，当张继先申请返回龙虎山时，徽宗坚决不同意，他正打算对张继先天师进行加封和表彰。因此，天师现在还不能走，还必须在京城多待些时日。宋徽宗皇帝亲自加封张继先天师为“虚靖先生”，并通告天下。诏书全文如下：

敕汉天师三十代孙张继先天师在汉，玄功著闻，汝为裔孙，不替远业，传袭祖法，符水有功，虚靖恬和，道行高洁，宜加显锡，昭尚真风，赐号虚靖先生。

并派人打制用黄金制作的太上老君和张道陵天师的雕像，作为赏赐的礼物赠送给张继先天师。除了加封和赏赐之外，还对张继先天师嘘寒问暖，问少年天师还有什么困难和要求。当时，张继先天师所居住修行的上清观，地处偏僻、年久失修，难以从事正常的法事活动和修行，长此以往，必将影响到龙虎山道教的发展。因此，新修道观、从上清观中搬迁出来已经势在必行，苦于财力物力的掣肘，仅凭龙虎山的力量，无法完成搬迁修建道观的重任。徽宗的叩问，正好击中少年天师的心病，正好一吐为快。

“谢陛下垂询。臣眼下还真有困难，需要陛下帮助。龙虎山现在最大的问题，宫观太少且年久失修，神像损毁，已经影响到正常的法事活动的开展。龙虎山若能得到陛下的支持，新修一座的道观，那将是龙虎山之幸！道教之幸！”

徽宗不愧是道教皇帝，一听说龙虎山有困难，大手一挥立即拨款给龙虎山新修道观，命令江东主管漕运的官员在龙虎山勘探土地。与此同时还赏赐了大量田地给张继先天师，并免除龙虎山道观及田地的赋税，以此供养龙虎山道众。张继先的本意是搬迁一座上清观，而徽宗则给予他极大的礼遇。宋徽宗不仅帮助他重建上清观，还修建了灵宝观、云锦观、真懿观和靖通庵。尤其是这个靖通庵，是徽宗专门安排人在龙虎山之北僻静之地，择地而修的一座专供张继先天师修炼的宫观。张继先非常喜爱靖通庵，专门作了一首诗：

靖通庵歌

吾结草庵山之中，旁人笑我名靖通。都来方寸间田地，大包世界同虚空。
我庵非通亦非靖，玲珑八面无形影。盈虚消息任天机，庵内主人都不省。
有时风雪三冬天，山前尽日无人烟。顽空墨黑昼如夜，庵中光耀长周圆。
有时风雷平地起，山沉江涌流云气。龙吟虎啸万形喧，庵内情绿无止起。

环庵松竹连天青，冬不悴兮春不荣。人来谩笑庵居苦，彻骨贫来彻骨清。
清贫生理十分好，翻忆朱门多饿殍。君能认得自家珠，终身岂羡他人宝。
庵似身兮主似心，欲明庵主须参寻。驴胎马腹河沙梦，那知铁矿藏精金。
高著眼睛速下手，只今觅取无中有。言穷理绝妄缘空，无毛狮子撩天吼。
庵前大厦皆蘧庐，知音有几同庵居。若非挨断县崖手，谁解伊边认得渠。
间中有乐无人识，静处工夫闲里得。自然妙用自然真，向上神仙皆此出。
浮生短景甚悠悠，一切庵坏便须休。溥劝吾门诸学者，不昧此庵须早修。

由于张继先在靖通庵修炼功行圆满，道法高妙，跟王文卿、林灵素一道成为徽宗座上贵宾。靖通庵也因张继先的名声而成为道门圣地，从宋元到明代，几百年的时间，该庵多次遭受兵灾、火灾，多次修葺，到明代时，靖通庵已经破败不堪，而龙虎山却缺乏资金无力重修靖通庵。当时，有"道门硕儒"之称的第四十三代天师张宇初特意写下《靖通庵题缘疏》希望那些财力雄厚、笃信道教的施主能够捐助资金重新修复这一道门圣地。其中，还专门提到了张继先的"红羊赤马"神迹。张宇初《靖通庵题缘疏》全文如下：

靖通庵者，三十代天师虚靖真君修炼处也。真君生宋熙洽之时，尝结圜山顶，功行既著。迨崇宁间，徽庙崇道尤笃，同王侍宸文卿，林侍宸灵素，遭际特甚，祷祠禜禬，皆有异征。未几，宋社既迁，而真君皆先后坐脱。凡其超辞茂迹，具载纪迷。而庵之建于宋元者，累经兵燹劫灰，更创非一，矧以岁久日退，不无倾圮。毕虽本山之修葺宜先，而力之弗逮，必假众缘。是持短疏，遍于好施长者，挥金以成胜事，庶几，真君灵贶，同垂不泯云。

伏以道尊汉室，正三十式之仙传。教阐宋朝，悟五千言之秘奥。属徽庙尊隆之日，协侍宸显著之功，立勇将于殿庭，揭妖蛟于潮汐。苍龙白虎，犹翠竹而碧梧；赤马红羊，仍青编而紫阁。既饰皈崇之地，敢忘葺之勤。爰欲图新，必干众助。鹤归辽海，还瞻琼馆翚飞。舄化泗洲，喜见瑶台杰出。共资宸贶，均被灵休。

此外，徽宗还拨款将龙虎山张天师一系的祖师祠，扩建升级演法观。不仅将张继先之前的二十九位天师册封"真君"称号，还将诸位天师的名字刻在玉册之上，显示了朝廷对天师法脉极为大的尊敬。"玉册"也称谥册，乃是当朝帝王为其列祖列先镌制的宝册。通常的做法是将历代皇帝的姓名谥号直接镌刻在编联成册的和田玉、大理石或汉白玉册条之上，是朝廷在皇帝即位、册命、上尊号、上徽号、赐谥号、追谥、封禅、谒陵、郊庙等礼制活动当中使用的重要仪具。徽宗追封自张道陵天师以来的张家历代天师为“真君”。待张继先天师十二月返回龙虎山时，宋徽宗更是对张天师一脉的家族大加封赐，对张继先天师的父辈和兄弟辈皆加封不同的爵位，一方面显示皇恩浩荡，另一方面则反映出张继先天师在宋徽宗心目中的分量。当时，前往道贺的四方学者数千人，参加了龙虎山办的隆重的授爵典礼，可谓盛况空前。

为了答谢皇恩，张继先天师特意写了一篇《谢官职表》遥谢徽宗。

谢官职表

时不追人，误蒙天眷，恩沾同气，庆洽私门。自愧宠惊，实增欣抃诚惶诚恐。伏念，臣，顷当总角，获奉清光，七换岁华，三颁诏节，构漏粲云眉之宇，以便焚修；赐宣和御礼之经，俾成功行。俄下漏泉之泽，及臣同产之兄，遭遇逾涯，报称何地。兹盖伏遇特崇，教范无间，颛蒙义重天伦，推及臣子。虽缘故例，实骇当时。犬马之心，所当自竭，凤鸾之宇，何极其荣。中殚香火之诚，上祝冈陵之寿，臣瞻天望圣，激切屏营之至。谨言。

北宋大观丁亥年(1107)，由于上一次的金箓醮科仪颇有灵验，宋徽宗再次派遣使者到龙虎山，命张继先天师在龙虎山举办法事为国祈福。待张继先天师法事完毕之后，徽宗又立召张继先天师到京城候命。当时跟张继先天师同馆下榻的还有当时赫赫有名的活神仙徐神翁。徐神翁真名叫徐守信(1032—1108)生于宋仁宗天圣十年(1032)，人称“徐二翁”，泰州海陵人，于宋徽宗大观二年(1108)坐化。徐神翁十九岁入天庆观，后入道籍。徐神翁位列下八仙，在民间的影响极大。传说他终日执帚扫除，口诵《度人经》不绝。他曾经精心照顾过一位云游到天庆观的天台道士余元吉，该道士身患重病，并长满疥疮。徐守信对他诚心诚言、毕恭毕敬，终于感动了余元吉。最终，余元吉临死之前，徐守信得到了天台道士的“神仙抱一之道”真传。余元吉死后，徐守信四处乞钱敛埋了余元吉，徐守信忠心侍奉师父的故事在民间传为佳话。自此以后，徐守信道法日臻高妙，特别是在预言别人的未来之事上，十分神准灵验，被当地人尊称为“神翁”。当时，全国各地慕名前来找徐神翁的人占卦求字的人，都快把天庆观的门槛踢断了。徐神翁算命的方式十分独特，据说他把道教经典《度人经》的句子抄写在多张纸条上，遇到来问的人，他就随便抽一张纸条给对方，该纸条往往言中对方所求，以及将来发生什么事情。据说，当时的名流如苏东坡、苏辙、秦观、吕惠卿等人都找过徐神翁。甚至肯定地说，那个时候几乎没有哪个达官贵人及文豪巨擘没有找过他问过祸福的。徐神翁神奇的预言未来的能力终于传到皇帝那儿，宋哲宗皇帝赐予他紫服，并加封为"圆通大师"。此后，事关宋王朝核心机密的两件事情的预言，使得徐神翁彻底获得了当权者的信任。

宋哲宗刘婕妤所生的皇子夭折之后，哲宗专门派遣宦官前往泰州天庆观，询问徐守信自己还有没有可能生下皇子。没想到徐守信语涉晦涩，说道："上天已生下了继承皇位的子嗣了啊。"哲宗百思不得其解，再三派遣使者前往天庆观追问徐神翁说的这句话到底是什么意思。徐神翁被逼无奈，只好拿出一张纸在上面大书"吉人君子"请使者转交给哲宗，让哲宗自己去猜。其实，徐神翁早就预测到了将来的皇帝就是哲宗的弟弟赵佶，"吉"和"人"乃是"佶"字的拆字。与此同时，端王赵佶迫不及待想知道自己到底能不能当上皇帝，于是派人拿着自己的生辰八字，专程从京城赶到天庆观咨询徐神翁。徐神翁对这位未来皇帝的请求，没有含糊其辞，而且说得非常直白。他说："大横之兆"，并说这件事应该发生在两日之后，后来果然如他所言。所谓"大横之兆"是指龟卜卦兆名，是指烧灼龟甲时，龟甲的纹路呈现出横形，这表明求占者乃是"天子之命"。宋徽宗即位后，论功行赏，对徐神翁非常感激，将他奉为座上贵宾。

就张继先跟徐神翁的关系来讲，张继先天师之所以能名震天下，跟徐神翁的推荐密不可分。当初，若没有徐神翁在徽宗面前力荐张继先天师去解州盐池降妖，也就没有张继先天师的今日。张继先天师与徐神翁惺惺相惜，相互欣赏，加上都是徽宗的座上贵宾，久而久之，成为莫逆之交。

此次徽宗召见张继先天师，张天师跟徐神翁住同一馆中。两位高人对话，少不了言语机锋、嬉笑怒骂，旁人并不解他们在说什么。

一日，徐神翁忽然没有由来地跟张继先天师发了一句感叹："世事悠悠，不如归休！"意思是说人世间的事情太难料、太复杂，我还是早点离开的好，徐神翁大概是厌倦了红尘中的人们的各种纷争，隐约传达出来想出离红尘的意愿。张继先天师立马应口回道："归则便归，何思何虑？"用今天的话来说，就是老头子要走就走，干吗这么啰啰唆唆的。似乎有点讽刺徐神翁的话有无病呻吟之嫌。

不过，通过这个对话，也可见这老少两人，不仅道法高深，功力非凡，而且关系非同一般。没想到，这次徐神翁可是来真的了，或许是预见到了将要发生的事情，徐神翁不想烦难自己，干脆先走一步，当晚真的就端坐而化了。这就是佛道所谓的“坐化”。所谓坐化是指：修行的人修行到一定境界，自己的灵魂已经来去自如，想离开时就能离开，只有道行较深的人才能有此坐化的能力。徐神翁坐化的事情，当时立刻轰动了宋王朝，同时让大家深感徐神翁道法高妙，坐蜕立亡，来去自由。于是在全国各地兴起了对徐神翁的信仰活动。

其实，只有张继先才知道徐神翁的真正动机，这老头真是滑头，不想对付宫廷里边的妖怪，自己溜之大吉，却把这摊烂事丢给自己。这不，马上就有人找上门来，说是宫里出现了妖怪，要张继先天师亲自前往捉拿。

就在这年端阳节这天徽宗召见了张继先天师。

“张爱卿，最近宫内出了妖怪。看来这次还得劳您亲自出马了。”

“陛下放心！捉妖之事臣义不容辞。”

降妖除魔乃天师世家的家传绝学。对张继先天师而言，捉拿妖怪，那简直就是小菜一碟，这个他丝毫不担心，而让他深深感到忧虑的是皇宫出现妖魔的原因。

“张爱卿，你看还需要什么，尽管吩咐左右。”

“这个……”张天师沉吟片刻道：

“陛下，臣闻邪不干正，妖不胜德。陛下修德，妖必自息。”

张继先讲的大道理，表面上是在讲消除妖魔的最好的方法就是修德，圣上有德妖魔自然也不会现身。反过来讲，却颇有点讽谏的意味，意指皇上修德不够，还要加强修养。我这边替你捉妖怪，你那边不修德，妖异之事层出不穷，纵使我有天大的本事，世界上的妖怪还是捉也捉不完的。要治病似乎不难，倘若找不出生病的原因，则很难根治。治病的根本是端本澄源，道家济世度何尝不是如此呢？难为了张继先天师的一番苦口婆心，这也正是宋徽宗欣赏他的地方之一。

很快，在宫廷负责膳食、传令、守门、打扫的内侍人员惊恐来报，说是宫内的仁济亭有妖怪出现，张继先立即带着助手赶到仁济亭。

话说这妖怪也十分大胆猖獗，竟然在光天化日之下出来生事。

待到张继先天师赶到仁济亭时，该妖怪已经附体在宫内一少年的身上，见高人到场，大事不妙，立即惊恐万状，双手抱头，向张天师伏地叩头痛哭流涕，边哭边拜，向张天师求饶。

张天师见状，说道：

“你作恶多端，是因为你的本心被迷，堕入了恶道。速速从少年的身体出来，回到你的本形去。我将用法力为你超度。切记！以后再不得出来危害他人了。”

张天师立即掐诀，念咒，作法。

围观的人们看见，那位少年立即停止了哭泣，扑倒在地，昏迷了半天，良久才苏醒过来。不过，他自己对刚才发生的事却全然没有印象了。这次降妖的过程，让人们看到，即使在妖魔鬼怪的域界，张继先天师都享有极高的威望，张天师尚未调遣一兵一卒，妖怪已自己降服。另一方面，也展示了张天师慈心于物，仁逮万类的悲悯情怀。对一般人而言，恨不得把天下的妖魔鬼怪、魑魅魍魉全部斩尽杀绝。然而，在张天师那里，却没有这么简单，哪怕是对待作恶多端的妖怪，他也并不采用简单粗暴的方法镇压，而是一方面看到他们的恶行，另一方面更是以悲悯的胸怀指出其作恶的根源，促使其幡然醒悟，并为其超度，指出一条生路，让其迷途知返。

老天似乎正在用不同的征兆来预示着大宋王朝的衰落。就在皇宫内庭的妖异事件发生后不久，天下大旱，瘟疫四起。这注定是个多灾多难的年份，而这样的年份则意味着张继先天师身上的担子更重，责任更大。

张继先天师的脸上多了几分凝重，这与他小小的年纪很不相称。面对如此多的灾异之兆，张天师深深地沉默了。他知道哪怕自己道法再高强，面对将倾之大厦，谁又能逆天命而动呢？可怜天下无数无辜的生灵即将涂炭！道教认为天人感应，皇上失德，天下才会灾异不断。道德经讲：治大国如烹小鲜。这是帝王之术，宋徽宗虽才情出众，天赋极高，却未必精通老子所讲的帝王之术。退一万步说，即使徽宗精通此术，亦无济于事了，一切都太晚了。就如同治疗一个病入膏肓的病人，即使你是天下神医也难以挽救病人的性命了，这已经无关乎医生的医技，所谓天命不可违，朽木不可雕也。正如张继先的这首《沁园春》，表达了他此时的心声：

劫运将新，天书降恩，圣师命魔。正阴阳错忤，鬼神淆混，依凭城市，绵亘山河。杀气闭空，阴容夺昼，万姓罹殃日已多。青城上，现琉璃高座，忽起巍峨。

群妖忿怒扬戈。竞奔走，攻山若舞梭。感神光一瞬，龙摧虎陷，威音一动，电掣霆呵。立治化民，摄邪归正，生息熙熙享大和。风云静，见天连碧汉，月浸澄波。

即使这样，张天师也全力以赴，尽力而为，知其不可为而为之。当然，没有金刚钻不揽瓷器活。张继先天师之所以敢于频频出手去降妖、驱除瘟疫、解除旱情，所依据的就是张天师一脉的“天心荡凶雷法”，实施雷法时往往按照“符箓行法”、“召神役将”、“呼雷引电”规程进行，所到之处，无不如响而应，十分灵验，受到了上至皇亲国戚，下至普通百姓的尊敬。难怪张继先在《道藏》正一部第九九六册《开坛法语》中无不自信地说道：“吾家法箓，上可以动天地，下可以撼山川，明可以役龙虎，幽可以摄鬼神，功可以起朽骸，修可以脱生死，大可以镇家邦，小可以却灾祸。”

《水浒传》中对张继先驱除瘟疫的故事大加演绎，说洪太尉山信州龙虎山请第三十代天师张继先去京城驱除瘟疫。结果洪太尉在龙虎山伏魔殿，误放出镇压在井内的三十六位天罡星、七十二位地煞星。该井上有一石龟驮碑，上面写着：遇洪而开。原意为：此井遇千年不遇洪水而开。而洪太尉误认为，遇到姓洪的人此井就可以打开。结果导致了天下霍乱、痢疾等瘟疫横行。张继先天师采用了“书符投大瓮贮水以饮疫者”的简便、经济、快速的方法。用今天的话来说，就是要让老百姓少花钱，甚至不花钱来治大病。我们今天还做不到的事情，九百多年前的张继先天师却做到了。他的方法非常简单，他让京城的人们放置了几十口巨大的水缸，命人在这几十口大水缸中贮满洁净的凉水，张继先天师用黄纸画好符之后，命助手将这些符投入这几十口大水缸之中。京城百姓，前来取水治病的人络绎不绝，说也奇怪，凡是饮用了张天师施加符咒的水的人，疾病不可思议地痊愈了。

张天师用符水治病的方法，今天的人看来简直不可思议，让人难以理解。对于这个神秘的现象，神学家们认为符水之所以能治病，是因为这些符是神力以“符号”的形式，附着在特定的文字或图形上，并将这些符号书写在特定纸张或者器物之上。因而这些具有神力的符水也就具有了治病的功能。医学家则认为，治病的机理不在于符，而在于画符用的黄纸、朱砂等材具有杀菌的作用，人们服用这些东西浸泡的凉水，自然有一定的疗效。真可谓众说纷纭，见仁见智，莫衷一是。事实上，张天师世家，历来用这种方法治病的天师不在少数，张继先天师则将这种方法发扬光大。如：唐初，第十一代天师张通元，字仲达，天性静默，常独坐一室，非时不出，虽家人罕识其面。岁大疫，以“标”植水中，汲饮者皆愈，乞符水者不远千里而至。南宋时，王子魏王镇守明州时有疾，第三十三代天师张景渊“咒水饮而愈”。明初，第四十二代天师张正常入朝京师求符者日以千百计，待吏不暇给，闭关拒之不能止，乃录巨符，投朝天宫井中，人争汲之，须臾水竭土见，犹弗已。太祖为立亭井上，号“太已泉”。明中叶，杭州瘟疫流行，第四十五代天师张懋丞亦“书蘚符投井，饮者立愈”。除用符水治病外，天师后裔还有用所谓“木叶”、“铁券”来治病防灾。如第十九代张天师张修，“性淳朴，躬耕干野，以疾告者，录木叶治之，皆愈”。第二十三代天师张季文当五代十国战乱之际，乃铸铁环券数万，佩之可免兵灾。

解除了严重的瘟疫，张继先天师接着又马不停蹄地奔赴大旱灾区，作法求雨。要知道，中国历史上一直是一个农业国家，人们的生产和生活严重依赖于良好的天气。任何一次极端或反常的天气，都可能导致农民付出的心血和汗水付诸东流，庄稼颗粒无收。因此，祈求风调雨顺，五谷丰登，乃是人们最朴素的愿望。一旦天气失常，人们就想出各种办法来求雨祈晴。而那些能够实现人们这一愿望的个人就成为那个时代的英雄。

张继先天师乃获家门真传，是修道有成的一代宗师。因此，他祈雨的方式跟常人大为不同，他采用的是雷法降雨的方式。所谓雷法则是道门之绝学，自宋代开始，彰显于世，形成了不同的流派。张继先则是正一雷法的宗师。雷法降雨时，法师役使天庭雷部的神将，从而达到降雨的目的。

雷法求雨术中，运用得最频繁的一个咒，就是“木郎咒”。此咒又有多种传承，长短不一，繁简有别。白玉蟾说：“唐天师叶法善《雷书》中有赤鸡、紫鹅之符，投于东南水瓮中，诵木郎咒，可致雨。”前面曾经提到过，《道法会元》卷八十二《雷霆三帅心录》，收录琼管紫清真人白玉蟾撰三帅《事实》，述邓伯温、辛汉臣、张元伯三帅流派。白玉蟾说施行雷法时，法师存想邓帅在心，辛帅在胆，张帅在肾，三帅配合五雷神，以阴阳生克作用。并念“木郎咒”以盖之，可致山倾谷沸，霹雳迅发，电光奔飞。白玉蟾称此雷法为“法海之砥柱，后学之津梁”。“木郎咒”是雷法中必用的咒语，白玉蟾为“木郎咒”作注，《修真十书武夷集》卷四十六和《道法会元》卷八十七中皆有收录。《清稗类钞》之“木郎祈雨咒”条中有云：“同治庚午夏，有人自滇南至京师，以手钞《木郎咒》一帙，示汉军宗啸吾司马山，盖楚汉祈雨多持此咒也。祈雨须分四时。春旱祈雨，设坛东门外，东向。其三时亦如之。坛设神位三，左书风云雷雨尊神之位，中书木郎太乙三仙行雨神仙之位，右书紫清白祖仙师之位。祀品以元酒、清酒、粢盛、脯果。为祈雨疏文一通，焚之城隍神前。诚心诵咒，每曰三次，或四五次，每次四十九遍。三曰无雨，五曰；五曰无雨，至七曰，则谓必大获甘霖矣。谢雨时，祀品仍照前。”

张继先天师抵达大旱灾区后，立即布坛作法，诵起了木郎咒：

乾晶辉耀玉池东，盟威使者名青童。掷火万里坎震宫，勇骑迅发来大濛。
木郎太乙三山雄，霹雳破石泉源通。坤震巽户皓灵翁，猛马四张欻火冲。
流精郁光奔祝融，巨神太华登云中。黑幡皂纛扬虚空，掩曦蒸雨屯云浓。
阏伯撼动崑崙峰，幽灵翻海玄冥同。冯夷鼓舞长呼风，蓬莱弱水兴都功。
龙鹰捷疾先御兄，朱发巨翅双目彤。雷电吐毒驱五龙，四溟叆叇罗阴容。
一声四海皆昏濛，雨阵所至川流洪。金光流精斩旱虹，洞阳幽灵召丰霳。
玉雷皓师变崆峒，虚皇太华扫妖爞。群梁玄皇号前锋，祠泉咨蜃威天公。
欻火律令翻穹窿，鞭击妖魅驱蛇虫。勾娄吉利炎赫踪，登僧泽赜悉听从。
识女四歌心公忠，辅我救旱功勋隆。赤鸡紫鹅飞无穷，摄虐缚祟送北酆。
敕紫虚元君降摄。急急如火铃大帅律令。

咒毕，只见顷刻之间，天上乌云密布，电闪雷鸣，大雨倾盆而下。真是救命的雨啊！灾区的老百姓欢呼雀跃！雨足足下了三天三夜，旱情终于得到了缓解，庄稼得救了，老百姓得救了！

这件事情在《三十代天师虚靖真君语录》中有记录。祈雨成功之后，张继先和他的弟子石自方，为了庆祝此事，专门联句成诗，留有《祷雨应时喜而联句》为证。

何心慰黎民，山川朝出云。精诚动天地，丹悬在词文。
南亩苗初槁，西郊雨已纷。林峦添郁郁，草木共欣欣。
休怪芝田茂，其如羽服勤。穹苍岂私曲，流俗足妖氛。
途路尘埃息，轩窗暑气分。丰年慰农叟，盛德谢吾君。

枝润惊林鸟，厨清绝楚蚊。上真何以报，惟把宝香焚。

宋徽宗得到奏报满心欢喜，见张天师降妖除魔，驱除瘟疫，禳解大旱，几乎是无所不能，对张继先的倾慕更是如同滔滔江水，绵绵不绝。徽宗对道教的偏爱是毋庸置疑的，虽然贵为天子，内心深处一直想找一位高人学习的想法却从来没有停止过。这次，又加封张继先为"太虚大夫"，不过，张继先却坚辞不受。此外，还请张继先在京师举办雷法方面的讲座，一时全国掀起了学习雷法的高潮。以前，徽宗常常嫌张继先年纪太小，羞于向他请教道法方面的问题。如今，这方面的顾虑全消，不仅把张继先留在身边，多问道要，即使公务缠身，也不忘派遣使者到张继先身边询问请益。为此，张继先天师专门为徽宗写了一首把握道要的大道歌，全诗如下：

大道歌

道不远，在身中，物则皆空性不空。
性若不空和气住，气归元海寿无穷。
欲得身中神不出，莫向灵台留一物。
物在身中神不清，耗散精神损筋骨。
神驭气，气留形，不须杂术自长生。
术则易知道难悟，既然悟得不专行。
所以千人万人学，毕竟终无一二成。
神若出，便收来，神返身中气自回。
如此朝朝还暮暮，自然赤子产真胎。

张继先在该诗中表达人人都有修道成仙的可能性，关键的关键就是要修心。用内丹的术语来讲就是性功非常重要，只有性功做得好，人身内的精气神才不会走失，长此以往，体内结真胎，修炼出身外法身也非难事。鼓励徽宗性命双修，内圣而外王，修道跟做一个好皇帝其实并不违背。徽宗收到了《大道歌》之后，立即作诗酬答。大道歌，虽然是专门写给皇帝的诗作，因语言简洁，深契道要，而流传民间，对后世修道之人产生了很大的影响。[①]

此次徽宗召见亦是让张继先天师在京师滞留了很长时间，一直到大观二年才同意张继先返回龙虎山。临行之前，徽宗赏赐了张天师大量的金银绸缎，都被张天师婉拒。张继先天师离开京城时可谓盛况空前，那些王公贵族，京畿百姓，听说张天师要走的消息后，都依依不舍，纷纷自发前来送行，送行的人把京城的道路都阻塞了。张天师被京城人民的感情深深感动，也忍不住对大家发表了临别赠言，讲得十分动情：

“继先不才，蒙大家厚爱，前来为我送行，令我感佩万分！诸位，人世间的聚会与离别就如同月亮阴晴圆缺的道理一般，聚聚散散总是必然的，然而，什么时

---

① 直到二十一世纪的今天，道门中人仍以此大道歌作为修道的指导思想。值得一提的是，时至今日仍有现代道士专门为张继先的大道歌作诵，以表达对张继先天师的仰慕之情。全诗如下：

鹤道人作

注：《大道歌》为三十代天师虚靖张真人继先进宋徽宗所作。此歌明言修道真旨，鹤不才入道即倾慕天师之才德，常吟天师之歌于山野间。今斗胆为真人此歌作颂一篇。以期能继天师之也。

庚寅十二月初二日凌晨

道不远，在身中，何须蓬莱觅仙踪。真人本是自家修，大道无为造化通。
物则皆空性不空，本性清净天地同。欲识三天真奥旨，一灵不泯万法宗。
性若不空和气住，吐纳烟霞成云翥。松下卧，石上眠，道人心中涵万物。
气归元海寿无穷，狂风怎折无根树。勤勤用，绵绵吐，且向灵源自性悟。
欲得身中神不出，电轰雷鸣百魔伏。不除妄想不求真，自然本性谁是主？
莫向灵台留一物，万里云空清风拂。海里银针寻得见，山中野马自驯服。
物在身中神不清，扫却尘劫无量土。登山回望白云里，看破诸行逍遥步。
耗散精神损筋骨，三宝不聚为枯坐。垢衣脱去法身出，夺去元始掌中珠。
神驭气，气留形，醍醐饮就如甘露。铅汞相逢三尸除，五毒消灭降龙虎。
不须杂术自长生，狂笑世人驱歧路。但依此，终不舍，定拜三清鸾鹤舞。
术则易知道难悟，自古几人出函谷？真诀真法本天然，玄关消息实难述。
既然悟得不专行，更看愚痴水月影。莫叫自家珍宝毁，六道生死如浮萍。
所以千人万人学，几人能得道心明。君不见，是何为？只因贪痴遮双睛。
毕竟终无一二成，黄粱梦里尤未醒。岂知宝藏无穷尽，寻来奇珍归炉鼎。
神若出，便收来，静默元神钻杳冥。此心如得正知见，火中金莲向阳生。
神返身中气自回，一阳生后守真精。水火交，坎离和，灵光昼夜无转停。
如此朝朝还暮暮，他日功成赴玉京。天师吟歌留千古，我今还化一点青。
自然赤子产真胎，青霄云中得飞升。不负此生百岁阴，道在身中不枯形。

候停留什么时候出发谁也无法预料啊！诸位，人生短暂如同眨眼之间，请大家多多保重啊！告辞了！”

张继先天师处处说的是人生聚散离合，实际上暗示了国家在不远的将来即将发生大事，言辞颇为感伤。送行的人们似乎预感到了什么，不少人都流下了伤心的眼泪。

北宋政和二年(1112)，宋徽宗再次派使者去龙虎山请张继先天师进京。此时的虚靖天师深感国家劫难已近，无力回天，便假称患病，推荐弟子王道坚代替自己进京面圣，并一再嘱咐他转告徽宗一定要修德弥灾。果然是名师出高徒，王道坚面圣后，徽宗见道坚玉树临风、道行非凡，不仅封道坚为太素大夫，还封他为凝神殿校籍，让他帮助编纂整理道藏。此外，徽宗还让王道坚在京师举行大型斋醮科仪来禳解即将到来的灾难。但这次科仪并未如期举行。不过，从这些事情还是可以看出宋徽宗对张继先师徒的看重和信任。

一晃又过去了多年，张继先天师眼看距丙午年(1126)和丁未年(1127)越来越近，心中不免担忧。有一天，虚靖天师突然一反常态，手拿笔管在倏然亭墙壁上写下一句诗行：“赤帝御龙行未伏，嫦娥分月入深山。”虚靖天师才思敏捷、书法精湛，这是尽人皆知的，但是这些优美潇洒的字体写在雪白的墙壁上，产生的效果，多少有点令人震撼。这行诗句，仿佛有巨大的威力一般，将过往之人的眼球和脚部牵绊住，让人挪不开眼神，迈不开脚部。是欣赏书法，还是揣测寓意？总之，所有看过这行诗句的人都觉得十分神秘，但又说不出诗句的含义到底是什么？后来，张继先偕弟子游麻姑山。麻姑山，因仙女麻姑而得名，乃是麻姑成道的场所，为道教三十六小洞天之“第二十八洞天”，名曰“丹霞洞天”，七十二福地之“第十福地”，是著名的道教圣山。浮丘公及弟子王、郭二仙、葛洪、邓紫阳等都曾在这里修行。麻姑山对修道者的魅力是不言而喻的，所以渴望修道有成的道人，无不渴望前往麻姑山参访修道。谁没有麻姑山情结呢？张继先天师也有。当虚靖天师在麻姑山齐云亭小憩时，望着连绵起伏的山峦，联想起仙人王方平跟麻姑见面时所说的“东海三为桑田”和“海中复扬尘也”的精彩典故，感到无论是浩瀚宇宙还是芸芸众生，都无法阻挡剧变的力量，他不禁脱口而出：“蓬莱步人，清浅其桑田乎。”当然，这句话一语双关，既是对变化之力的感悟，也是对未来时局的极为隐晦的预告。

当然，张继先天师在倏然亭墙壁上的诗句，以及在麻姑山齐云亭上的感叹，都传到了宋徽宗的耳朵里去了，但宋徽宗也不以为然。丙午年和丁未年靖康国难果然发生，徽宗联想到张继先天师预告的丙午丁未之难的预言，以及倏然亭的诗句和齐云亭的话语，才幡然悔悟。这几件事，更让大家认识到了张继先天师的先知先觉的能力，以及他身为人臣对大宋皇帝的忠心。

丙午年(1126)，金兵开始攻打汴京，徽宗皇帝惊恐万分，想起了张继先天师的预言，急忙派人去龙虎山召张继先进京。虚靖天师无奈，只好随使者出发，一路来到泗州天庆观，安顿下来后，张继先天师索笔作颂曰：

一面青铜镜，数重苍玉山。恍然夜红发，移迹洞天间。
宝殿香云合，无人万象闲。西山下红日，烟雨落潸潸。

张继先天师写完这首诗，端坐而化。非常巧合的是，这一天刚好是靖康丙午年十一月二十三日，当天北宋的首都汴京被金兵攻陷。后来徽宗和钦宗两位皇帝被掳走，沦为金兵的阶下之囚。这一切恰好应了虚靖天师的丙午丁未的预言。张继先天师走后，他的族父武功大夫张宪适那时刚好在泗州，于是他率当地的士民将虚靖天师葬于龟山之下。

当然，人们认为张继先天师并非真正的去世，而是运用道教的一种修道方法——尸解术，跟周围的人们告别。因此，不少的文献记载后来又有人在别的地方见到了张继先天师。《历世真仙体道通鉴续编》卷四就记载了萨守坚在青城山又见到了张继先天师，虚靖天师向他传授道法，还托他给龙虎山的家人带信。总之，人们相信道法高妙的张继先天师一定是得道升天了。

第三节　丹道高妙　雷法祖师

张继先注定是道教史上划时代的人物，因为道教的法术和思想发展到他的那个时代，已经走到一个剧变的十字路口。一种别开生面、精微博大的道教法术——雷法出现了。雷法乃是内丹术与传统的符箓法术的完美结合，并将道教的法术体系推向了极致。这一时期，道教雷法宗师辈出，堪称道教发展的“黄金时期”。道教处于急剧的转型与变革的关口：一方面，旧的传统在延续、继承与传承；另一方面，新的道法体系不断被创造出来，又形成新的传统，如火山之喷薄，炫丽而壮观！

张继先的宿植聪慧和博学多才使他在那个炫丽而壮观的时代里成为道教中继承旧传统开创新传统的杰出代表。张继先之前的有关历代天师相关材料中，诸位天师皆精于符箓道法，并无修习内丹和雷法的记载。从张继先开始，天师道道法体系骤然大变，张继先将符箓、内丹和雷法完美地熔于一炉，开创出天师道道法的新传统，并成为一代宗师。那么，张继先以何能完成他的前辈天师看来几乎不可能完成的创举呢？当然，这既跟张继先乃旷世奇才的个人素质相关，又跟当时的时代思潮和历史机遇密不可分。历史的机遇，使得张继先注定要成为融汇各种道法的代表性人物。

宋代以来，内丹思想作为一个普遍的社会思潮，影响遍及社会的各个层面。任继愈主编的《中国道教史》中特别描写到两宋内丹思想影响的盛况："两宋内丹修炼者既有陈抟、张无梦、蓝元道、张继先、王老志、曹文逸等名道士，有王溥、显迥、张中孚、李观、曹国舅等名公巨卿，有种放、李之才等隐士名儒，有张伯端、夏宗禹等幕僚，也有市井百工之流如缝纫为业的石泰、箍桶盘栊为业的陈楠、涤器为业的郭上灶等劳动人民，乃至乞儿、妓女、和尚，无所不有，可谓遍于社会各阶层，而尤以退出官场及仕途失意的知识分子如刘海蟾、陈抟、张伯端、白玉蟾等为骨干。内丹的盛行，使传统的丹鼎道教改变了其贵族专利品的性质，成为社会各阶层人士可以普遍接受的东西，从而产生了内丹派前所未有的群众性教团南宗、全真道，这是丹鼎派道教的一大改革，也是宋元道教改革的一个重要方面。"可见学习内丹并实践内丹术已经成为当时的社会风尚。在各种内丹中尤以钟吕内丹为成熟和主流，因此钟吕内丹思想成为新旧道派纷纷学习的对象。新符箓道派中，神霄派、清微派、净明派等在他们的内炼思想和雷法思想中也大量吸收了钟吕内丹的思想。如南宋净明派周真公弟子方文所撰《净明黄素书释义秘诀》，就声称曾参阅了《钟吕传道集》，并引证吕公、张伯端的丹诗。作为老符箓派的代表人物，正一派第三十代天师张继先所撰的《金丹诗四十八首》集中体现了他的内丹思想，可以比较肯定的是，张继先的内丹思想亦属钟吕系内丹一系。

钟吕内丹思想的一个主要特点是以性命双修为特征，尤其以"炼心"为纲要。为什么修道必须要性命双修呢？钟吕内丹认为唯有人是万物之中最灵、最贵的；唯有人才能穷万物之理，尽一己之性；也唯有人才能穷理、尽性以至于命，全命、保生以合于道，也才能与天地齐其坚固，而同得长久。因此，修性与修命乃是修道成仙的核心。不过命功和性功必须兼习，不能偏于一端。难怪古人说："修命不修性，此是修行第一病；修性不修命，一点灵光无用处。"

《中和集》说："性无命不立，命无性不存。其名虽二，其理一也。嗟乎！今之学徒，缁流道子，以性命为二，各执一边，互相是非。殊不知孤阴寡阳，皆不能成全大事。修命者，不明其性，宁逃劫运；见性者，不知其命，末后何归。"仙师云："炼金丹，不达性，此是修行第一病。只修真性不修丹，万劫阴灵难入圣。诚哉言欤！高上之士，性命兼达。先持戒定慧而虚其心，后炼精气神而保其身。身安泰则命基永固，心虚澄则性本圆明。性圆明则无来无去，命永固则无死无生。至于混成圆顿，直入无为，性命双全，形神俱妙也。"

那么，什么是性？什么是命呢？《性命圭旨》说："何谓之性？元始真如，一灵炯炯是也。何为之命？先天至精，一气氤氲是也。"又说："性之造化系乎心，命之造化系乎身。"陈撄宁则说得比较通俗易懂，他说："性即是吾人之灵觉，命即是吾人之生机。"性命双修乃是道教内丹修炼的一项基本原则，修道者必须两者并重，方能体道达真。然而，长期以来，道教以命功见长，性功方面则稍逊。有鉴于此，北宋著名道士张伯端不留情面地指出道家和佛家在命功和性功方面各自的优长短劣，他说："道家以命宗立教，故详言命而略言性；释氏以性宗立教，故详言性而略言命。"毫不夸张地说，钟吕内丹对性功的强调，乃是道教道法思想的一次深刻变革。道教在继承并保留自身命功强项的基础上，学习并吸收儒释心性方面的资源与长处。自此以后，道教的道法修炼体系宗风大变，日臻精微神奇。

毫无疑问，张继先天师的内丹思想同样继承了性命双修的基本原则，而对心性的强调几乎到了无以复加的地步。张继先天师的内丹心性思想主要体现在他的《心说》、《大道歌》、《休歇歌》、《任从他》和《金丹诗四十八首》中。

张继先内丹心性的最大特点之一就是对心性重要性的高度赞誉和推崇。在张继先那里，心性已经被推到了至高无上的境地，成为"万法之宗，九窍之主，生死之本，善恶之源"。在天师一系的道法体系中，张继先天师的这种修道主张几乎是闻所未闻，不啻是平地惊雷，振聋发聩；可谓得风气之先，开创了龙虎山天师道修道思想的新纪元。由于非常重视心性，张继先甚至还专门创作了《心说》来阐发他的内丹心性思想。

张继先《心说》：

夫心者，万法之宗，九窍之主，生死之本，善恶之源，与天地而并生，为神明之主宰。或曰真君，以其帅长于一体也。或曰真常，以其越古今而不坏也。或曰真如，以其寂然而不动也。用之则弥满六虚，废之则莫知其所。〔其〕大无外，则宇宙在其间，而与太虚同体矣。其小无内，则入秋毫之末，而不可以象求矣。此所谓我之本心，而空劫以前本来之自己也。然则果何物哉？杳兮冥，恍兮惚，不可以智知，不可以识识，强名曰道，强名曰神，强名曰心，如此而已。由是观之，岂不大乎，岂不贵乎。然而轮回于三界，出入于生死，而不能自已者，何也？盖一念萌动于内，六识流转于外，不超乎善而超乎恶，故有天堂地狱因果之报，六道轮回无有出期。可不痛哉，可不悲哉。若夫达人则不然也。故斋戒以神明其德，一真澄湛，万祸消灭。老子曰：致虚极，守静笃，万物并作，吾以观其复。夫物芸芸，各归其根，归根曰静，静曰复命，复命曰常，知常曰明，不知常妄作，凶。所谓常者，越古今而不坏者是也。所谓妄者，一念才起者是也。庄子曰：既以为物矣，欲复归根，不亦难乎。在易也，其为大人乎。自兹以往，慎言语，节饮食，除垢止念，静心守一，虚无恬淡，寂寞无为，收视返听，和光同尘。瞥起是病，不续是药。不怕念起，惟恐觉迟。譬如有发，朝朝思理。有身有心，胡不如是，行住坐外，勿使须臾离也。无何有之乡，华胥氏之国，吾其游焉。

《心说》中明显吸收了佛教的思想，同时又采用了以老庄解心性，并复归于老庄传统的手法。张继先在文中非常熟练地运用了佛教的观念和术语，如：六道、轮回、真如、六识等。张继先之所以不厌其烦地强调心性的重要性，是因为他认为成人成仙成佛，或在六道中生死流浪的关键就是人的心性。人的心中如果生起妄念，就产生了分别心，于是就有了天堂地狱的分别，六道轮回就不可避免了。如果人的心中，一真澄湛，不起妄念，则地狱天堂、六道轮回都统统消失了。因此，消除妄念就变成了心性修炼的重中之重。然而，消除妄念的心性修炼方法，并非佛教独专，在老庄那里有着独特的思想资源。在老子那里叫："致虚极，守静笃，归根曰静，静曰复命"；在庄子那里叫："静心守一，虚无恬淡，寂寞无为，收视返听"。在老庄看来，人心之所以不停地产生各种妄念，是因为人有肉体，因而就产生了肉体的各种需求。各种欲求的不断骚扰，使得人难以驱除妄念做到一真澄湛。正因如此，道教心性的修炼才显得格外重要。

心性的修炼如此重要，以至于张继先在教导他的弟子时，也运用诗词等各种通俗易懂的方便法门。张继先则用自己的独特领悟，采用了如:“休歇”、“任从他”、“尽教他”、“莫管他”等颇具个性的术语来进行内丹心性学的教学，打上了张氏内丹心性学的独特烙印。

休歇歌

休休休，歇歇歇，休休歇歇无分别。千般要妙万般玄，只是教人各休歇。

既能休，复能歇，一切情缘皆断绝。饥餐渴饮困时眠，万死千生没交涉。

古圣贤，及明哲，一性绵绵周浩劫。光明相照合真空，休歇之余更无别。

地狱种，作冤业，六识炽然如火热。立我争人昧休歇，甘受碎身并拔舌。

休与歇，真口诀，无愚无智无工拙。从上师真只恁修，不遇知心谁肯泄。

休非休，歇非歇，大用现前无扭捏。主张元化绝形踪，囊括虚空超起灭。

亦无休，亦无歇，歇歇休休皆强说。欲知真歇与真休，一轮皎洁中秋月。

和元规任从他歌

任从他，尽教他，莫管他，他是他非奈我何。

尽日闲同方外友，高吟落笔如悬河。

世上无心结凡累，匣中有剑降阴魔。长生已悟玄关旨，从教乌兔走如梭。

尘劳汩没诚堪恶，孰肯飘荡随蹉跎。静处每思喧处事，到头空自竟嘘呵。

任从他，尽教他，莫管他，但从元气养冲和。

有时恣把丹书读，无事闲寻玉轸歌。我心非石不可动，任从俗论生乖讹。

松簪布褐且自乐，岂恋俘华张绮罗。神炉交媾炼金液，混乎湛湛而日多。

功行圆成共归去，飘飘飞盖拂霄河。任从他，尽教他，莫管他。

临江仙·和元规

蠢动含灵天赋与，逍遥性分元均。莫生异见乱吾真。只今中有主，浑与化为人。那更徽词清彻底，轻埃欲染无因。惟应得此便凝神。百魔咸息战，六道永停轮。

三十代天师虚靖真君语录之开坛法语

惟是解纷挫锐，济物救人，养性安恬，存神静虑。攀缘既断，火必息于心猿；妄想不生，内自停于意马。知身是患，见命为真，阳不煦生，阴不幽死。自是大风不动，劫火难烧，念既绝于三尸，性岂着于五欲。瑶台阆苑，为自己之家乡；爱海恩山，是他人之活计。人生何定，白首难期，日月迅速，下手犹迟，若更蹉跎，空成潦倒。此生幸到宝山，不得回时空手。伏愿皇基永固，圣寿延长，四夷不战，来王万国。无私自化，然后十方三界，六道四生，一切有情，俱登道岸。今则玄坛已就，开度俄临，不敢久立学人。伏惟珍重。

张继先的诗文洒脱高迈、生动活泼，体现了一位得道高人对后学的苦口婆心，殷殷期望与火热心肠。在张继先看来，内丹心性学乃道教修行的至要至秘，得道高人一般不愿泄漏个中关诀，如：休歇、任从他、尽教他、莫管他，这些东西，真正是看起来容易，做起来难。如果讲给外行听，不免会遭到嘲笑。要知山多高，除非过来人。的确，非过来人不能道此。

张继先的内丹思想同样延续了钟吕丹道对旁门左道批判的余绪。这些思想主要体现在《金丹诗四十八首》中。

金丹诗四十八首

金鼎玄珠夜半功，纷纷五彩满房中。只为日月交加合，却被龟蛇取次攻。
乍见容仪方恍惚，久看相貌即朦胧。殷勤为报阳人道，此个真空不是空。
假法人问有万般，君宜求取紫金丹。昆仑山上楼台耸，北海炉中龙虎攒。
此个药中为贵宝，将来炼就作天官。玉皇数下金玄诏，始信云衢去不难。
流俗纷纷不悟真，不知求己却求人。只贪世上无穷色，忘却人间有限身。
鼎内药成堪益寿，水中金尽化轻尘。北邙山下累累土，总是人间不了民。
不觉年年捻指过，急如催浪转长河。鼎中日月知人少，世上阴阳识者多。
尽为资财损真性，皆因女色逐流波。□□半有归泉路，忍把真元乱鬼魔。
堪笑愚人被色萦，拟将呼吸要留精。神仙清静方为道，男女腥膻本俗情。
秽浊岂堪充上品，还丹方可保长生。房中之术空传世，迷杀寰中多少人。
采阴丹法起何时，后汉刘晟亦自迷。不免轮回归复道，岂将淫欲益愚痴。
狗猪行状称为妙，神鬼阴谋不可欺。争似无为清静道，一炉金就养婴儿。
婴儿头上戴莲花，诈伪迷人乱似麻。不道修行从一鼎，却言般运有三车。
泥丸有路蒸方透，紫府无涯价莫加。为劝尘中迷路者，好寻元本莫咨嗟。
火急寻师指水金，依时用火采浮沉。九回照见如来相，一纪方开处士心。
虚驾辄翻铅易就，龙车推转汞难禁。自从饮着酝酬酒，便觉身居紫府深。
扰扰浮生一梦间，几人回首锁三关。黄婆压定分全易，白虎飞来投下难。
朱雀入炉三亩静，黑龟伏鼎一生闲。昭昭妙理余知得，只欲藏机隐旧山。

莫论仙骨莫求丹，此理玄玄有正门。迷者少能知返本，教人藉此以为根。
龟蛇大小宜频给，日月精华且总吞。只自明师分剖后，难为荒野作丘坟。
神仙妙用最难窥，学道多因欲道迷。向此若能明水火，这回方得识東西。
真铅莫把凡铅杂，真妇休将世妇齐。离坎自交身自泰，恁时方见是夫妻。
黄芽至宝莫轻论，白雪通玄敢谩言。不是野人藏秘诀，大都仙药俗难吞。
浮沉卯酉玄分路，变化龟蛇别有门。万万学徒无一二，浪称道友满乾坤。
存神认取本来身，此理幽玄可学人。无漏实成除有漏，迷津才出是通津。
浮生难保千年寿，仙世轻翻万劫春。堪叹茫茫迷路者，甘将神作北邙尘。
学佛回心又学仙，两头扪摸不能专。大都错路生迷惑，便见迷途易变迁。
得事只烹身上药，痴心莫望火中莲。但能求己兼求命，休说三千与大千。
炁龙津虎不难分，下手须从神定门。白雪炼多齐日月，黄芽服久出乾坤。
四神鼎内堪逃死，五色浆中可返魂。世上蜉蝣能几许，莫将财色败元根。
急认浮沉水内金，若能烹炼鬼神钦。四神守卫神炉固，九转工夫转色深。
龙虎翻施双入路，龟蛇腾焰两边侵。但知五色纷纷起，满室荧煌可照心。
周天火候诳凡人，胎息萦为亦未真。紫府聚金龙火种，昆丘走玉虎泉新。
三莲折处分神力，一子生时出俗尘。为报忙忙求事者，真铅真汞不离真。
昆仑宫里紫金丹，不是仙材不可观。有分得餐延寿命，自然无恋免饥寒。
虎龙铅汞庚辛鼎，大小龟蛇太乙坛。烹炼一丸飞五彩，上天消息不为难。
劳生扰扰去知梭，火急修真逐鬼魔。好把浮沉翻北海，莫将梦幻恋南柯。
甲庚鼎内金非少，卯酉坛中土亦多。只自荧煌光一室，斋心服了脱微疴。
贪着浮名浮利身，不思光景走频频。只贪眼下红颜好，不觉头中白发新。
药鼎坚牢延寿命，情思放恣损天真。劝君求取金丹诀，养个婴儿脱俗尘。
瞥然光景几时休，出入轮回去复收。只为贪痴缘底事，不思清静学真修。
虎龙便是升天驾，铅汞元为出世舟。多少神仙哀俗辈，故留丹诀救凡流。
乘龙驾鹤不须惊，此是金丹一粒灵。五色云龙腾海底，九回风虎到天庭。
琼花合处看壬癸，紫府交时藉丙丁。此理要明非下士，除非名是少微星。
劳生扰扰疾如风，急杀三彭及五虫。不使狐狸侵药灶，须教龙虎守真空。
鼎中宝物时添火，腹内婴儿貌转丰。善女善男寻此语，莫贪花酒堕迷中。
大都奇怪惑人探，一见邪淫便动心。只是攲倾身内宝，何能坚固水中金。
天堂有路无人到，地狱无门众却寻。寄语世间男女道，收踪火宅隐山林。

阿尔多淫上帝慎，罚为狐兽尾随身。只言五百年方变，岂谓三千日化神。
雷火不知何处用，犬牙同此作教亲。冤魔眷属狐狸肖，变化妖容惑几人。
刘晨阮肇事多非，今日凭君子细推。谩使仙宫由色欲，却将紫府贮奸欺。
洞中清净难容杂，穴裹幽冥易变奇。大是世人迷不悟，几人丧命为狐狸。
子真坛下紫微边，深夜风光俗好传。不道求铅堪益寿，却言药物可延年。
仙丹未必离身内，人意何须立户前。或是山精迷弄汝，故将杂色等闲看。
真铅真汞最堪凭，此理昭昭却少行。白虎鼎中成玉液，螣蛇宫里养金精。
坎男离女分三位，日月東西合一程。若向此中寻得路，婴儿相貌自然成。
金丹换骨不相欺，大抵凡流性易迷。若使赤蛇腾海北，自然玉兔走天西。
栽莲使者行真水，种火龙王启大蹊。好向此中寻捣炼，飞腾只在一刀圭。
幸得修真趣理深，勤勤烹炼水中金。若知紫府莲堪种，始信昆仑路可寻。
日月合来光上下，白青交后彩浮沉。自从得此真消息，荣辱人间惣不侵。
少年何事学诗书，争似求真保玉壶。更不劳神游赤水，只知存性养玄珠。
鼎中日月何人有，炉内丹砂世所无。人笑此中多寂寞，此中寂寞与人殊。
既悟今生与后生，何须苦苦强谈禅。华池水号升天药，金鼎莲为出世茎。
下乎始知探妙妙，功成方见理玄玄。自从一得明师指，始信云车出俗廛。
三情门户出无猜，自是凡夫不肯来。月魄日魂为道路，虎泉蛇火作梯媒。
三田勤固元精种，一鼎坚牢后却开。无质自然生有质，真胎能解结灵胎。
绛桥行气总为非，自是凡夫着相迷。北海鼎炉分造化，南暝宫殿合天倪。
虚无只就还丹力，恍惚身成妙道齐。若向浮生能见得，浮生只可比醯鸡。
尘寰道友万千人，几个虚名几个真。不悟汞铅为至宝，却将炉灶学烧银。
内中采药方端的，外裹求丹谩苦辛。何况迷途有迷者，不为自误误他人。
九真山下有华池，此水延年世不知。金橘生成光色透，弹丸小大彩霞飞。
送归北海深藏密，般上南俱事怪奇。只候此中功力就，黄云片片拥婴儿。
九真山上接楼台，日月浮生紫气堆。北海下生金芍药，南俱宫产玉玫瑰。
三清门户三田奥，九转工夫九辙回。当此炼成无价宝，从教人笑我痴騃。
扰扰寻师苦苦忙，但求神水是仙乡。荧煌一鼎镕金汁，灿烂三田湛玉浆。
夜半只知真火烷，房中不觉彩霞光。超凡一粒真堪重，始信蓬莱去路长。
鼎中大药世难知，日月双投姤不迷。未必妙光方火枣，始思玄理号交梨。
溶溶朱粉飞云远，湛湛神辉满室齐。一纪烹煎才得了，便乘鸾辂上天梯。

隐迹人间数十年，不令众觉种丹田。五行聚会生俄尔，一颗圆明出自然。
湛湛神炉开白雪，依依铅鼎泻红莲。近来不觉浮名起，多被人来叩妙玄。
金丹饵了骨毛轻，便觉蓬莱去有程。澄湛药炉分玉粉，凄凉气海彻三清。
昆仑宫殿年年耸，紫府楼台日日成。只此便乘云鹤驾，笑人笑我学长生。
学道多多少悟真，真成便见自家身。三田有路纵横去，万类无缘变换因。
土内养金金色重，鼎中进火火功新。若于财色全无动，便是蓬莱洞裹人。
忍辱多多日苦辛，闭门又被鬼偷精。不知牢锁丹田固，争奈魂狂紫府倾。
阳气旋衰难保寿，阴邪浸长易消兵。劝君火急寻师去，莫为冤魔破道情。
只见神炉当子夜，岂知火力散阴邪。忽于金鼎凝寒玉，倏尔真身现彩霞。
沆瀣露中分白雪，华池水内养黄芽。此中便见真消息，莫浪驱驰觅鹿车。
人有金丹可返魂，常流迷道不知吞。朱禽若启岩前地，白鹿须投海底门。
欲得必先调气马，由来宜急锁心猿。善男善女寻真诀，莫把形容化土坟。
静坐焚香念念中，念中须见已形容。生成本籍铅中汞，变化端由火裹龙。
二八莫辞频采造，一三还用苦交冲。此中有路通天去，可把尘踪继赤松。
莫嫌野客漏机微，要接仁人至上蹊。悟者便从言下悟，迷途终是意中迷。
甲庚一判龙归左，卯酉双投虎在西。若见玄玄玄裹事，不离真个是夫妻。
我身我命与天齐，只得金丹便出迷。灵质长来居玉殿，圣胎生就步云梯。
蜉蝣世界何须恋，蟏蛸衣裳不必携。烹炼虽然劳日月，出尘宜假一刀圭。

钟吕丹道思想在钟吕传道集、灵宝毕法中均有详尽的阐释，钟吕丹道的一个突出的特点就在于对历来道教修炼中旁门左道的批判与破斥。如《钟吕传道集》中就批驳了各种旁门小法：

吕曰："大道难知、难行之理如何？"

钟曰："以旁门小法，易为见功，而欲流多得。互相传授，至死不悟，遂成风俗，而败坏大道。有斋戒者、有休粮者、有采气者、有漱咽者、有离妻者、有断味者、有禅定者、有不语者、有存想者、有采阴者、有服气者、有持净者、有息心者、有绝累者、有开顶者、有缩龟者、有绝迹者、有看读者、有烧炼者、有定息者、有导引者、有吐纳者、有采补者、有布施者、有供养者、有救济者、有入山者、有识性者、有不动者、有受持者，……旁门小法不可备陈。至如采日月之华，天地之气，心思意想、望结丹砂，屈体劳形，欲求超脱，多入少出，攻病可也。认为真胎息，绝念忘言，养性可也，指作太一含真气，金枪不倒，黄河逆流，养命之下法；形如槁木，心若死灰，集神之小术。奈何古今奉道之士，苦苦留心，往往挂意。以咽津为药，如何得造化？聚气为丹，如何得停留？指肝为龙，而肺为虎，如何得交合？认坎为铅，而离为汞，如何得抽添？四时浇灌，望长黄芽。一意不散，欲求大药。差年错月，废日乱时。不识五行根蒂，安知三才造化？寻枝摘叶，迷惑后人。致使大道日远、日疏，异端并起，而成风俗，以失先师之本意者，良由道听途说，口耳之学。而指诀于无知之徒，递相训式，节序而入于泉下，令人寒心。非不欲开陈大道，盖世人孽重福薄，不信天机，重财轻命，愿为鬼。”

张继先的《金丹诗四十八首》同样继承了钟吕丹道所惯用的先破后立的路数。张继先的破，同样批驳了修道中的旁门左道。不仅如此，张继先批判的锋芒还指向了天师承续已久的双修术。双修术在天师道的传统中被称为“黄赤之道”，在上清派中则被称为“隐书之道”，是道门中一种极为隐秘的修道方法。该种修道方法以阴阳学说，天人相副，以及天文中黄道赤道相交的学说为理论根据，以男女相交来法天象地来模拟宇宙的运行规律，从而达到得道的目的。然而，这种修行方法在具体的实践中，流弊甚多，被各种不法小人利用，因而受到教门内外的各界人士的严厉批判。批判双修术进而演变成道门中人重塑形象的一种重要手段和资源。聪慧如张继先天师同样不能免俗。他深知矫枉必须过正，重症须用猛药，因而他对双修术的批判同样是毫不留情的。张继先在《金丹诗四十八首》中对于“采阴丹法”、“房中之术”进行了猛烈的抨击：“堪笑愚人被色萦，拟将呼吸要留精。神仙清静方为道，男女腥膻本俗情。秽浊岂堪充上品，还丹方可保长生。房中之术空传世，迷杀寰中多少人。采阴丹法起何时，后汉刘晟亦自迷。不免轮回归复道，岂将淫欲益愚痴。狗猪行状称为妙，神鬼阴谋不可欺。争似无为清静道，一炉金就养婴儿。”在措辞上采用“猪狗行状”、“男女腥膻”和“淫欲”这样极为严厉的词语，认为丹道修炼的关键是清静无为，而那些“诈伪迷人”却打着修道的旗号，行着淫欲的实质，真是可悲可叹！

道教的修炼发展到宋代仍有不少人痴迷于外丹烧炼，张继先对外丹术亦进行了批判：“尘寰道友万千人，几个虚名几个真。不悟铅汞为至宝，却将炉灶学烧银。内中采药方端的，外里求丹漫苦辛。何况迷途有迷者，不为自误误他人。”内丹家对以往的丹经进行了革命性的解释，认为丹经中所谓的“铅汞”，并非大家熟知的金属物质，而是人身中的药物，铅汞为内药。因此，通过外在的“烧银”去求丹已经大谬。那么铅汞是什么呢？马珏认为：“夫修炼之要，不离神气。神气是性命；性命是龙虎；龙虎铅汞是水火；水火是婴姹；婴姹是真阴真阳；真阴真阳即是神气。种种名相皆不可著，止是神气二字而已。”在清修家理论体系中，铅汞就是神气，而不是物质世界中可触可感的两种物质。内丹家们认为外丹修炼向外求索乃犯了方向性的错误，就好比是南辕北辙，只能是愈错愈远。

此外，钟吕内丹学说认为，逆炼归元须先识取人身所藏的“真铅汞”，也就是真阴真阳。因此，钟吕内丹各门派皆强调“取坎填离”之术。在外行看来，“取坎填离”的术语相当隐晦难懂。所谓“坎离”，乃是《周易》中的坎离两卦，是由乾坤两卦中间一爻互换位置而成。炼丹家认为，人成胎儿后，即由先天八卦的乾坤相对变为后天八卦的坎离相对，则形成火上水下的未济局面，如若经过修炼，则能返还本原的先天八卦图形，使水上火下，坎离既济，使心肾之气相交。从五行学说的角度来看：心属火，为上行，肾属水，为下行，练功之际要求心火下降，肾水上升，互为补益。从卦相看，坎水离火，即坎为水，卦相上下为阴，中间一阳，要从两阴一阳炼为纯阴，即坤卦；离为火，卦相上下为阳，中间一阴，由两阳一阴炼为纯阳，成为乾卦。这种炼实为虚，炼虚为实的修行方法，就是颠倒坎离，取坎而填离位。紫阳真人《金丹四百字》第一句即是“真土擒真铅，真铅制真汞。铅汞归真土，身心寂不动”。彭好古的注解说：人之初生，天一生坎水为肾，肾水沉重像铅，肾生气，气中一点真一之精，是为真铅；地二生离火为心，心火飞扬像汞，心生液，液中一点正阳之气，是为真汞。坎中有戊土，离中有己土，水本阴，而阴中有真阳；火本阳，而阳中有真阴，是为真土。阴交于阳，阳交于阴，全凭真土。

张继先的《金丹诗》也不例外，诗中不少地方集中论述了“取坎填离”以及“真铅真汞”的重要性。如“坎男离女分三位，日月东西合一程”、“鼎中宝物时添火，腹内婴儿貌转丰”、“三田勤固元精种，一鼎坚牢后却开”。除此之外，张继先反复提到真铅、真汞。所谓的“真铅真汞”就是取坎填离的另一种说法。坎卦中的阳爻，是阴中之阳，是真阳，也就是真铅；离卦中的阴爻，是阳中之阴，是真阴，也就是真汞。取坎填离就是把坎卦中的阳爻和离卦中的阴爻互换，两卦则变为乾卦和坤卦，由后天转先天，由坎离相对转为乾坤相对，即道德经所谓的反者道之动。丹经所谓的顺生人，逆则仙，只在中间颠倒颠。《悟真篇》也讲“取将坎内中心实，化点离宫腹里阴；从此变成乾健体，潜藏飞跃总由心”。难怪张继先说：“真铅莫把凡铅杂，真妇休将世妇齐”、“为报忙忙求事者，真铅真汞不离真”、“真铅真汞最堪凭，此理昭昭却少行”等等。

在张继先的金丹诗中，特别提到“水中金”和“白青相交”。“幸得修真趣理深，勤勤烹炼水中金。若知紫府莲堪种，始信昆仑路可寻。日月合来光上下，白青交后彩浮沉。自从得此真消息，荣辱人间物不侵。”“水中金”是丹家所谓的“真铅”，按照五行生克的常理，金生水，而丹家修炼要逆转造化，所以丹家所谓的“铅”，又叫“水中金”，这“铅”乃是“水”返还而生的“金”，也即是紫阳真人所谓的“儿产母”。《悟真篇》称：

震龙汞出自离乡，兑虎金生在北方。二物总因儿产母，五行全要入中央。

这里的二物是指“真铅”（水中金）和“真汞”（火中木），都是“儿产母”。常道金能生水，水为金子，金为母。丹道逆修，水反能生金，水为母，金为子，故曰：“儿产母。”此外，张继先所谓的“青白相交”，即是真铅真汞相交，《悟真篇》称之为“圣胎”：

黑中有白曰丹母，雌里藏雄是圣胎。太乙在炉应慎守，三田宝聚应三台。

“黑中有白”卦相为坎，先天坎水即真一之炁，即真铅，为大丹之母。“雄里藏雌”卦相为离，即真汞，真铅真汞相交为圣胎。由此可见张继先对丹道修行中真铅真汞，以及逆修返本的重视。

张继先除了在内丹方面有着极深的造诣之外，同时也是雷法一代宗师，他开创了正一雷法。张继先雷法思想主要体现在《明真破妄章颂》中。

一、张继先雷法的天师世家源头

（一）张道陵与吁天事帝之科

根据《道法会元》的记载，天师世家早期的法术体系已经跟后世的雷法有着千丝万缕的联系。天师一系的符箓科仪法术，被称为“吁天事帝之科”，这一法术体系在道门中被认为是太上老君创造，祖天师张道陵发扬光大，后经由历代天师和道教理论家的逐渐完善，符箓派的法术广为流行并被人们所接受。事实上，“吁天事帝之科”或“事天请祷之事”在中国古代由于受儒家思想的规制，在很多人看来这是天子诸侯的领地，所谓“天子祭天地，诸侯祭山川”，普通百姓根本没有资格涉足，如果有人干冒天下之大不韪，涉足“事天请祷之事”，要么被视为荒诞不经，要么被视为“淫祀”，将会受到政府的无情打压。应该说，天师道所提倡和实践的“事天请祷之事”，某种程度上与儒家思想为代表的精英文化的传统相制衡，使得中国文化之流成为活水源流，源远流长。

在早期的“吁天事帝之科”之中已经蕴藏着雷法理论的胚芽。确切说这一理论胚芽就是“感通之理”——天人感应论。按照天人感应的理论，人体是一小宇宙，跟外在的大宇宙同形、同构、同律，皆为道所生，为炁所化，因此也就具有相通相感的可能性。“吁天事帝之科”要通达天听，就必须排除各种妄念和杂念，以纯净无染的状态来感通外在的宇宙。可以说，天人感应论恰恰是道教雷法修炼思想的非常核心的理论基础之一。雷法修炼思想认为人体内的一己之炁是跟天地之炁相互感应的，人如果能控制自己体内的一己之炁，就能把握雷机，招致雷电。“天罡，心也。以心运诸炁，动阳则阳报，动阴则阴报，运转五行，常朝上帝，斡旋造化，颠倒阴阳，随机而应。……七曜者，在天北斗也，在人为眼耳鼻口七窍。若能关闭七窍，则七曜光芒交射，气迸浑身，汗出头脑之上，亦汉炁如云，始合造化。”[①]对此，虚靖天师张继先有诗云：“元神只捧一封书，一道寒光射太虚。径达玉京金阙去，玄恩星火下天衢。”认为有心感神，神反不应；无心之感，其应如响，若天人合德，则此感彼应。这种天人感应的理论甚至被进一步细化到人体内的器官，认为人体内的器官也会跟天上的天象相感应。如神霄派高道王文卿说道：“当于呼吸上运功夫静定，上验报应。云之出也，其气蒸；雨之至也，其溺急；雨之未至也，其气炎而膀胱之气急；电之动也，其目痒，眼光忽然闪烁；雷之动也，三田沥沥而响，五脏倏忽而鸣。行持之士又当急心火以激之，涌动肾水以冲之，先闭五户，内验五行，此其诀也。”[②]这种以人身模拟天地、认为人身为一小天地，跟身外的大宇宙相感相应的思想，一直为道教代代相传的理论内核。雷法理论认为雷霆是天地之枢机，因此雷法修炼就是要通过一己之修

① 《道藏》第 28 册第 234 页。

② 《冲虚通妙侍宸先生家语》，见《道藏》第 32 册第 392 页。

炼从而把握天地之枢机，召神出吏，发为雷霆。

（二）张道陵与各派雷法

无论是依托也好，借重名人也好，还是事实也罢，总之，各派雷法的经籍无不坚称祖天师张道陵为该派雷法的祖师。首先，清微派就认为祖天师张道陵是该派的祖师之一。如《道法会元》卷之二《清微应运》中认为清微元始天王，灵宝西那国王，道德老子，正一祖天师，乃是三派始祖。而介绍清微派渊源、传系、先师事迹的宗谱《清微仙谱》的《正一渊源》，则专门列出了“三天圣师泰玄上相正一真君张道陵”，嗣师太清真人侍中张衡，以及系师太清真人阆中侯张鲁。除此之外，祖天师张道陵还是各种具体的雷法中的“主法”。所谓“主法”，就是“法主”，就是“法”的主体，也就是“道”；而“道”亦是“先天一气”，因而唯有地位崇高之尊神才能充任。在具体的雷法实施的过程中，法师以“主法”统帅“将班”并发号施令，乃是一套雷法中的关键和灵魂。如《道法会元》卷七的“上清洞明协神五应大法”就是以张道陵（祖师正一老祖天师真君）、魏华存（高元宸照法王紫虚元君）和祖舒（清微元上侍宸保仙元君）为主法；“清微灌斗五雷大法”则以张道陵（祖师三天扶教大法天师正一冲玄神化静应显佑真君）、魏华存（祖师清微金阙上保高元宸照法王清真紫虚元君）和祖舒（宗师清微元上侍宸金阙昭凝妙道保仙元君）为师派；在“紫极玄枢奏告大法”中，则有祖天师张道陵的信香符。

其次，神霄派同样认为他们的道法传承自祖天师张道陵。据《历世真仙体道通鉴》的记载，神霄派高道林灵素的道法也传承自祖天师张道陵的高徒赵升。据载，林灵素三十岁左右，在洛阳遇到一位姓赵的道人，交游数载后，一日道人突然死去，林灵素安葬了赵道人后，发现“有书三册，细字如珠，间有天篆，人莫能识。分为十九篇，盛以绛纱，题云：‘付与林某。’册上题曰：《神霄天坛玉书》。皆有神仙变化法言，兴云致雨符咒，驱遣下鬼，役使万灵”。令人吃惊的是，第二年，林灵素在岳阳酒店，碰见了死而复活的赵道人。此时，赵道人才告诉他真相，说：“予乃汉天师弟子赵升也。向者所授五雷玉书，谨而行之，不可轻泄。即日为神霄教主雷霆大判官、东华帝君有难，力当救之。”[①]同时，赵与时撰《林灵素传》亦称，林灵素之五雷法，为赵升所传授。

① 《历世真仙体道通鉴》卷五十三。

此外，林灵素向宋徽宗谈及祖天师张道陵有雷书和雷印之事。他说："'昔汉天师有《神霄雷书》二十卷，并天部霆司八角雷印六颗。至第八代天师，藏十卷，并六印文，并晋火痕印文。国初，张守真遇翊圣真君传赐五卷。'帝欲得《雷书金经》全足，收入《道藏》，求访不得。先生静夜飞神，从玉华天尊奏告上帝，乞赐观看雷文，并霆司等印。帝遣六丁玉女，以印授之，一天坛玉印，一神霄嗣教宗师印，一都管雷公印，一天部霆司印。皆坚如铁石，非金非玉。及以《雷书》五卷，赐灵素看。先生拜谢，怀印而还。省，录《雷书》进奏，遂得全集。"[①]显然，这些都说明神霄派雷法跟天师道传统有着极为密切的关系。

张雨《玄品录》中称高道留用光的雷法为祖天师张道陵亲自传授。

留用光，信州贵溪人。貌奇古而黔，既壮无所闻。往游南岳，至抚州临川县，路逢一道人，自言是张辅元，与用光偕行。用光行为张负，止为张炊。次长沙，张谓曰：子事吾勤亦至矣，向吾慢子，观子之变，子益加敬吾。今入蜀，有一篇授子，子其秘之。遂去，启视乃《五雷书》。庆元间衢州旱，郡守沈作砺夜梦黑龙蟠于城隍庙门，旦视之，乃用光醉卧也。即延命祷雨而雨，郡上其事，复祷雨于朝亦雨。用光年几四十，未得度为道士，至是即御前赐冠服，赐号冲靖先生。宁宗为出内帑钱，撤上清官新而大之。理宗立复召，用光谓使者曰：归奏天子治天下者，道德五千言足矣，山林野人来将奚益。竟解化龙虎山中。向之所遇张辅元，或谓为汉天师也。

还有，天心派亦不例外。北宋天心派道士元妙宗编撰的《太上助国救民总真秘要》中认为天心正法是"正一之宗"，出自张天师正一道：

臣闻天心之法，北极中斗之法也。北极者，天之中极，万象之所会。北斗者，天之中斗，万炁之所禀。故为天之心，则其法本之于此也，同出于正一之宗，为劾治之枢辖。自昔饶君夙著阴功，简在天意，神付真箓，嗣系递传其法，遂明之于世。[②]

---

① 《历世真仙体道通鉴》卷五十三。

② 《太上助国救民总真秘要》卷一，《上清北极天心正法序并驱邪院请治行用格》。

南宋金允中《上清灵宝大法》卷四十三同样认为天心雷法就是出自天师道正一宗："自汉天师宏正一之宗，而天心正法出矣。当其受印剑于玉局，荡妖邪与宸区，法之济时，厥勋盛矣。"

另外，值得注意的是，唐五代《北梦琐言》记载了"雷公箓"一事，该文声称该箓是传自天师世家：

巴蜀间，于高山顶或洁地，建天公坛。祈水旱。盖开元中上帝所降仪法，以示人也。其坛或羊牛所犯，及预斋者饮酒食肉，多为震死。新繁人王荛，因往别业，村民烹豚待之。有一自天公斋回，乃即席食肉。王谓曰："尔不惧雷霆耶？"曰："我与雷为兄弟，何惧之有？"王异之，乃诘其所谓。曰："我受雷公箓，与雷同职。"因取其箓验之，果如其说。仍有数卷，或画壮夫，以拳扠地为井，号拳扠井。或画一士负薪柹，号一谷柴。或以七手撮山箕之，号七山箕。江陵东村李道士舍，亦有此箓。或云，三洞法箕外，有一百二法，为天师子嗣师所禁。唯许救物，苟邪用，必上帝考责阴诛也。[①]

（三）张道陵与雷部神将赵公明

从祖天师张道陵跟赵公明的关系，同样可以看出天师道与雷法有着千丝万缕的关系。赵公明乃雷部神将的重要成员，终南山人，秦时避乱终南山，精修得道，被天帝封为神霄副元帅，人称赵公元帅，能驱雷役电，去病禳灾。据《道法会元》的记载，当初祖天师张道陵在鹤鸣山修炼大丹时，赵公明实际上是张道陵的护法，奉命守护丹炉，被封为正一玄坛元帅。这里所谓的正一的"正"是指万邪不干之义，"一"则为纯一不二之义。因赵公明黑面浓须，头戴铁冠，手执铁鞭，坐骑黑虎，故人们又称为"黑虎玄坛"，或"赵玄坛"。祖天师成仙飞升之后，赵公明一直镇守龙虎山。赵公明部下有八员猛将，以应八卦。有六毒大使，以应天煞、地煞、年煞、月煞、日煞、时煞。有五方雷神、五方神兵，以应五行。有二十八将，以应二十八宿。有天合、地合二将，以象征天门地户之阖辟。有水火二营将，以象征春生秋煞之往来变化。此外，由于赵公明神通广大，非常灵验，故上天对他多有加封，号为"高上神雷玉府大都督"、"五方之巡察使"、"九州社令都大提点"、"直殿大将军"等。可见，赵公明拥有策役三界，巡察五方，提点九州的

① 《太平广记》卷第二百九十五，"天公坛"，中华书局，第 3157 页。

巨大权力。

《道法会元》卷之二百三十二《正一玄坛赵元帅秘法》，对赵公明的广大神通有非常生动的描述：

金轮都总管，龙虎赵将军。神霄急捉将，降伏驱万神。上穹承帝命，下界察凡情。铁索轰天响，铁鞭震地鸣。乘龙游海岳，驾虎遍乾坤。左有元达将，右有仕季神。前有元伯使，后有文业君。八极八王将，四方四集兵。堂堂持法力，赫赫显神灵。①

微妙真空，神霄赵公。驱雷掣电，走火行风。何神不伏。何鬼敢冲。神虎一啖，万鬼灭踪。吾今敕召，速出绛宫。②

神霄副元帅，正一赵公明。金鞭耀星影，铁索镇山鸣。将吏随左右，黑虎现威灵。吾奉帝命召，分明速现形。急急准老祖天师六合无穷高明大帝律令。

以下则是生动描述祖天师跟赵公明的关系，赵元帅听命于祖天师张道陵，广行法术，普救众生。

玄坛誓咒：

公明公明，显迹青城。太上敕下，天师令行。师若负我，日月无精。我若负师，雷霆灭形。与师立誓，普救群生。天神地祇，人鬼咸听。急急如玄坛口誓律令。③

仰启龙虎玄坛将，金轮元帅赵将军。三十六员大神王，天伤五雷无量兵。
移山拔树惊宇宙，驱雷掣电耀乾坤。飞符破庙搜邪鬼，急捉速缚妖魔精。
腾魂附体传事意，持鞭执索惊鬼神。捉贼呈形散冢讼，赏善罚恶禁谗言。
人有万病治即痊，叩求发愿随心应。八王猛将当先锋，四方大力如云拥。
天师有旨速尊依，发兵布阵列旌旗。听吾命令即报应，功成果满升天墀。
急急如正一老祖天师真君律令。④

① 《道法会元》卷之二百三十二，正一玄坛赵元帅秘法，赵元帅录。

② 《道法会元》卷之二百三十二，正一玄坛赵元帅秘法，赵元帅录。

③ 同上。

④ 《道法会元》卷之二百四十“正一玄坛元帅六阴草野舞袖雷法”。

(四)张道陵与雷函天书

所谓“雷函”,实际上就是天书云篆的另一种形式,不同于世俗之人所书之文字。雷函天书不是任何时候都会显现,一般是在发生雷击之后才会出现。在道教看来,发生雷击时,不管击中宫观、寺院、房屋,树木、器皿,还是击中人类以及动物,都是偶然的事件,而是这些宫观、寺院、房屋有妖孽凭附,或者树木、器皿下有毒虫隐藏,或者人或动物不忠不孝,恶贯满盈,才会招致雷击。雷击之后,这些雷函天书或出现于锅底,或现于屋壁,或者现于被击中人或动物的身体。对这些雷函天书,普通人是无法识别的,唯有那些博识洽闻之士或高道才能辨认。认得这些雷函天书,对后期的禳谢醮祭具有重大意义。一般来说,雷击之后,如果找不到雷击的真正原因,还会有持续的灾祸发生。因此,雷击之后,一定要请高功法师辨认雷函天书,及时加以禳解,就可以避免后续的灾祸。

据《历代真仙体道通鉴》的记载,林灵素认为祖天师张道陵有《神霄雷书》二十卷,到第八代天师张迥还藏有十卷雷书,到第三十二代天师张守真传给翊圣真君五卷雷书。后来,林灵素则将四枚雷印和他所获得的《雷书》献给了徽宗,并录入了宋代编纂的《道藏》。

《道法会元》卷七十三和卷七十四,专门论述了“天书雷篆”,其中收录了祖天师张道陵搜集的雷函天书(出汉天师雷函),虽然不清楚该雷书是否是林灵素献给徽宗雷书五卷中的一卷,但这也是天师道跟雷法有着密切联系的佐证。祖天师张道陵的《雷函天书》如下:

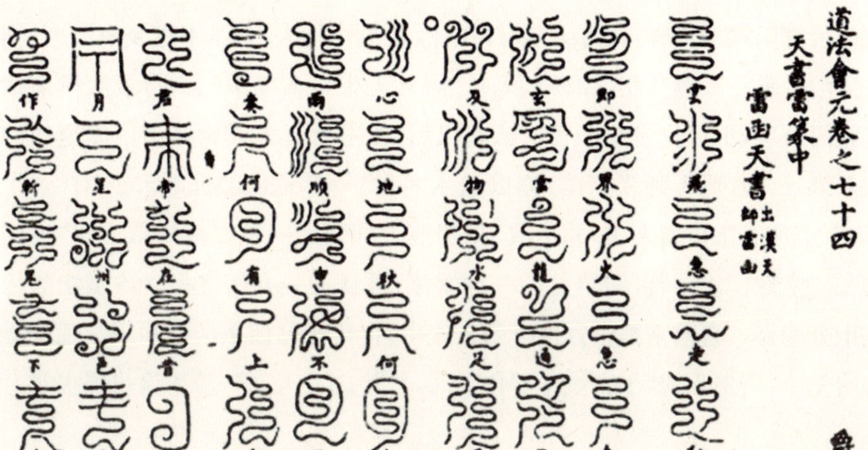

云飞急走动，即界火急合。
玄雷龙通雨，及物水足民。
心地秋何有，雨顺申不思。
奏何有上无，君帝在昔日。
月星州邑灾，作斩鬼下急。
百怪择物洪，精急敕艳谢。
仙火急今奉，天帝敕急急。
不孝父母火，天今起宿行，
债未还火急。

（五）后世天师使用雷法情况

除了上述提到的祖天师张道陵跟雷法的千丝万缕的联系之外，后世天师则以第三十代天师张继先为精通并传习雷法的最为显赫的天师。此后，第三十二代天师张守真亦以雷法著称，据《天师世家》记载，乾道六年（1170），在毗陵（即今天江苏常州一带），有一棵老树出现妖异，给当地百姓生活造成极大的危害，皇上令张守真天师，前往治妖，张守真天师抵达之后，即运用雷法，一时雷霆轰鸣，将该树击毁，妖异随之消失。皇上特召张守真天师赴京城，赐号"正应先生"。第三十四代天师张庆先，于南宋嘉泰辛酉（1201）袭教，性慈俭周贫，道法精湛，并留下了劾治张公洞井龙王的故事。第三十五代天师张可大，十二岁即承袭天师位，天师道在张可大的手里得到发扬光大。张可大天师曾多次奉诏赴京城进行斋醮之事，后来，奉命以雷法劾治鄱阳湖水灾、钱塘江潮患。据记载，在劾治鄱阳湖水怪时，张可大"以符投江，雷震殛死大白蛇，水遂复故"。并用雷法禳治蝗灾。嘉熙三年（1239），赐号"观妙先生"，命提举三山符箓兼御前诸宫观数门公事，主领杭州龙朔宫。从此以后，正一派正式成为江南诸派道教的统领。第三十六代天师张宗演，亦以道术名世。据《道法会元》卷之一百一十一《帝令宝珠五雷祈祷大法》的记载，张宗演天师精通一种秘传的雷法叫"宝珠雷法"。"宝珠雷法"乃世间罕见的一种雷法，被认为是众法之祖。该雷法的传承也十分隐秘，"自前宋枢密宣使李闲云先生，得传于驾前承应法师集贤院学士朱梅靖先生，后朱入蜀，于青城山羽化之时，止传之三人。一乃新淦州郭提举。二乃三十六代天师张真人，三乃闲云李先生也。”[1]第三十八代天师张与材，于大德二年(1298)，因浙江海宁郡海潮为患，奉诏于杭州佑圣观建醮，张与材天师运用雷法，投铁符于河，于是雷电大作，将水妖击毙，潮患立止。第三十九代天师张嗣成，亦精于雷法，不仅治潮水，还为百姓祈雪、求雨、祈晴，无所不能。第四十三代天师张宇初，亦精通雷法，善于祷雨。第四十四代天师张宇清，书铁符治浙江潮患。第四十六代天师张元吉，于朝天宫建祈晴醮，檄召雷神时，有一只蓝爪红翅的巨鹰，挟大风呼啸而至，抓檄文奋力飞上云霄，众人为之震惊，足见张元吉天师道法高强。乙亥春，皇上于文华殿召见张元吉天师，问诸雷秘法，命作符，大悦曰：“神明之胄，代不乏人，可谓善继矣。”第四十八代天师张彦頨，于牛首山后湖各有妖，奉召前往除妖，张彦頨天师使用雷法磔死一妖，皇上大悦。由此可见，天师世家从张道陵始，与雷法有着极为密切的关系，自第三十代天师张继先以降，精通雷法者更是代不乏人。

二、张继先与雷法理论

正是张继先在道法理论上的创造性阐述，一举奠定了雷法理论的基础，使得宋元各派雷法走向成熟，千姿百态，蔚为大观。

此外，张继先《明真破妄章颂》被认为系统地阐述了神霄雷法的理论，全文如下：

道生天地

混沌未分先有道，道无形色亦无情。自然化育生天地，天道轻清地道宁。

天地生人

道生天地始无名，分判阴阳立五行。人位其中灵万物，人从天地道生成。

人禀阴阳

三才天地人同炁，人禀先天一炁灵。一炁具身名曰道，感通天地及神明。

一炁生三

一真真外更无真，祖炁通灵具此身。道一生三生妙用，元精元气与元神。

---

[1] 《道法会元》卷之一百一十一，“帝令宝珠五雷祈祷大法”，序法。

人身三宝

元精元气与元神，三者无形亦有形。运用得传真可见，光明无极是分明。

一炁相关

雷乃先天炁化成，诸天仙圣总同真。我身一炁相关召，同祖同宗贴骨亲。

以心合神

真心动处是雷机，神合神兮妙更奇。只此更无差别处，如磁吸铁不相违。

法即是心

此心心外元无法，咒诀符图少合真。心真将何为妙用，灵光一点运元神。

神可通天

元神直捧一封书，一道寒光射太虚。径达玉京金阙去，玄恩星火下天衢。

呼天叱咤

叱咤望空将令打，不识元神召使者。天高星远岂能闻，从便之乎并也者。

金光召雷

金光灼灼照雷城，百万雷兵禀令行。不用符图并咒诀，旱天能雨雨能晴。

妄想行持

不悟阴阳阖辟机，想存作用总成痴。雷符烧尽千千道，雨泽何曾一点施。

真念降魔

降魔何处是工夫，中有元神静定居。慧剑挥时神鬼伏，便教祸害自然除。

心妄鬼欺

妄念纷纷且失真，符图咒诀费精神。鬼神一见嘻嘻笑，打石抛砖更害人。

神炁阳晶

先天祖炁至阳晶，炼尽阴魂一性灵。九转玄功成顷刻，阴阳交姤结胎婴。

辨真阴阳

真阴真阳既不识，水可浴兮火可炙。灵光一点不分明，受度亡魂有何益。

南昌非心

玄关一窍有阴阳，心肾元非水火乡。寄语炼师高着眼，莫将心府作南昌。

普度有法

普度工夫又不同，金光灼灼照罗酆。黍珠一颗空悬处，太极还归无极中。

取炁不同

昧却自家元气主，妄想天罡对空取。恰似骑牛去觅牛，此等之人何足语。

不识元神

召将先轰令一声，令声惊起我元神。缘何不见元神面，只为时人昧本真。

印须心印

心印相传付有缘，今人印木不知玄。祖师心印相同处，颗颗光明彻九天。

灵光一点

书符道妙起工夫，委聚毫端篆作符。着相想存行咒诀，将来只是墨和朱。

先天字号

号头用处须天篆，元是皇人按笔书。仓颉后天尘世字，用之总是惑迷愚。

妄想阴阳

阴阳吞啖运符中，心肾盈亏黑与红。一个乾坤如许大，这些伎俩岂能通。

肾中一点

两肾中间一点明，痴人守此欲通灵。谁知此处皆阴气，若此阳晶隔万程。

心下元神

人言心下一包空，精气元神聚此中。何似痴人容易惑，盖缘不识主人翁。

胆非雷府

妄将藏腑作雷霆，怒气膨膨起震惊。击破琉璃瓶子后，何曾闻得有雷声。

误指雷霆

一阳生处地雷复，外肾应非雷所居。秽浊圣贤难忏悔，将来必定被雷诛。

不辨真阳

心肝脾肺肾胆府，嘘呵呬嘻呼吹取。父母后天阴阳气，如何可以祈晴雨。

七事纯阴

涕唾津精气血液，七件皆阴总无益。身中只有一阴阳，江湖多少无人识。

秽气触真

有言脐下寸三分，作用金光此处存。岂识此中阴浊气，运成秽浊不堪闻。

似是而非

妄言一窍在眉心，直入三分可许深。误杀世人真可笑，如将碖石作黄金。

错认后天

脐轮后与肾相连，两处空空总后天。若问先天玄妙处，除非得遇至人传。

雷动无时

动雷有用雷霆煞，又算停星日月时。如此天机容易测，雨旸何用法来祈。

邪能惑正

几多道眼不曾明，役将祛神辄现形。只为身中无主宰，阴魂假托姓名灵。

当明真要

一员神将数家法，多是宗师撰造成。更过几年多是假，行符咒水岂能灵。

作用两全

道法难忘咒与符，必须道妙两相扶。先天玄妙工夫到，咒诀符图可有无。

道本法体

法行大道合先天，咒诀符图总是玄。至道杳然无所得，符图咒诀也徒然。

万法归一

道生于一复何疑，可以无为可有为。万法本来归一处，何分正一与清微。

造化在我

本质虽殊炁不殊，当于亲处下工夫。人身大抵同天地，造化阴阳总属吾。

兀坐顽空

无心兀兀坐多年，将谓神仙已有缘。不解龙吟并虎啸，但知空坐也徒然。

阴阳互根

顽石中空藏白玉，纵饶见得光生目。太阴元受太阳精，初八上弦圆十六。

因法生谤

本为同门共指迷，上根一览悟玄微。若将此向愚痴说，生谤生瞋总是非。

雷法是宋代以来最有影响的符箓和内丹相结合的道法体系，是对以往的道教法术体系的一次总结。雷法兴起于北宋，兴盛于南宋、金、元。张继先乃是北宋雷法之集大成者，他的雷法理论可归纳为天人感应、道体法用、内炼、外用四大特点。

天人感应：虚靖天师张继先在《明真破妄章》就蕴含了天人感应的理论，认为“人身大抵同天地”。他在“造化在我”章说：

本质虽殊炁不殊，当于亲处下功夫。
人身大抵同天地，造化阴阳总属吾。[1]

① 《中华道藏》第二十六册，第129页。

为什么天人能相互感应呢？张继先认为这是人、天地以及雷都是一炁化成的，所以人和雷才有相关相召的可能性。他在“一炁相关”章说：

雷乃先天炁化成，诸天先圣总同真。
我身一炁相关召，同祖同宗贴骨亲。①

人和雷有相关相召的可能性，但是要把这一可能性转化为现实性则要求修道者必须有一颗无染的至诚之心，唯此才能通天，才能合于雷机。张继先天师在“以心合道”讲到了这种转化：

真心动处合雷机，神合神兮妙更奇。
只此更无差别处，如磁如铁不相违。②

道体法用：如前所述，张继先在徽宗的第二次召见时的对话中，提出了“道体法用”雷法理论。据《汉天师世家》的记载，北宋崇宁四年（1105）“五月，召见赐坐，问道法同异。对曰：道本无为而无不为。体即道也，用即法也，体用一源，本无同异。若一者不立，二者强名，何同异之有？上曰：然，若有同异，便于言为三矣”。③应该说道体法用理论的提出，奠定了宋代以来的道教雷法的理论基础。张继先道法关系的论述实际上是脱胎于道教道术关系的理论，属于道教教理教义中的核心理论。

较早的有关道与术的论述可追溯到《黄帝内经素问·上古天真论》这段话：“岐伯对曰：上古之人，其知道者，法于阴阳，和于术数。食饮有节，起居有度，不妄作劳，故能形与神俱，而尽终其天年，度百岁乃去。”④这里虽然没提到“道”，不过“法于阴阳”中的“阴阳”大体上与“道”所包含的自然规律的含义相当。此外，汉代的贾谊则说得很明白：“道者，所以接物也。其本者谓之虚，其末者谓之术。虚者，言其精微也，平素而无设储也。术也者，所以制物也，动静之数也。凡此

① 《中华道藏》第二十六册，第128页。
② 《中华道藏》第二十六册，第128页。
③ 《汉天师世家》卷三，《道藏》第34册，第827页。
④ 《黄帝内经》第245页，巴蜀书社1996年版。

皆道也。”[1]后来的道教理论基础在论及道和术关系时基本上循此思路。杜光庭有关道与术的论断可以看作是道教道术关系论的总纲。杜光庭在《仙传拾遗》中借张殖之口说：

术之与道，相须而行。道非术无以自致，术非道无以延长；若得术而不得道，亦如适万里而足不行也。术者虽万端隐见，夫除死箓，因当栖心妙域，注念丹华；立功以助其外，炼魄以存其内；内外齐一，然后可以适道，可以长存也。[2]

该论断认为道与术是相辅相成，缺一不可的。要做到术与道相须而行，就必须做到内炼和外炼齐一，也只有内炼和外炼齐一才能够登真成仙。首先，“术”是抵达“道”的阶梯，这是非常重要的前提。杜光庭认为因为“大道好生”，所以才向人们展示了千门万法通往“道”的途径，因此明白了这个道理才能因悟乃修，因修乃证。他列举了各种各样的修行方法。他说：“修证之理，泛举其纲则有：吐纳元和，咽漱云液，茹松食柏，绝粒饵芝；或隐朝上清，密伺玄斗；或五金八石，或水玉流珠，阴鼎阳炉，五华九转；或素文丹箓，檄召鬼神，金纽青丝，质盟天地，则有正一道德、升玄洞神、灵宝明真、三清众法，并革凡登道，证品升真；又有奔二景，朝五辰，据极攀魁，骛纲飞纪，吞日咽月，制魄拘魂，八道望云，九真受事，升玄卧斗，方诸洞房，左右灵飞，阴阳六甲，三部八景，二十四真，存服三元，注想三一，紫房黄阙，绛景朱婴，紫虚南岳之篇，青童东海之诀；内视五脏，下制六天，导引吞符，御风养气，腾举之道，溢于真经；或修励一门，便可得道，遂能拔玄祖于长夜，飞我身于太虚。”[3]虽然有很多法术可供修炼，但同时，杜光庭也认为面对这些令人眼花缭乱的千门万法，如果选择不当，广修博炼，往往会不得要领反而去道愈远。人修道应该精修，多修则无益。因此他又说：“理身不欲多其事，修道不欲多其门。多其事者，万虑营营以害一生，生能无伤乎？万人弯弧以射一鹄，鹄能无中乎？多其门者，玄教万途，丹经万卷，以一人之心兼累圣之道，形疲于外，神乱于内，故去道愈远矣。”[4]此外，陶弘景也认为如果没有法术作为

① 贾谊：《新书·道术篇》，《贾谊新书、杨子法言》第57页，上海古籍出版社1989年版。
② 杜光庭：《仙传拾遗》，见《太平广记·神仙二十四》第1卷《张殖》第342—343页，天津古籍出版社1994年版。
③ 杜光庭：《道德真经广圣义》，《道藏要籍选刊》第2册第77页。
④ 杜光庭：《道德真经广圣义》，《道藏要籍选刊》第2册第100页。

桥梁，要想修道求仙几乎是不可能的。他在《真诰》说道：“无妙术以自导，修道以求仙，贪荣慕贵，多垂成而败。”①

当然，只凭“术”来修道还是远远不够的。“道”才是使“术”不至于偏离的保证。司马承祯认识到只有心与道同才能无法而不通故经云：“同于道者，道亦得之。”又云：“古之所以贵此道者何？不日求以得，有罪以免耶！山有玉，草木因之不凋；人怀道，形体得之永固。资薰日久，变质同神，练神入微，与道冥一。散一身为万法，混万法为一身，智照无边，形超有际，总色空以为用，合造化以为功，真应无方，信惟道德。”故《西升经》云：“与天同心而无知，与道同身而无体，然后大道盛矣。而言盛者，谓征得其极。”又云：“神不出身，与道同久。且身与道同，则无时而不存；心与道同，则无法而不通。”②这种相须而行，相辅相成的道术观，后来被进一步发展为道体法用、道本法末的思想。

《太清玉碑子》云：

又问道术之旨何如？曰：道隐无名，术彰有实。术彰有实，其术可行；道隐无名，而道可成。道成而神自全，术行而形自延。③

《云笈七签》卷之四十五秘要诀法《修真旨要序事》中的这段话算得上是道教论述道与术关系的经典表述：

道者，虚无之至真也；术者，变化之玄伎也。道无形，因术以济人；人有灵，因修而会道。人能学道，则变化自然。道之要者，深简而易知也；术之秘者，唯符与气、药也。符者，三光之灵文，天真之信也；气者，阴阳之太和，万物之灵爽也；药者，五行之华英，天地之精液也。妙于一事，则无不应矣。④

从上述有关道与术的论断中，我们可以归纳出道与术关系的几个基本要点：首先，“道”无形无像，看不见摸不着，是虚无之至真，是根本。其次，“术”有形有像、可感可知，相对于道本体是末、是用。再次，道虽然无形无像，却可以通

① 《道藏》第 20 册第 536 页。

② 司马承祯：《坐忘论》，《道藏要籍选刊》第 1 册第 649—650 页。

③ 《道藏》第 19 册第 311 页。

④ 《道藏》第 22 册第 317 页。又参见《道藏要籍选刊》第 1 册第 319 页。

过术由隐而显；术虽然为末、为用，却是修炼者体玄入微的必然阶梯。由于道和术的相通相兼的思想，为道教由术达道、由末趋本提供了理论上的依据和保障。按照这个理论，修道成仙完全是可以经由具体可见的术，达到玄妙莫测的道的境地。反过来“至道”作为最高的理想和追求，并非是空傍无依的，而是要通过一些具体的步骤和方法才有可能达成。总之，在既往的道教道术理论中，道以术为用，术以道为体，道与术相辅相成，二者互含互摄、相须而行。

到了有宋一代，由于道教法术体系的发展，特别是雷法的出现，张继先天师首先对道术理论作出了创造性的阐释，提出了“体即道也，用即法也，体用一源，本无同异”的理念，神霄派高道王文卿在《高上神霄玉枢斩勘五雷大法》中亦称：“以道为体，以法为用。”[①]清微派祖师赵宜真在《玉宸经法炼度内旨》中亦承续了“道法一致”的理念，称：“体用相须，道法一致，唯操存施用之不同耳。”[②]著名的雷法著述《道法会元》中也有类似的表达，亦承续了这种理论余绪：

道者，通灵之至真；法者，变化之玄微。道因法以济人，人因法以会道，则变化无穷矣。[③]

道体法用，道无法有，道微法显。[④]

内炼：雷法理论认为内养则成金丹，外用则为雷霆。雷法修炼是以内丹为根基的，内炼即炼一己之精气神。张继先的词《满庭芳》特别讲到了内炼内丹对雷法的重要性。他说：“闲里工夫，无中妙用，切休拟议参详。龙降虎伏，真土自中黄。行动起居寝食，随缘度，莫动真阳。归根处，神凝脉住，玉界发天光。风，高鹏翼远，水深舟运物，理昭彰。但明心是道，专役天罡。信口呼神召鬼，旸不是颠狂。痴迷者，风霆在手，应用反乖张。”该词认为唯有达到“明心是道”的境界才有可能召唤神鬼，祈雨祷晴。张继先雷法思想中对内炼功夫的强调亦为后来的高道陈楠、白玉蟾所继承。白玉蟾亦说：“《天坛玉格》云：不行修炼，将不附身。不漱华池，形还灭坏。火师又曰：凡受五雷大法，非上品仙宫之职，不能悟

---

① 《道法会元》卷六十一，《道藏》第 29 册第 165 页。

② 《道藏》第 28 册第 773 页。

③ 《道藏》第 28 册第 637 页。

④ 《道藏》第 28 册第 675 页。

此玄机。内则修炼自己还丹，故外则馘邪治病。”[①]此外，雷法的内丹修持，以定息静定为下手功夫，次存想水火交媾，金光运转，存神召将。张继先在《明真破妄章》“金光召雷”章中称：“金光灼灼照雷城，百万雷兵禀令行。不用符图并咒诀，旱天能雨雨能晴。”就描绘了金光运转，存神召将的情形。另外，张继先还主张以自己内炼功夫为本，使精气神返归先天，只有运用元神（一点灵光），才能通神，役使雷霆，进而达到那些人力所不能达到的目的。正如张继先在《明真破妄章》“神可通天”章中所说的那样：“元神只捧一封书，一道寒光射太虚。径达玉京金阙去，玄恩星火下天衢。”

外用：体现了雷法体天行化、阴功济物、悲悯度人的大乘精神。是对内丹修炼思想只求一己之完满的超越。祷旱驱龙，降魔伏妖、掌心握印，笔下飞符，役使风霆，区别人鬼，济生度死，辅正除邪，内炼刀圭，外储功行，体天行化，佐国救民，馘邪治病。张继先在《三十代天师虚靖真君语录》“开坛法语”中表达了天师道道法济世度人的大乘精神，他说：“君不见千丈梯，倚于峻岭，蹑之可至颠峰，临于陆地，则数尺墙不可越。梯非不及，所立者非。万斛之舟，安于大川，济之可涉江海，委于漱水，则数步溪不可渡。舟非不能，所安者非。吾家法录，上可以动天地，下可以撼山川，明可以役龙虎，幽可以摄鬼神，功可以起朽骸，修可以脱生死，大可以镇邦家，小可以却灾祸。”外用，乃是雷法之所以能别开生面地展开，并登上道教的法术之巅的关键。正如王文卿指出的那样：“凡求真慕道之士，不炼内丹，形还败坏。不积功行，难达玄境。不济疾苦，道果难成。不漱华池，神不清悦。欲求仙道功行为先，必资治病祛邪，祈晴祷雨；济人利物，广积阴德；精勤香火，正直无私，何虑不获超升，但恐今人未能精思内炼，所学肤浅，符咒不真，诀法谬误，吾甚悯焉。”[②]朱执中亦认为雷法：“内则超出三界，外则救济万灵，祈祷雨阳，消弭灾祸，制蛟蜃，救危笃，斩妖精，致风雨于目前，运雷霆于掌上，解九玄七祖之罪，消千生万劫之愆，得之者固守，遇之者夙缘，若能禀戒行持，则三界鬼神拱手听命。”[③]都指出了雷法的外用（即济人利物）的重要性。

雷法理论是道教修炼思想史上的一个非常重要的阶段。说它重要是因为

---

① 《道藏》第29册第262页。参见《道法会元》卷七十六所载《火师汪真君雷霆奥旨》，本系王文卿传，朱执中注。

② 《道藏》第29册第274页。

③ 《道藏》第29册第274—275页。

雷法理论找到了一条统摄个人圆满与安民济世的有效途径，从而将道教的各种修炼法术融为一体。正如有学者总结的那样：“雷法是以自然界的雷电为力量源泉，以役使雷部诸神为特征，以内炼精气神为根本，以符箓咒法为外用，融合道教传统的方术符箓、咒术、手印、禹步、气功、存神、内丹等为一体，并采纳吸收了儒学‘正心诚意’之学、禅宗‘止观双运’之道以及密教的‘修本尊法’、‘真言密咒’，从而构建了一个包容百家众术精华的新型道法。道教中人运用雷法，为人治病除邪，救难解厄，安民济世，弘扬道法，充分显示了道教慈悲度人的‘大乘’精神。”[①]总之，雷法理论对法术的社会功能的重视，也极大地提升了道教修炼思想的品质，使得只求一己升仙的小乘理论，不可与之同日而语。

三、张继先与神霄雷法

谈到张继先跟神霄雷法的关系，就不得不引用张宇初天师《道门十规》中第五规之“道法传绪”：

清微始于元始天尊，神霄始于玉清真王。自历代传绪以来，清微自魏祖二师而下，则有朱、李、南、黄诸师，传衍犹盛，凡符章、经道、斋法、雷法之文，率多黄师所衍。神霄自汪、王二师而下，则有张、李、白、萨、潘、杨、唐、莫诸师，恢弘犹至。[②]

张宇初《道门十规》“道法传绪”分别论述了清微雷法和神霄雷法的传承情况。其中，清微派的传承为：“魏”，是指魏华存魏夫人；“祖”，指祖舒；“朱”，朱洞元；“李”，李少微；“南”，指南毕道；“黄”，指黄舜申。神霄派的传承为：“汪”，是指火师汪君，即汪子华；“王”，指王文卿；“张”，指张继先；“李”，是李亚；“白”，是白玉蟾；“萨”，指萨守坚；“潘”，可能指潘常吉，或者潘无涯，潘无涯则是莫月鼎的学生，是神霄派系统的人物；“杨”，指茅山杨披云；“唐”，指唐中一；“莫”，指莫月鼎。这段文字，乃是张继先为神霄派雷法宗师的一项证据。

张继先不但被认为是神霄派的宗师，而且还跟当时的神霄派高道林灵素、

① 李远国：《南宗内丹学与雷法》道韵第五辑。

② 张宇初：《道门十规》第五规“道法传绪”。

王文卿交游十分密切。由于这几位神霄派高道同时得到徽宗的恩宠，他们之间的交流亦非常频繁，相关的文献也留下了一些这方面的资料。如《历世真仙体道通鉴》卷之五十三“林灵蘁”中称：“先生顷在京时，虽宰执亲王，不与交谈，亦不接见。宾客惟虚靖天师至，即开门对话，终日终宵。”[①]此外，《三十代天师虚靖真君语录》中还收录了张继先跟当时权倾朝野的林灵素的书信往来：

答林灵素书

瓢笠无情，云烟奚取。金门红雾，漫为天上之游。白石清泉，方保山中之适。萍梗偶成于会合，云泥各致其逍遥。一隔江山，屡移寒暑，闲名日起，浪迹时睽。靖惟道本自然，神非别有，明月周流碧汉，光本无形；白云来去青山，色非有迹。蚕入茧而蛾去，雀赴水而蛤生。变化斯须，循环影响，趋向不干于模拟，浮沉自得于方圆。万象有杀有生，春花秋落；一气互消互息，夜露朝晞。五湖放浪于扁舟，三岛翱翔于玄鹤。升高须远，就下无难，不昧先机，方为达者。远承梅驿，径复华笺，幸阅冲和，适符欵记。

信中对林灵素颇有规劝之义，认为修道之人应该不慕富贵、淡泊名利，可谓一语中的。林灵素恃宠骄横受到后人的广泛批评，如第四十三代天师张宇初就对此发出了感叹，他说：“至若赵归真、林灵素之徒，偶为世主之所崇尚敬礼，即为富贵所骄，有失君臣之分，过设夸诞之辞，不以慈俭自守，亦取议当时后世矣，是切为后戒。”[②]

此外，《汉天师世家》中则提到了张继先跟王文卿的交往。张继先本传中称“王文卿皆以道术同显于朝，既还山，亦常往还。”

王文卿在朝时，与第三十代天师继先和“金门羽客”、冲和殿侍宸林灵素一直保持着非常密切的关系。首先王文卿的受宠，得益于林灵素的举荐，故而关系密切。但相比之下，王文卿与张继先的关系则显得更为亲密。在张继先给王文卿的一封信中，就有“幸勿告知林灵素”这样的语句。张继先只比王文卿长一岁，但出道比王文卿早，崇宁四年(1104)便应诏赴阙。大概因地缘的关系(南丰与龙虎山毗邻)，张继先与王文卿、石自芳(盱江高道)经常“相与往来酬唱”(见

① 《历世真仙体道通鉴》卷之五十三“林灵蘁”。

② 张宇初：《道门十规》。

《龙虎山志》)。一日,在与王文卿等人的唱和中,张继先忽题壁于倏然亭:"赤帝御龙行未伏,嫦娥分月入深山",众皆莫测其意,适靖康之变,徽宗、钦宗二帝被掳,其言始应。

王文卿与张继先关系密切的原因,大概有两个方面:一方面,他们二人都擅长雷法,在宋元形成的雷法体系中,张继先、王文卿、陈楠、萨守坚、白玉蟾等都作出过杰出贡献,可以说是那个时期的一代精英;另一方面,从现有的资料来看,张、王二人在政治观点上有相通之处,他二人虽然都是"方外"之人,却有一种忧国忧民之心。张继先屡屡上书朝廷,希望宋徽宗"宏建皇极,无偏无党,以苍生为念",并密奏"赤马红羊之兆",请皇上修德。王文卿也是同样,在徽宗末年,"数以修政练兵事为请,徽宗不纳,乃拂袖回南丰"(见《中华道藏・道教门派人物卷》)。在这一点上,张、王二人与林灵素就有不同,林灵素一味地以方伎取宠,最终落败,张、王二人功成身退,归隐自保。

由于王文卿与张继先的关系密切,可以说龙虎山是他常来常往之地,因而在龙虎山也就留下了王文卿众多的诗篇。仅在清娄近垣主编的《龙虎山志》中,就载有王文卿诗六首,现摘录其二首:

仙机岩

织就霓裳御冷风,王梭随手化成龙。天孙归去星河畔,满洞白云机杼空。

龙虎岩

龙虎丹成紫气开,空遗高石踞崔嵬。何人长笑孤峰顶,引得风云动地来。

另外,张继先跟神霄派另一位传人萨守坚之间的关系也十分密切,被认为是师徒关系。这也是张继先为神霄派雷法宗师的另一个旁证。根据《历世真仙体道通鉴续编》的记载,萨守坚曾经前往江西龙虎山向张继先天师学习道法,无奈途中盘缠用尽,此时,恰好遇到三位道人,其中一位授他"咒枣之术",并托他带一封信给江西龙虎山天师府,后证明授他"咒枣之术"的道人正是已经羽化的第三十代天师张虚靖。而另外两位道人则是林灵素和王文卿。由于得到真仙的传授,从此以后,萨守坚道法大显。

有关张继先传授萨守坚咒枣术原文如下:

出蜀至陕，行囊已尽。方坐石闼，忽见三道人来。萨问此去信州远近，道人问所欲，萨云："欲访虚静天师，参学道法。"道人曰："天师羽化矣。"萨方怅恨，一道人云："今天师道法亦高，吾与之有旧。当为作字，可往访之。吾有一法相授，日间可以自给。"遂授以咒枣之术，曰："咒一枣可取七文。一日但咒十枣，得七十文，则有一日之资矣。"一道人云："吾亦有一法相授。"与之棕扇一柄，曰："有病者则扇之，即愈。"一道人云："吾亦有一法相授，乃雷法也。"萨拜而受之，用之皆验。一日凡咒百余枣，止取七十文为日用，余者复以济贫。及到信州见天师，投信，举家恸哭，乃三十代天师亲笔也。信中言吾与林侍宸、王侍宸遇萨某，各以一法授之矣。可授以未尽之文。萨由是道法大显。①

《道法会元》卷第一百五十七，录有《咒枣诀》，具体如下：

左右手斗印丁罡，左手心盛枣，右手斗印指之，面东叩齿，存元帅念：

天蓬敕斩鬼，摄，取青炁吹，再取罡炁三口，布枣上念：含元太虚天蓬敕。存元帅领青衣黑衣将吏，吸黑炁入枣，次念：魁魡𩴾䰠𩳁魓魒。面北存七元星像，念七遍，取炁七口，吹入枣中，与患者头边，至夜自有报应，次日早，以金钱同枣核，当门焚之。②

咒枣治病咒

吸吸日月，太阳食血。阴阳劈破，天地崩裂。急急如律令。③

此后，绍兴辛酉年(1141)，萨守坚游青城山时，在青城山峡口，再次遇到已经仙去的虚靖天师。虚靖天师，再次传授萨守坚符法，并做《水调歌头》一阕，一封家信，一只鞋，再次托他带到江西龙虎山现任天师处。现任天师张时修收到书信后大为惊异，令人打开张继先在泗州的坟墓，发现张继先天师已经尸解，坟墓空空如也，只留下一只鞋。其中《水调歌》一阕，在《三十代天师虚靖真君语录》卷六中收录有其全文如下：

① 《历世真仙体道通鉴续编》卷四，见《道藏》第5册，第436页。

② 《咒枣诀》，见《道法会元》卷157，《道藏》第29册第837页。

③ 《太上三洞神咒》。

师于四州尸解，后化身青城，作付萨守坚真人。

高真留妙诀，达士济群迷。心清行洁，天人凡圣尽皈依。不在般精运气，不在飞罡蹑斗，心乱转狐疑。但要除邪妄，心地合神祇。悟真空，离世网，绝关机。养吾浩气，驱雷役电震天威。混合百神归一，一念通天彻地，方始了无为。叱咤生风雨，挟世佐明时。[1]

可见，萨守坚不仅得到了虚靖天师的真传，还得到了林灵素、王文卿的真传。此外，虚靖天师还向时任第三十一代天师张时修引荐萨守坚，使得萨守坚进一步得到天师世家道法的真传，从而法术大显，声名远播，被明成祖封为“崇恩真君”，与张道陵、葛玄、许逊一道被信徒尊为四大天师。

此外，张宇初认为归属于“酆岳派”的卢养浩，乃是一位兼习多种大法的高道，他不仅从林灵素一系习得神霄雷法，从杜光庭一系继承了《北阴酆都太玄制魔黑律灵书》，还直接从张继先天师那里得到地祇大法和“朱将军考附大法”的真传。《道法会元》卷之二百二十七“太一火犀雷府朱将军考附大法”之“雷奥序”称：

上世宗师保而敬之，不肯轻传江湖，嗣法者罕知其玄。昨因六阴洞微仙卿卢先生字伯善，游青城山，遇虚靖天师，传诸阶之法；自婺州来至洪州，寓于丰城清都白鹤观，往来居止。卢名野，号养浩，行六阴洞微诸阶之法，无不灵验，凡符法一至，立时而愈。盖虚靖天师一流人耳。葛巾布服，不爱装束，惟好清静。夫此将即北斗天罡大圣，其形威猛无极，天上地下神祇悉听其令。马胜乃南斗六星化现，朱彦乃北斗天罡化现。斗杓一动，南斗一移。所以马胜为灵官，朱将军为灵官属将，身居坎位，职处离宫，主管雷神，乃曰火犀雷府。

此后，卢养浩又将地祇大法和神霄雷法传授给徐必大和刘玉。可见张继先和当时的各位高道，并没有故步自封而是转益多师、兼收并蓄，将各种道法融汇一炉，极大地推动了道教雷法法术和理论的发展。

另外，《道法会元》卷之一百三十九还记载了张继先天师在四川青城山修道

① 《三十代天师虚靖真君语录》卷六，见《道藏》第32册，第386—387页。

时，感太一十地灵官献出了“太一天章阳雷霹雳大法”。此后，该法便从张继先天师处流传出来。

夫太一十星帅之法，自开辟以来，惟轩辕黄帝得之。后大禹治水，遇太一十真君，授以此法，分决江河，驱逐水怪，使地平天成。太一祖师虚靖真人于西蜀青城山修炼，感太一十地灵官献白莲之函，启赤书之篆，此文遂出，永镇福庭，流传至今，神异尤着。轻泄漏慢，长役鬼官。后学其慎之哉。[①]

四、张继先与天心正法

天心正法派认为他们的符箓咒诀都出自第三十代天师张继先之手：

已上九符诀目作用，及后面议论奥文，并无一字外来添撰，并系三十代天师虚静(靖)先生亲编，斯文实为紧要，威禁至重。[②]

《上清北极天心正法》：

夫天心法者，自太上降鹤鸣山，日授天师指东北极之书，辟斥邪魔，救民是务。……虚靖先生云：有两印，一系“北极驱邪院印”，又名“都天统摄三界鬼神之印”，二系“都天大法主印”，简而不繁，留付奇人，流传于世。[③]

《上清北极天心正法》后有“嗣汉虚靖天师指迷歌”：

罡在西方面在东，兑取罡气已还同。一吸天罡如云雨，再吸天罡万丈红。
呵笔上，纳心中，行神遣将有英雄。若能识得天罡法，治病驱邪立见功。[④]

此外，尚有一些道人亦宣称他们是张虚靖的门徒。元代的碑记云：

① 《道法会元》卷之一百三十九，“太一天章阳雷霹雳大法”。

② 《上清天心正法》卷三“上清无极隐文”后记。

③ 《上清北极天心正法》，《道藏》第10册第645页。

④ 《上清北极天心正法》“嗣汉虚靖天师指迷歌”，《道藏》第10册第654页。

本观住持提点刘玄正、提点张得林、宗门提点缑德宁等，拜诺之，因稽颡曰：我祖师韩真人，初与同志萧、路、杜三真人浮江而南，拜三十代天师，受天心正一法。得法而归北方，学者遂共立萧、韩、路、杜四真人之教。自是厥后，韩真人传法于沙堡元命王真人，元命传洪崖和光刘真人，和光传本观祖师正真王真人，正真传孚真大师本宗提点王善明，孚真传崇和灵静大师王道善，洎抱元安素明真大师孙道继，崇和即玄正师也。[1]

资料记载，易州玉泉观住持亦曾向张虚靖学天心正法。以上种种例证反映了张虚靖对南宋以来道教的深远影响。

五、张继先天师与北帝派地祇宗

北帝派为初唐道士邓紫阳开创，崇拜北极紫微大帝——北帝。北帝派在唐朝时盛极一时，在全国范围内不少人习练北帝派"天蓬咒"。唐末五代的高道杜光庭修习过北帝派道法，而此后的第三十代天师张继先亦精通北帝派道法，并开创了其中的"地祇宗"。"地祇宗"遣用的神将乃是温琼，而温琼则是东岳大帝的下属，将之归入北帝派的依据是什么呢？《藏外道书》"地祇诸阶秘法"中提及了其中的关联："北帝有命下岳府，万将千兵听指挥。北帝玄武诰岳台，众将尽皆惊，专将温某承帝命，九州十地，扫妖精，持邪招伏，分人鬼。若违吾命下酆营，急急如玄天上帝律令。"[2]《道教灵验记》卷十亦称北帝为"太帝"："太帝是北斗之中紫微上官玄卿太帝君也，上理斗极，下统酆都，阴境帝君乃太帝之所部，天蓬上将即太帝之元帅也。"由于北帝权力极大，天上地下无所不管，因此主理人亡魂的酆都和泰岳之神，自然亦隶属于北帝的统辖，故把以温琼为主将的"地祇宗"归入北帝派也并没什么不妥。

刘玉在《道法会元》卷之二百五十三"地祇法"中明确指出，张继先就是"地

---

① 《元易州龙兴观宗支恒产记》，参见陈垣编、陈智超、曾庆瑛补《道家金石略》文物出版社1988年版，第986页。

② 《藏外道书》第29册，第81页。"地祇诸阶秘法"。

祇宗”的开派者。

> 地祇一司之法，实起教于虚靖天师，次显化于天宝洞主王宗敬真官，青城吴道显真官，青州柳伯奇仙官，果州威惠钟明真人，相继而为宗师，其后如江浙闽蜀湖广，嗣法者何限？姓名昭揭，宁几人？其书始则，有石碑本。继则有铁林府地祇，原公夫人庙地祇，五雷地祇，五虎地祇，索子地祇，十字地祇，四凶地祇，圣府地祇。后则有苏道济派，温州正派，李蓬头派，过曜卿派，玄灵续派，如此等类，数之不尽，千蹊万径，源析支分，使学者莫之适从。[①]

此外，《道藏》第18册的《地祇上将温太保传》亦称“地祇一司之法”实际上是从虚靖天师才开始流传的。

> 虚靖曰：此温琼乎？帝曰：是也。虚靖曰：向者温州百姓保奏汝于天庭，云有救旱之功，不以庙食国封为荣，而有归依正道，扶持宗师之志。吾面对岳帝为汝作地祇一司，正法符篆咒诀。谓琼曰：汝化于三月十五日寅时，此为木老火初之节，故木生火，火旺于丙丁。鬼为万物之灵者，故只此篆为汝真形足矣。虚靖作其符为丙丁生鬼四字，以应其时，而成真篆。然后又以云篆而书画诸符，地祇一司之法盖始于此。[②]

上述两段引文包含了如下重要信息：

首先，都提到了张继先是“地祇宗”的创始人。据《道法会元》第二百五十三卷“地祇法”，第二百五十六卷“地祇温元帅大法”。

另外，因张继先天师的大力举荐，温琼被东岳大帝提拔为地祇上将。此后，温琼成为“地祇宗”至关重要的神将，听命于张继先天师。

最后，提到张继先专门为温琼制作的“丙丁符”，亦称“丙丁生鬼”符。地祇法诸符，如“丙丁生鬼”符，急捉符，治病符，都是虚靖天师所传。在这些符中，“丙丁生鬼”符的运用至为关键。

“地祇宗”的地祇二字，本义乃是指大地之神，而在这里则指神将温琼。早

---

① 刘玉《道法会元》卷之二百五十三“地祇法”。

② 《道藏》第18册第90页。《地祇上将温太保传》。

在《周礼》之中就已把祭祀对象分为天神、地祇、人鬼等三类。由于地祇在这个序列中并非处于最高的阶位，因此，当时的人们对“地祇宗”的道法，存在普遍的误解和轻视。故而“地祇宗”的传人对这种看低地祇大法的现象大加批判：“末学之士，专务贪高，每卑地祇之法，谓人间之神不足治强邪荡凶祟。殊不思地祇乃灵宝侍卫之官，受命上清，护玄帝教，神通至大，岂轻易可言耶？盖不知其趣耳。奈其派多而杂，其书久而讹，不得其全，私意妄议，获谴招愆，而不自知也。”《地祇上将温太保传》亦发出感叹：“自后太保及十地祇之书散流天下，崇其法甚多。而人人以为地祇为正法之下品，乃人间之神，奉法者必兼他司之法，自此而不闻应矣。且末学亦知其为捷诸司，而不能专心敬崇者十有八九。太保在岳府尝谓铁胜曰：吾欲立功护持宗教，奈今天下修法者甚多，而并无此仙骨，可谓恶毒之世矣。”[①]

“地祇宗”的师承情况：“地祇宗”一派的师承非常复杂，有好几个版本。版本一：张继先→ 王宗敬→ 吴道显 → 柳伯奇 → 钟明。版本二：《藏外道书》“温帅血脉家传”提供的则是一份更为详细，却颇为不同的传承系统——张继先、钟威惠、吴道显、洪一庵、卢养浩、陈宗用、尹本心、赵澄心、朱春谷、朱凤庭、蒋术直、蒋雷谷、黄鹤巢、程明真、曹冲玄。[②] 此外，刘玉，字清卿，认为“地祇法”共有好几十种，自己从不同的老师那里学到不同的地祇法，传授他的高道有：盛椿、李真守道、卢野（字养浩）、时真官、闻天祐、吕希真，其中，他最推崇吕希真传授的地祇法。[③] 由此可见，张继先天师首创的地祇大法在宋元之际已经广为流传，并为众多的修道者所修习。

地祇大法乃是至灵至验、简单易行、反应迅捷、威力巨大的雷法。故而虚靖先生无不赞誉地说：“法中至灵，无如温琼。”[④]刘玉称：“万法易动莫如地祇，地祇勇猛无越温将。”又说：“威猛捷疾，莫出琼右，英武灵异莫如巡应，寻声听察则去疾也。”[⑤]谚语亦称：“能捉西天释迦佛，难挡东岳温都巡。”[⑥]那么，为何温琼如此

① 《地祇上将温太保传》，《道藏》第 18 册第 90 页。

② 《藏外道书》第 29 册，“温帅血脉家传”，第 98 页。

③ 《道法会元》卷二百五十三“地祇法”，参见《道藏》第 30 册，第 555 页。

④ 《道法会元》卷之二百五十三，“地祇法”，五雷经箓火铃仙官刘玉述。

⑤ 《道法会元》卷之二百五十三，“地祇法”。

⑥ 《道藏》第 18 册第 90 页，“地祇上将温太保传”。

威猛捷疾呢？这主要是两个原因造成的。首先，跟其他的雷法相比，召天神、召雷神和召酆都都没有召地祇来得迅捷。因为，召天神时，天神必须从天门而降；召雷神时，雷神必自中天而来巽户而至；而召酆都时，酆都必须自地户而出；这些都来得比较慢，唯有召地祇帅将时只，他们马上出现在眼前，因为他们本来就在阳间，平步而来，毫无障碍，其应如响，极为迅捷。其次，因为温琼，不以庙食国封为荣，皈依正道，扶持张继先天师，得到张继先天师专为他设计的正法符篆咒诀，故而道法高强。此外，温琼还得到了道显天蓬咒所炼之功，六通备足，神功大增，能升天入地，上中下三界神祇对他都十分敬畏。对此，张继先天师专门为温琼写了诗诀：

虚靖天师诗诀

东岳幽阴出地祇，个中玄妙少人知。丁壬癸巽阴阳窍，希帝兰陀神鬼机。
无斗对冲山不破，有符勘合令相随。若然遇得明师旨，摄召生童一霎时。
天上三十六，地下三十六。若要温帅灵，拆破黄婆屋。[①]

此外，《道法会元》中还描绘了温琼的威猛捷疾的神功，以及他跟张继先天师的关系：

岳府雷神，号曰温琼。有求皆应，有叩即灵。
太保闻召，速降速临。速至坛前，有事指挥。
吾奉虚靖天师真君律令疾。

青灵青灵，丙丁之君。发生万物，草木同荣。
水火交会，温帅合形。三千将吏，速附吾身。
丕承敕命，闻召齐临。如违命令，天律难容。

吾奉东岳大生天齐仁圣帝敕，虚靖天师律令，谨召太保温玉，随呼立至，遇召即临。万咒万灵，不得违令。敢有违令，罪在雷霆。急急如北极紫微大帝律

① 《道法会元》卷之二百五十五，“地祇温元帅大法”。

令敕。[①]

《温天君收温降福宝忏》则对温琼的身世、功绩、封号，以及跟张继先天师的关系都做了高度的总结：

地祇上将，天下正神。岳府威灵，建奇功而朝北帝。泰山谪将，遇虚靖而升昊天。青面秉承木德，生气阳和；琼花禀命玄穹，金真纯粹。扫除妖孽，持铁棒而禁鬼神；斋奉天书，握玉环而入霄汉。催生保产，治病驱邪，大悲大愿，大圣大威。部辖地祇，提举宫庙，助法翊灵，昭武雄烈太保；紫发魔王，铁面大判官，掌地府急取人案典者。四海都巡，九州鉴察使，铁甲飞雄元帅，提点天下神祇。敕封显德大将军，铁面无私温天君，威权自在天尊。[②]

如张继先天师所创的地祇大法中，“丙丁生鬼符”的影响最大，几乎成为召遣温琼元帅一派的地祇大法的标志。

丙丁生鬼符一：[③]

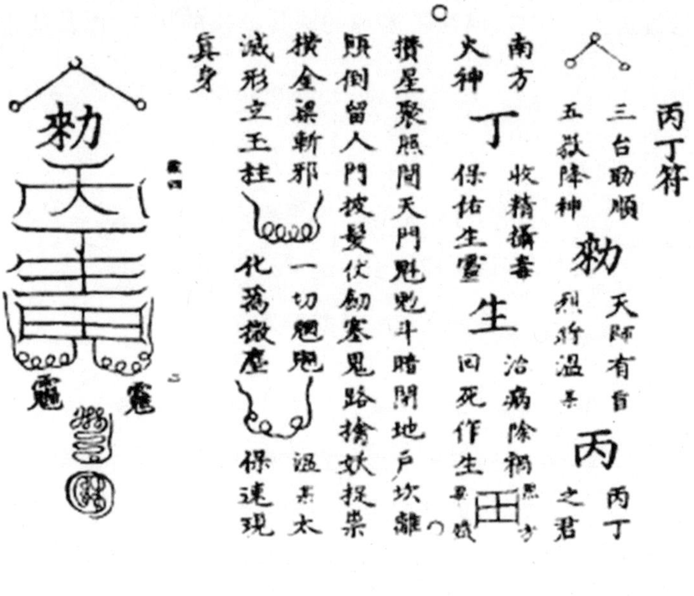

---

① “太一天章阳雷霹雳大法”，见《道法会元》卷之一百四十五。

② 《三洞拾遗》第 11 册第 464 页。

③ 《道藏》第 30 册第 573 页，参见《道法会元》卷二百五十六，“地祇温元帅大法”。

丙丁生鬼符二：[1]

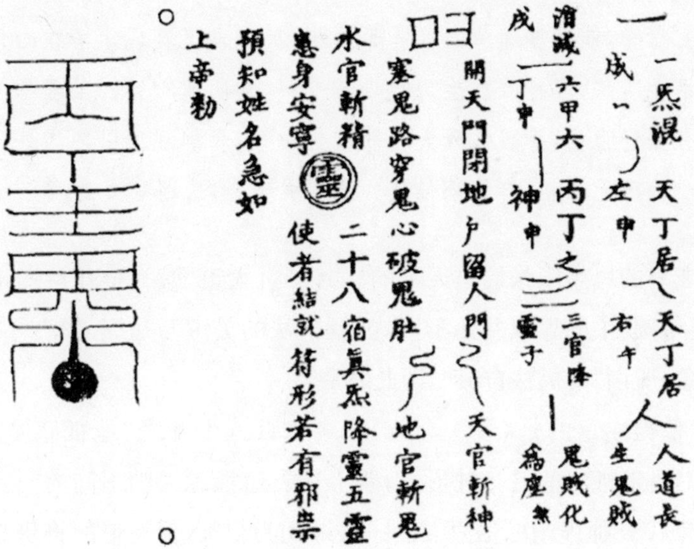

“丙丁生鬼符”是张继先天师根据温琼的出生日期来制作的，该符为温琼之真形。温琼出生于三月十五日寅时，为木老火初之节，故木生火，火旺于丙丁，鬼为万物之灵者。为什么“丙丁生鬼符”有如此巨大的威力？刘玉认为这是因为“丙丁生鬼符”展示了温琼乃东苍之精，肝腑之真，胆宫之灵的变化无穷的威力。他说：“惟温琼一将超乎其上者，乃东苍之精，肝腑之真，胆宫之灵，吸九炁于东华而运之于胆，想五灵真炁于身中而藏于肾，清炁上腾，浊炁下降，自然和合，龙虎交战，会同而成胆中之神。胆为一身之雄，肾为一身之根，肝乃青灵九炁之所聚，火则火旺于丙丁，肾主水，水能生金，金水会木，则能生能克，生克全，则能变化，变化无穷，则胆之神全矣。”

地祇大法中遣召温元帅的关键，就是要知道二十四字“万劫天书”和十六字“追魔召役”。这二十四字和十六字乃是温琼一出生就分别出现在他左肋和右肋上的天书云篆，乃是道门不传之秘，历代高道口口相传，不见于文字。唯有分别掌握了二十四字和十六字才算真正把握了地祇大法遣召温元帅的钥匙，才能做到其响如应。

① “东岳温太保考召秘法”，参见《道法会元》卷二百五十四，《道藏》第 30 册第 563 页。

刘玉认为《四目老翁地祇赞》，是真正掌握了地祇法的人所做，后人在行使地祇法时，可以从中得到启发。《四目老翁地祇赞》全文如下：

五炁玄元真，演法度迷津。像外无法相，真中求至真。迷悟在心悟，心灵法自灵。神本无所法，生神心自生。我心若专一，神明随心行。至理本无说，至道本无言。有像皆为伪，神灵须我灵。欲透妙中妙，寂静观内心。内外无豪滞，透洞心无心。心已无名相，自然朝仙廷。抱一成真一，逍遥登太清。[①]

四目老翁的思想跟张继先天师的《心说》、《大道歌》、《金丹诗四十八首》和《明真破妄章颂》中的思想并无不同，强调雷法的关键乃是"心悟"，不能执著于雷法的表象，所谓"心灵法自灵"，即此之谓。

最后，值得注意的是《道法会元》卷之二百五十九之"地祇馘魔关元帅秘法"，该法乃是地祇法的另一种形式，跟上述召遣温琼元帅不同的是，该秘法虽同样认三十代天师虚靖弘悟真君——张继先为祖师，但召遣的将班却是"东岳独体地祇"——义勇武安英济关羽元帅。其中特别提到张继先天师将通过专门为关羽造符的方式，将关羽收编之张天师麾下，听其召遣。具体的做法就是在关羽的"關"字内，加上六丁，成为一符。在前述的张继先天师于解州盐池斩妖就是成功运用"地祇馘魔关元帅秘法"的经典案例，并据此而名动天下。"地祇馘魔关元帅秘法"的具体内容如下：

主法

祖师三十代天师虚靖弘悟真君张，讳继先。

将班

东岳独体地祇义勇武安英济关元帅，讳羽。

面红紫色，红袍，金甲，长髯，手执大刀，乘火云自南而来。

秘咒（一炁七遍）

一炁合得，水火摄精。阴动阳应，万神化生。赤书徘徊，黑烟育英。令我洞彻，精达玄明。召之立应，受命上清。急急如律令。

存用

① "三洞赞颂灵章"卷下之《四目老翁地祇赞》，见《中华道藏》第44册第560页。

瞑目，用剑诀虚书唵吽吒唎四字，存于一星之中。以剑诀劈开，见帅红抱金甲绿靴玉带，乘火云自南方来，吸入中宫混合，嘘出坛前，任意遣之。

遣咒

坤神坤神，火急通灵。北帝有勑，佑圣叮咛。谨召关羽，定于今夜子时中，翻天覆地，内外速要响应。叱摄速去疾。（下令，噀水遣去。）

事实

昔三十代天师虚靖真君，于崇宁年间奉诏，旨云：“万里召卿，因盐池被蛟作孽，卿能与朕图之乎？”于是真君即篆符文，行香至东岳廊下，见关羽像，问左右：“此是何神？”有弟子答曰：“是汉将关羽。此神忠义之神。”师曰：“何不就用之。”于是就作用关字，内加六丁，书铁符投之池内。即时风云四起，雷电交轰，斩绞首于池上。师覆奏曰：“斩蛟已竟。”帝曰：“何神？”师曰：“汉将关羽。”帝曰：“可见乎？”师曰：“惟恐上惊。”帝命召之，师遂叩令三下，将乃现形于殿下，拽大刀执蛟首，于前。不退。帝掷崇宁钱，就封之为崇宁真君。师责之，要君非礼，罚下酆都五百年。故为酆都将。此法乃斩蛟龙馘魔祖法始也。故书其首末，以示后之嗣法之士。[①]

总之，张继先天师所创的地祇一法，不仅用于祈雨祈晴、催产保胎、治病驱祟，还用于伐庙馘邪等。前三者功用主要在于为民驱害、为民造福，而“伐庙馘邪”功用则主要在于维护道教信仰的正统性。

① 《道法会元》卷之二百五十九之“地祇馘魔关元帅秘法”。

六、张继先与八卦洞神天医五雷大法

张继先不仅被“混元一炁八卦洞神天医五雷大法”尊为“主法宗派”，还亲自为该经文写后序，可见张继先天师跟该派的关系亦十分密切。

“混元一炁八卦洞神天医五雷大法”《洞神后序》：

夫八卦自然之法，乃乾坤奠位，坎离生焉。结郁于太虚，而成龙章凤篆，散于八隅，以应八卦。是以伏羲画八卦爻象，谓太极生两仪，两仪生四象，四象生八卦，此八卦自然之法也。夫八卦洞神自然如意之法，乃观天之道。盖道生一，一生二，二生三，三生万物，三才定而生四象，四象定而具五行，五行具而八卦生焉，八卦备而设九宫，九宫既备列其神而司之。故八将直其八卦乃八天丁也。二帅镇据中宫谓之主帅，故运使八卦大神。其神各守宫，分所主之职，亦各有兵将从吏。盖意者，不出乎八卦四象五行也，乃包含万象，通幽玄之理。达造化之机，探鬼神不测之妙，幽微显奥，有脱死超生之要道，祛邪守正、自然变化之妙门，运动自然。故有目前报应。历代神仙修炼金丹，祛遣内外之魔障，至于脱质升仙。摄邪皈正，禹步超神，安危定乱，亦无出于斯文也。吾家大法，上可以动天地，下可以撼山河，明可以伏龙虎，晦可以伏鬼神，大可以助国家，小可以驱灾患。此灵验难量。亘古亘今以来，虽出斯文，未尝有人得继先之显著者，今子既得斯文，切宜珍惜之！苟或妄授非人，轻泄漏慢，自有八卦大神日夜随身抄录功过。子宜敬之。经云：保之者福隆，修之者神仙。倘能保而修之岂不伟欤。嗣汉三十代天师虚靖先生张继先后序。[1]

该派以八卦九宫设职，以庞灵为主法大元帅，刘通为副元帅，坐镇中宫，下辖张、黄、丘、李、赵、徐、吕、余八宫天丁。

七、张虚靖璇玑法

林灵素《灵宝领教济度金书》卷之三百二十提到了“张虚靖璇玑法”中共有

① “混元一炁八卦洞神天医五雷大法”，见《道法会元》卷之一百九十六。

三百六十圣位，自己修的则是一百二十位的璇玑法。

诸璇玑醮坛，只张虚靖璇玑法中有三百六十圣位，第一位拘一人，亦未尽善。余尝修百二十圣位，以二帝九皇居中，左班则一七晨元君，二至十九夫人，十一天罡，十二中台二白星君，三五星灵应真君，十四至二十七曜；二十一左丞相通真君，二十二斗中九省丞相真人，二十三至三十九，道源官君十七位；四十天蓬元应真君，四十一黑煞元照真君，四十二三天大法师元素真君，四十三解二十四厄灵官，四十四掌七星灯灵官，四十五擎羊陀罗使者，四十六中天承受玉女，四十七南陵三千使者，四十八度生益算行药治病玉童君，四十九传言宝香 捧香行印玉女，五十却祸护身力士，五十一十二宫大神，五十二八卦大神，五十三捷疾使者，五十四威剑万丈大神王，五十五精骑大神卫灵大神，五十六斗击斗敌斗伐诸大将军，五十七黑煞威烈行罡统兵大将军，五十八本靖经箓法科所部官君仙吏，五十九监醮香官玄坛感应神祇，六十地分传奉神祇，六十甲子诸官君。右班则一八景元君，二至十九纪；十一上台一黄星君，十二下台三青星君，十三紫景灵兰七星童君，十四至二十，二十八宿星君，每宫四宿。如太上宫则室壁奎娄，以次顺行。二十一右丞相护灵君，二十二玄曹枢相真人，二十三至三十、三十九，道德官君十七位；四十天猷元景真君，四十一真武元和真君，四十二中天大法师元惠真君，四十三掌天符宝式灵官，四十四九皇上 奏灵官，四十五左右绣衣使者通事舍人，四十六四直玉文功曹，四十七北斗七千神将，四十八注生主印延生上仙玉童君，四十九广灵太和典乐通光玉女，五十斩邪煞鬼金刚，五十一九官大神，五十二五丁大神，五十三炎炉使者，五十四黑煞万丈大神王，五十五玄斗大神、元精大神，五十六斗刺斗煞七元豁落大将军，五十七三十二天大将军，五十八本靖诸省府院司官君仙吏，五十九玄坛守护四灵神君，六十当境里域近远庙貌，本家司命六神。其圣位皆本之璇玑法，谩录于此。[①]

所谓“璇玑”，乃是北斗七星的代称。《天原发微》卷之九称：“北斗七星在太微，北魁四星为璇玑，杓三星为玉衡。”[②]认为北斗七星，一至四为魁，五至七为

① 《灵宝领教济度金书》卷之三百二十，《道藏》第8册第824页。参见《中华道藏》第41册第370页。

② 《天原发微》卷之九，见《道藏》第27册第653页。

杓。第一颗星为天枢,第二为璇,第三为玑,第四为权,第五为玉衡,第六为开阳,第七为摇光。《尚书大传》云:“璇玑者,何也?传曰:璇者,还也,玑者,几也,微也,其变微微,而所动者大,谓之璇玑。是故璇玑谓之北极。”可见,张虚靖璇玑法跟北斗崇拜有关。此外,《灵宝领教济度金书》卷之三百一十七《文檄发放品》中还提到了“玄灵三五璇玑大法”和“玉清神霄玄一混成三五璇玑七九飞化长生护命秘法”①。《道法会元》卷之六十七《雷霆玄论》称:“夫灵宝、神霄、璇玑、清微、洞玄、太极、斩勘诸阶雷法,至于诸阶考召正法,各有家数,宗派不同。”②认为璇玑法乃是诸阶雷法中的一种。

南宋金允中在《上清灵宝大法》中认为璇玑法是由天台杜达真所创。北宋宣和年间宝箓宫已经开始授“高上神霄元一六阳璇玑秘箓”一阶,但此时有阶无法,亦无法印。后来杜达真编灵宝法时,不仅新创了璇玑法,而且创造了“玄灵璇玑府印”与之配套,原来的灵宝古斋法上并没有璇玑法的法和印。金允中、杜达真和林灵素皆是东华派传人,由此可以推断“张虚靖璇玑法”亦跟东华派有十分密切的联系。

八、张继先与《灵砂大丹秘诀》

《灵砂大丹秘诀》中提到张继先乃是内外兼修的高道,并认为张继先是“抱一灵砂”的传人。其传承为:老子传葛仙公,葛仙公传郑思远,郑思远传葛洪真人,葛洪真人传张虚靖天师,张虚靖天师传张侍中,张侍中传于鬼眼禅师。兹录该文如下:

灵砂大丹秘诀

抱一圣胎灵砂

夫遗体换壳,坐脱立亡,龙盘金鼎,虎绕丹田,此法内也。赤白铅汞,真金至宝,烹之不走,煅之不飞,此法外也。世之学道而不能答者,盖能修内而不能修外也,能炼内而不能炼外也。所以事不两全,则道难成。世人分浅福薄,不遇两全师匠。唯有抱一灵砂,外可以富家国,内可以成大道,乃长生不死之大药也。

---

① 《灵宝领教济度金书》卷之三百一十七,见《道藏》第8册第786页。

② 《道法会元》卷六十七,见《道藏》第29册211页。

鸦食成鸾，鸡食成凤，犬饵成龙，若人服之，可为圣功，成上仙矣。俗士老者，服之少年。枯骸死骨，得之再生。修道行功上士，得此即跻仙域，乃圣胎灵砂之内景也。假隐名之草，取易得之药，修炼不繁，成功甚大，养汞成宝，养药成丹，以宝济用，以丹升道，乃圣胎灵砂之外景也。世人以铅汞变色不正，以阴阳取与不理，所以汞体不死。兼以下银为母，以金石贴身，入匮食母，致不虚者，非圣胎也。乃得法不真也。却怨神仙谩语，此亦轻为轻修之所招也。

圣人授之，或演于密宝，或书于玉版，或收于金匮，非斋沐不可看，非上贤不可闻。其法自老子传之于葛仙公，仙公传之于郑思远，郑思远传之于葛洪真人，葛洪真人传之于张虚靖天师，天师于建中靖国元年三月内入朝，次宣张待中到禁位，言种子之术。皇帝与天师，传之张侍中。因侍中之后入东川之任，传与鬼眼禅师，今则本末备矣，首尾全矣。获之者七祖超升，修之者必登云路，用之大富国安民，用之小肥家润己。作匮浇淋，九转造化，琼林生而高士钦仰，玉笋长而天仙敬礼，合天地玄理，夺阴阳正气。《道德经》云：视之不见名日希，听之不闻名曰夷。故丹千变万化，为之灵砂。钟离公曰：金丹一粒定长生。即此丹是也。历代圣贤，皆修于此，万卷仙经，不离不说。

夫灵砂者，丹灶之统辖，修养之领袖，大药之祖，金丹之宗，硫黄本太阳之精，水银本太阴之气，阳魂死而阴魄亡，乃夫妇之合情，阴阳之顺气。无功无行，吝财弃命，不贤不礼之人，秘之不可闻视。为法用二八硫汞砂，成青金十两。其青砂子，用胆矾半两，乌梅三两，砂锅内米醋浸，将青金头胎煮一伏时，不用水火鼎打，便入真死硫黄匮中，用砂合铺底，盖头，安轻灰炉内，养火二十一日。取出研细，作匮，脱养白体灵砂。火候法，一日早晚，各用熟火二两半。第三日早晚，各火二两。第七日早晚，各火四两。第十日早晚，各火五两。第十五日早晚，各火五两。第十六日早晚，各火六两。第十七日早晚，各火七两。第十八日早晚，各火半斤。十九日早晚，各火十两。二十日早晚，各火一斤。二十一日早，火一斤半，晚，火二斤。候寒炉取出，便要作银用过，铅池煎之，要作圣胎匮，可为末，脱养白体灵砂。

诗曰：

太一灵砂少有闻，阴阳交感上升腾。天地造化分明旨，大道须还内外同。[1]

---

① 《灵砂大丹秘诀》，见《中华道藏》第18册第333页。

此外,《庚道集》卷之三《太上灵砂大丹》则称该派的传承为:太上授之徐真人,徐真人授之葛仙翁,仙翁授之抱朴子,抱朴子授之西华真人吕先生,西华真人吕先生授之张侍中,侍中授之任宝区。这一系传承则没有提到张继先。

另外,《道法会元》中以张继先为祖师或主法的雷法还不少。如《道法会元》卷之八十六《先天雷品隐书》、卷之一百四十二《太一天章阳雷霹雳大法行遣部》、卷之一百五十五《混元六天如意大法》、卷之二百五十八《东平张元帅专司考召法》均以张继先为祖师。由此可见,张继先道法高妙,兼收并蓄,造诣深厚,不仅精通各种雷法,且后继有人,影响极大。因此,学者们很难将张继先归入神霄、天心、清微、混元、北帝中之唯一一派,似乎派雷法都跟张继先有着千丝万缕的关系。难怪王驰在《天师张继先与龙虎山正一雷法》一文中结合整个道教思想史的发展来看,对张继先作出极高的评价。他认为"唐宋以后的中国思想世界,愈来愈达成普遍性的认识:宇宙全体的本质,完全可以通过主体内在心性的省悟来把握。此种把握绝非纸上玄谈,乃是与儒释道诸家之修养功夫、人生境界的紧密结合。道教作为注重生命履践的宗教,正是在此'宇宙—人心'的哲学模式下,实现了其道法的全面提升和突破。从这个角度看,张继先无疑是站在了宋代思想发展的前沿,以内丹心性之学去完善雷法的构建,从而代表道教发出了历史的声音"。称张继先的道法理论与实践已经站在了他的那个时代——宋代的最前沿,这个评价应该说是比较中肯的。

第四节　才艺超群　诗文俱妙

众人皆知张继先天师为一代宗师,道法高妙的一面,但对虚靖天师才艺超群、诗文俱妙、率真性情的一面就知之甚少。翻开《三十代天师虚靖真君语录》,张继先天师渊博的学识、不凡的才智、率真的性情就会跃然纸上,让人感受到一位有血有肉的少年赘余天师。从张继先天师的诗文中,不难发现,他不仅多才多艺,他对文人雅士擅长的琴棋诗书酒茶,无不精通,同时他交游极广,跟当时的官宦士绅,以及高道均有往来。此外,他还表现了他作为一代宗师的循循善诱、提携学生的一面。以下分别从琴、棋、诗、文、书、酒、茶等几个方面,来看看张继先天师真才情。

一、琴

道教音乐不仅是修道炼性的重要手段，同时也是道教科仪不可或缺的重要内容。道门中从不缺乏音乐方面的天才，近现代我们耳熟能详的有古琴大师张孔山、二胡大师瞎子阿炳等，古代则有朱权等人。在道教的各种乐器中，道门中人尤其推崇高雅清幽，古朴恬淡的古琴，颇合道家精神旨趣。道家古琴理论称“琴者，心也”。所谓“文如其人”，“琴如其人”，琴棋书画诗文都和作者的个人修养有极大的关系。张继先天师爱琴、听琴、弹琴、咏琴。跟他交游的高道和学生都是古琴高手，甚至还用琴来命名自己的旧居。《三十代天师虚靖真君语录》中收录了不少跟琴有关的诗词。

描写弹琴的诗词：

苏幕遮

抱孤琴，弹小操。独坐幽轩，尽日无人到。唯乐烟霞长啸傲，明月清风，今古长为友。

识乾坤，知牝牡，懒共尘劳，汩汩争奔骤。爱高著眼消白昼，一任他家、玉兔金乌走。

次韵答赵尚书

炎蒸时节别家山，霜雪如今却渐寒。恨我虚名徒涉世，忆君高语共凭栏。

比因厌客连朝卧，长是援琴终夜弹。已得明春归去旨，预惊灵鹤整翎翰。

西源好·之五

西源好，迎夏洒炎风。红锦石边伶一派，老张岩上恋群峰。时得化龙筇。

琴振玉，晓色倚梧桐。黼黻文章朝内盛，山川林木野亭空。朱火焕明中。

西源好·之七

西源好，冬日雪中松。携手石坛承爱景，静观天地入清宫。恰似大茅峰。

襟袂玲，琴裹意浓浓。吹月洞前含碧玉，动人佳趣转黄钟。情绪发于中。

从这些诗词中可以看出，张继先天师琴不离身，无论是在龙虎山，还是客居京城，他都随时随地都带着琴。“琴”——不仅是张继先天师的心爱之物、修道利器，更是其内心情感起伏变化的重要见证：既有“琴书消日月，耕钓老烟萝”的悠闲自在，又有“比因厌客连朝卧，长是援琴终夜弹”的羁旅愁怀，更有“起来闲操无弦琴，声高调古惊人心”的修道感悟。

度清霄·之二

二更二点二更深，宫钟声绝夜沉沉。明月满天如写金，同光共影无昏沉。

起来闲操无弦琴，声高调古惊人心。琴罢独歌还独吟，松风涧水俱知音。

张继先的《度清霄》之二中提到的“无弦琴”跟癞可的《无弦琴》和张伯雨的《老琴》颇有异曲同工之妙。兹录于后，供相互比较玩味。癞可《无弦琴》为：“月作金徽风作弦，清音不在指端传。有时弹罢无生曲，露滴松梢鹤未眠。琴到无弦听者稀，古今惟有一钟期。几回拟鼓阳春曲，月满虚堂下指迟。”张伯雨《老琴》为：“虞舜文王元气合，周公孔子泰和传。莫道无弦有真趣，须于弦上悟无弦。”《度清霄》之二与《无弦琴》和《老琴》都颇富玄机，已经超出了音乐的境界，指向了弦外之音，象外之象，十分耐人寻味。

描写听琴的诗：《听元规琴》写出了音乐的深远意境，以及听琴者对音乐意境，乃至对“道”的感悟。诗中的“元规”，乃是张继先天师的高徒——石元规。石元规多才多艺，于音乐和古琴方面有极高的造诣，深得张继先的喜爱。师徒二人以琴为友，颇多交流与切磋。

听元规琴

万物纷然在，浑沦声不流。昔人弦上取，今我意中求。

水激崖边石，风高岛上秋。相看得真乐，天地共优游。

张继先《听元规琴》与白玉蟾《听琴》有极强的可比性。张继先和白玉蟾皆为宋代高道，他们对音乐和修道的感悟，有很多的相似之处。白玉蟾《听琴》为：“十指生秋水，数声弹夕阳。不知君此曲，曾断几人肠？心造虚无外，弦鸣指甲间。夜来宫调罢，明月满空山。声出五音表，弹超十指外。鸟啼花落处，曲罢对春风。”也许，音乐的最高境界是弦外之音，修道未尝不是如此？

与道友交游和学生酬唱所涉之琴：张继先天师跟他的高徒石元规的诗歌酬

唱，以及跟他所敬仰的青城道伯的交游中，对古琴的热爱和专注，使得“琴”成为他们之间一个无法回避的话题。

跟学生石元规联句和酬唱中所涉“琴”：

浑沦庵成，脩然子亲庆，因以何字为韵，共酌联句。

作室观灵境，功成事若何。（张） 琴书消日月，耕钓老烟萝。（石）

为羡云踪远，时将酒共过。（张） 东岩开玉洞，西涧泻银河。（石）

整佩思天柱，观碁悟烂柯。（张） 真情敦澹薄，世业信蹉跎。（石）

绝迹求无累，澄心到不波。（张） 浑沦甘宴息，真率谢浇讹。（石）

尘秽千峰隔，风流万气和。（张） 乾坤堪比寿，乌兔任如梭。（石）

仙至不无谶，鹤来信有他。（张）（正月上旬，白鹤数十群飞至此，盘旋移时乃去。）

同游栖真

兴为栖真来，情因昔人动。（张）昔人道非孤，今人心乃共。（石）

静有物外乐，清无世间梦。（恭定）至论超形神，谈歌彻岩洞。（张）

野色杂茶瓯，松声入琴弄。（石）未可赋归欤，更揭流霞瓮。（恭定）

和元规拜违

才到巍峨畔，还登翠碧重。调青赓白雪，琴静抚黄锺。

履践古人道，追游仙者踪。自来多福力，相信各疏慵。

何处不为乐，此心知所从。还如一片月，挂在万年松。

和元规拂云轩韵

疏翠拥高轩，虚徐欲出云。两楹清荫共，一阵好风分。

偏映琴书席，难栖燕雀群。主人怜直节，孰敢巧操斤。

送元规游麻姑

拂袖麻源景，飘飘逸兴清。不辞千里远。独步五云轻。

自有琴书乐，应无世俗萦。我惭阻追逐，回首谩驰情。

沁园春

用伍先生韵呈元规

况有夷途，正透玄关，众所共传。愿万魔披散，诸尘荡净；琴心和雅，天性清圆。未信凡流，可回高步，留恋形声情更延。真消息，定如何唤醒，聊发言筌。

虽由宿命回缘，达世士何曾无慨然。算静专为妙，闲多乐少；一成潇洒，永绝忧煎。影照澄潭，声流虚谷，业火消亡都瑞莲。安平泰，看坚完如地，长久如天。

对故人和故地的感怀：张继先曾到青城山修道，跟青城山道士交游颇深。此处提到的青城道伯，乃张继先天师所景仰的高道，同样是道行高深，才艺非凡。《钱塘有作》则描写了张继先天师弹琴、品茗、作诗、出游等活动。

书龙变轩事乃成颂白青城道伯

一室绝尘埃，和风撼瑶竹。
满几惟琴书，潇然异尘俗。
时时操寸毫，节篆数囊箓。
或同务玄子，揪枰两三局。
夜对隔林月，膝上奏神曲。
更深兴未阑，徐徐启缄轴。
好来青城君，云开远山绿。

钱塘有作

红霞映朱栏，白云隐青山。尘中人不到，双鹤舞柴关。
瑶琴一曲诗数篇，山童煮茗炉无烟。为思尘世去游乐，一别洞天今几年。
湘江江上月初白，湘浦浦边风色清。断肠声咽玉笛碎，愁杀霜堤多少情。
人生总浮云。仙家依旧春，归去来兮乐吾真。

张继先用琴来命名自己的居所：实际上是用“琴”字来向项先生致敬。项先生精通老庄，曾在张继先的旧居为众人讲老庄，他的讲学非常精彩，非常引人入胜，以至于张继先觉得聆听精彩的讲学与欣赏美妙的音乐并无二致。因此，不用“琴斋”来命名旧居不足以表达他对项先生的敬仰与缅怀。

赠项先生

琴斋乃予旧居，以琴名斋，吾为之也。项先生与诸生居之，谈庄讲老有佳趣。向尝造焉，而忆往事，乃亦有分胜多救之处。成诗呈项先生者，书其实耳。

琴斋高致有真风，山阁延宾未折中。来问死生非碌碌，为谈庄老肯匆匆。
喜今可与君还往，惜昨曾留客许同。处士或将方寸比，斯人为不殚焦桐。

二、棋

围棋乃是中国古代文人的四大雅事(琴棋书画)之一。围棋跟道教的渊源极深，围棋不仅棋理跟道家道教的思想本质上一致，而且围棋“烂柯一梦”的传说更模糊了这两者的界限。历代的高道如陶弘景、司马承祯、马钰、丘处机等，大都懂棋，并留下了不少吟咏围棋的诗作，而张继先天师亦不例外，更指出琴棋诗书与修道这两者的关系，即所谓“琴书赢得道相亲”，弈棋又何尝不是如此呢？此外，前边提到的青城道伯和石元规亦是弈棋高手，他们在一起，免不了要纹枰手谈，论道参玄。当然，更有张继先天师跟瞀玄翁通宵不睡饮酒下棋的佳话。

观棋作望江南

秋枰静，黑白两奁匀。山水最宜情共乐，琴书赢得道相亲。一局一番新。
松影裹，经度几回春。随分也曾施手段，争先还恐费精神。长是暗饶人。

汪瞀玄降睡有作

万籁沉沉月满空，一枰初胜瞀玄翁。金壶饮罢前村酒，玉轸闲歌太古风。
羡我无眠神已爽，笑渠贪睡意何浓。回头为报孤云道，清浊由来自不同。

三、诗作

张继先生前撰有《明真破妄章颂》1卷，《虚靖真君词》1卷，词被收录《疆村丛书》。第四十三代天师张宇初为其辑《虚靖真君语录》7卷，录于《道藏》。《虚靖真君语录》有书文9篇，诗词200余首。卷一为文集，有《心说》、《开坛法语》、《答林灵素书》、《谢官职表》等9篇。卷二至卷七为诗词。

张继先天师博学广文、精通诗律，吟咏不辍，留下了许多脍炙人口的诗篇，几乎都收录了《三十代天师虚靖真君语录》和《全宋诗》中，今存诗一百多首，词五十六阕（傅璇宗编纂的《全宋诗》收其诗一百五十七首）。张继先的诗，文字雅丽，性情率真，在宋代诗人中别具一格。他的诗，赤子情怀跃然纸上。

张继先有几首诗特别值得关注。首先，有三首散落于别处的，不为人知的张继先诗歌。张宇初《三十代天师虚靖真君语录》和傅璇宗《全宋诗》均未收录这三首诗。

第一首诗是《赤松山志》中张继先的留咏：

金华山

周回数十里即赤松山是也，《抱朴子》云：此地可以居神，免罹洪水之患。汉三十代天师虚静先生张君好善，尝一日游歷，慨慕赤松子之风，二皇之迹。乃留咏曰：

家在白云中，约住赤松子。
揭来此山游，龙虎镇相似。
金华莫外求，黄茅已如此。[①]

另外两首则散见于《道藏》的《上清北极天心正法》和《道法会元》。《上清北极天心正法》中有"嗣汉虚靖天师指迷歌"，《道法会元》有"虚靖天师诗诀"。兹录于后。

《上清北极天心正法》"嗣汉虚靖天师指迷歌"：

罡在西方面在东，兑取罡气已还同。一吸天罡如云雨，再吸天罡万丈红。呵笔上，纳心中，行神遣将有英雄。若能识得天罡法，治病驱邪立见功。[②]

《道法会元》卷之二百五十五"地祇温元帅大法"，张继先为温琼写的诗诀：

虚靖天师诗诀

东岳幽阴出地祇，个中玄妙少人知。丁壬癸巽阴阳窍，希帝兰陀神鬼机。

---

① 《赤松山志》，《四库全书》史部。

② 《上清北极天心正法》"嗣汉虚靖天师指迷歌"，《道藏》第10册第654页。

无斗对冲山不破，有符勘合令相随。若然遇得明师旨，摄召生童一霎时。[1]

此外，清代陆心源《宋诗纪事补遗》卷九五中引“舆地纪胜”中提到张继先的另一首比较特别的诗。这首诗被刻在天柱山石崖之巅，题名为玉京叟张虚靖，每个字的直径达二尺之多，诗意洒脱，颇具神仙气象。张宇初编纂的《三十代天师虚靖真君语录》并未收录这首诗。全诗如下：

白云闲似我，我似白云闲。
二物俱无心，逍遥天地间。[2]

还有，《洞霄诗集》和《宋诗纪事》皆收录了一首张继先的《游洞霄》。张宇初编纂的《三十代天师虚靖真君语录》却漏收这首诗，后傅璇宗主编的《全宋诗》收录了该诗。现摘录《宋诗纪事》的文字如下：

《宋诗纪事》卷九十：

继先字嘉闻，嗣汉三十代天师，崇宁中赐号虚靖先生

游洞霄

洞霄深处日栖真，仙子亲曾此致身。凤阙有人来献礼，溪声山色愈增新。

《天师世家》云：崇宁四年召继先建醮内廷，因密奏赤马红羊之兆，请修德。靖康丙午之变，其言始验。还山题儵然亭壁，曰：赤帝御龙行末伏，姮娥分月入深山。人莫能测。（《洞霄诗集》）

另外，值得一提的是张继先和宋徽宗诗歌酬唱的史实。该史实因楼钥《攻愧集》的记载而确凿无疑。宋嘉定五年（1212），资政殿大学士楼钥，随宋宁宗赵扩前往太乙宫谢神。之后，太乙宫都监（龙虎山道士）易如刚向楼钥展示了一件墨宝——宋徽宗御笔题写赐张继先天师的诗翰。由于保存得非常完好，该墨宝焕然如新，看到徽宗的诗翰后，楼钥不禁大吃一惊，他没想到在易如刚的手里竟然有如此宝贵的东西。随后，易如刚请求楼钥在诗翰之后题写跋，并希望该墨

---

① 《道法会元》卷之二百五十五，“地祇温元帅大法”。

② 傅璇宗编：《全宋诗》第20册，中华书局，1995年版，第13533页。

宝能成为太乙宫的镇宫之宝。楼钥《攻媿集》生动记录了这件事情的整个过程。

恭题徽宗赐张继先御诗

嘉定五年岁在壬申，郊祀庆成，中外交贺，乃季冬甲午，皇帝恭谢太一宫，臣扈驾陪班，既已峻事，知宫事高士臣易如刚，以所藏徽宗皇帝赐虚靖先生张继先诗翰示臣，且求跋其后。窃惟汉天师道成于蜀，而教传于龙虎山，至三十代而虚靖出，仙姿绝人，道术惊世，人谓天师复生不为过。佑陵亲御词翰，烂然如新，再拜御瞻，荡耀凡目，勒之坚珉，以镇名山，已为晚矣。呜呼！人知佑陵之崇道教，不知仁心实本乎为民；人知虚靖之仙去，而蜀之青城犹有见之者，此诗尤不可以无传也。[1]

徽宗御赐张继先天师的诗翰上写的是什么内容，已无从得知。不过，《三十代天师虚靖真君语录》和《全宋诗》都收录了张继先跟宋徽宗酬答的诗歌《次御制赐于真人韵》，全诗如下：

玉篆金章咏洞真，真中高妙孰能伦。世缘拨去神常静，精食休来甑已尘。
且为圣明常赞化，未应栖遯便终身。自循多幸因君命，得往琳宫见一人。[2]

张继先的诗歌，文体丰富，题材广泛。张宇初天师编纂的《三十代天师虚靖真君语录》就是按照文体的分卷，全集共分七卷。其中卷一文、卷二五言古诗、卷三歌行、卷四五言律诗、卷五七言律诗、卷六词、卷七包括五言绝句、六言绝句和七言绝句。这些诗作所涉题材广泛，教理教义、唱酬、思乡、怀人、咏物、咏怀等无所不包。本文亦按照张继先诗歌的形式，将其诗歌归类于后。

(一)张继先的五言古诗

五言古诗的特点是用韵自由，无一定之格律，平仄、长短皆不限，五字一句的格式固定不变的。《三十代天师虚靖真君语录》中共收录了张继先的五言古诗九首。兹列举如下：

---

① 楼钥：《攻媿集》卷六十九，见《四库全书》集部。

② 《三十代天师虚靖真君语录》卷之五，《中华道藏》第26册，第140页。

同石元规讲鸥鹏偶书

翱翔数仞间，何异九万里。
大道荡无名，无彼亦无此。
倬哉元规翁，斯言迨尽矣。
一物自太极，志士标高拟。
鹏乎与蜩鸠，涉辩非至理。
有形相变化，不出六合里。
飞跃涉程途，底用嘲远迩。
乃识逍遥游，深远发玄旨。
讲罢四窗间，忘言空隐几。

内史来访

运使徐中奉，寻李隐者于本部，因临访上清，遂得煮茶款话，至夜分乃散。明自悦耳，信有瑰伟崇高，变通之论，山川之秀亦有增。明日分袂。时宣和五年，其略于是篇也。

西风初飘飘，白露仍瀼瀼。有人浮大川，东巡抵饶阳。
实受九重书，因之访丹房。山气龙虎明，青林云表长。
与予适相值，议论清冰霜。已暮更秉烛，坐偶新月凉。
玉蟾翳烟景，金飚扇天香。影落如乡云，斓然献奇祥。
六合无异色，五峰同秋光。锦袍谪尘世，骑鲸隔川梁。
君期践玄约，缈缈空中翔。

汤明权挈家入道

佳汝久虚淡，有才弗愿仕。
鸡犬白云间，挈家从游此。
所蕴既超特，玄理可坐致。
倬哉明主命，不以夺我志。
一变江海才，总无尘土气。
闻之旌阳令，拔宅脱凡世。
此事在精修，勉旃汤氏子。

书龙变轩事乃成颂白青城道伯

一室绝尘埃，和风撼瑶竹。
满几惟琴书，潇然异尘俗。
时时操寸毫，节篆数囊箓。
或同务玄子，揪枰两三局。
夜对隔林月，膝上奏神曲。
更深兴未阑，徐徐启缄轴。
好来青城君，云开远山绿。

和元规拜违

才到巍峨畔，还登翠碧重。调青赓白雪，琴静抚黄锺。
履践古人道，追游仙者踪。自来多福力，相信各疏慵。
何处不为乐，此心知所从。还如一片月，挂在万年松。

思青城翁

一别青城翁，今经数旬朔。天炎春气阑，山花旋零落。
时时与攀慕，西眺步瑶阁。无乃恋人间，笙歌正酣乐。
归来方外俦，践我绿岩约。回照闪余辉，芙蓉出金削。

和元规见勉

观君词语中，具引先贤事。了然道在兹，不行而善至。君今真至矣，奏乐求真知。一言见吾子，固难尽于辞。知君贯老庄，亹亹蹈大荒。剧谈玄中玄，豁落无边旁。有学必有待，不与诸魔对。涉景若与知，何尝讶谲怪。疑论涣已释，则信为善士。主善以为师，天真坐可致。人间犹论分，仙事宜任运。有命终出伦，盍死即待尽。大道非罔象，明明万物上。使我一闻知，应是快神爽。休更论浅深，斯言尽诚心。时哉且落魄，此语吾所钦。傍听亦笑嗤，不责于仁慈。所幸异流俗，事物中思惟。

和张知县省食费韵

食馔不须丰，古人贵量腹。一饱尚何求，八珍非所欲。

犀筋厌未下，但折平生禄。造物赋人料，多少有数目。
更思途中殍，皆缘食不足。庄叟重鹑食，此篇时一读。

又省衣

衣服贵适宜，冬裘与夏葛。睠兹修行人，初不事精洁。
轻纱并丽帛，样新价亦别。每缣数千钱，拙工乱裁截。
些小未称身，中心已不悦。曾知有贫者，冬夏皆皮裂。

（二）张继先的歌行体

而七言乐府体主要是以吟诵为主，在内容篇幅上，一般比较长，吟诵时如行云流水，一气呵成。它可以自由转换韵脚来极尽内容多变、结构转折、气势壮阔、感情跌宕多姿之妙，这种诗体适宜于承载较大思想内容、抒发激越奔放之情，既有古乐府通俗明快的特点，又以文人抒情言志为主，形式以七言句式为主，间有杂言，文采飞扬，读来抑扬顿挫，所以人们又称之为“歌行体”。句式比较灵活，一般是七言，也有的是以七言为主，其中又穿插了三、五、九言的句子。

虚空歌

虚空荡荡无边岸，日月东西互宾饯。
东宾西饯几时休，生死场中如掣电。
本来真性同虚空，光明朗耀无昏蒙。
偶因一念落形体，为他生死迷西东。
堪叹世人全不觉，死即哀兮生即乐。
不知生是死根由，只喜东升怕西落。
东升西落理当然，休将情识相牵缠。
不信但看日与月，朝昏上下常周天。
生非来兮死非去，无有相因随所寓。
六道轮回浪着忙，真人止在虚空住。
真人住处无室庐，邻风伴月同清虚。
莫谓灵光只些子，包罗法界无遗余。
法界包罗大无外，密入纤尘小无内。
饥寒灾祸不能加，物物头头归主宰。
一堆尘土百年形，如舟泛水凭人行。

忽朝舟坏人登岸，枯木无主从沉倾。
莫腐莫回顾，万水千山几番渡。
这回到岸好焚舟，不须更说波涛苦。
有缘舟居不居舟，终不虞昨夜风雷撼山岳。
虚空不动常如如，识得真空方不昧。
古往今来镇长在，掀翻世界露全身。
尽度众生超苦海，真空消息非顽空。
纵横变化无终穷，听我一歌空裹曲，铁蛇飞上昆仑峰。

休歇歌

休休休，歇歇歇，休休歇歇无分别。千般要妙万般玄，只是教人各休歇。
既能休，复能歇，一切情缘皆断绝。饥餐渴饮困时眠，万死千生没交涉。
古圣贤，及明哲，一性绵绵周浩劫。光明相照合真空，休歇之余更无别。
地狱种，作冤业，六识炽然如火热。立我争人昧休歇，甘受碎身并拔舌。
休与歇，真口诀，无愚无智无工拙。从上师真只恁修，不遇知心谁肯泄。
休非休，歇非歇，大用现前无扭捏。主张元化绝形踪，囊括虚空超起灭。
亦无休，亦无歇，歇歇休休皆强说。欲知真歇与真休，一输皎洁中秋月。

钱塘有作

红霞映朱栏，白云隐青山。尘中人不到，双鹤舞柴关。
瑶琴一曲诗数篇，山童煮茗炉无烟。为思尘世去游乐，一别洞天今几年。
湘江江上月初白，湘浦浦边风色清。断肠声咽玉笛碎，愁杀霜堤多少情。
人生总浮云，仙家依旧春，归去来兮乐吾真。

和元规任从他歌

任从他，尽教他，莫管他，他是他非奈我何。尽日闲同方外友，高吟落笔如悬河。
世上无心结凡累，匣中有剑降阴魔。长生已悟玄关旨，从教乌兔走如梭。
尘劳汩没诚堪恶，孰肯飘荡随蹉跎。静处每思喧处事，到头空自竞嘘呵。
任从他，尽教他，莫管他，但从元气养冲和。
有时恣把丹书读，无事闲寻玉轸歌。我心非石不可动，任从俗论生乖讹。
松簪布褐且自乐，岂恋浮华张绮罗。神炉交媾炼金液，混乎湛湛而日多。

功行圆成共归去，飘飘飞盖拂霄河。任从他，尽教他，莫管他。

橐籥歌

休言大道无为作，须向房中明橐籥。过时不动片时闲，紫雾红光乱灼灼。青龙喜，白虎恶，赤蛇缠定乌龟壳。纵然过得尾闾关，又被曹溪路隔着。两条直上絜丹田，决言上有三清阁。阁下分明有玉池，内有长生不死药。依时下手采将来，服了蓬莱受快乐。

靖通庵歌

吾结草庵山之中，旁人笑我名靖通。都来方寸间田地，大包世界同虚空。我庵非通亦非靖，玲珑八面无形影。盈虚消息任天机，庵内主人都不省。有时风雪三冬天，山前尽日无人烟。顽空墨黑昼如夜，庵中光耀长周圆。有时风雷平地起，山沉江涌流云气。龙吟虎啸万形喧，庵内情缘无止起。环庵松竹连天青，冬不悴兮春不荣。人来谩笑庵居苦，彻骨贫来彻骨清。清贫生理十分好，翻忆朱门多饿殍。君能认得自家珠，终身岂羡他人宝。庵似身兮主似心，欲明庵主须参寻。驴胎马腹河沙梦，那知铁矿藏精金。高着眼睛速下手，只今觅取无中有。言穷理绝妄缘空，无毛狮子撩天吼。庵前大厦皆蘧庐，知音有几同庵居。若非捩断县崖手、谁解伊边认得渠。闲中有乐无人识，静处工夫闲里得。自然妙用自然真，向上神仙皆此出。浮生短景甚悠悠，一切庵坏便须休。溥劝吾门诸学者，不昧此庵须早修。

野轩歌

四海鲸鱼不足钓，纵使上钩吾不要。三岛神仙不足夸，长生不死数如麻。惊人名誉不足恃，万古英雄一场戏。些些富贵不足欣，何如野轩卧闲云。洞然劫火纤芥尽，此时睡着都不闻。野轩野轩在何处，宇宙茫茫无入路。十千仙子浪中潜，百万抟鹏地底度。此一轩，实奇特，神不知，鬼不测，东彻西，南彻北，中心一窍尘沙国。尘沙国界有微尘，一一微尘一真人。一一真人一真源，威仪队仗数亦然。时人若见野轩叟，正眼一觑皆奔走。呵呵呵，千古万古野轩歌。

寄林太守

长生门户谁不爱，只要自己下功夫。九宫台上黄芽生，白玉池边蟠桃在。撞动天关鬼神伏，拨转地轴阴魔败。河车搬上九重天，日月炼成金世界。

怀鬼谷山思真洞天因咏以赠元规

思真洞兮云水深，道人居兮鬼神钦。山花笑兮松竹阴，岩溜潺潺兮千古音。何时一造兮清神襟，攀石萝兮共笑吟。

(三)张继先五言律诗

五言律诗，简称五律，是中国近体诗(格律诗)中的一种样式。其格式是全诗共8句，每句5个字，有仄起、平起二格。三四句、五六句均为对仗句。

得请还山元规远迓遂成山颂

喜见石浑沦，忘言意独真。还寻石桥约，一洗客京尘。
香篆丹炉静，诗篇彩笔新。高霞不孤映，携手洞门春。

和浑沦庵超然即事韵

自得逍遥趣，从来乐静居。水边红杏小，烟外翠篁疏。
有物真常应，忘形内本虚。人间役尘虑，到此尽消除。

简元规泰定二公

傍水弦歌者，当檐执卷人。人心各有趣，天乐一何真。
畏日初交夏，闲花尚是春。不随寒暑变，只有劫初身。

秋夕

立秋之夕，对酒成章，粗遣清景，以招佳咏。

闪闪秋光好，行行万宝成。松高孤鹤唳，竹密一蝉鸣。
大醉衣襟湿，空歌风度清。腰琴宜更作，楚泽有余情。

送元规游麻姑

拂袖麻源景，飘飘逸兴清。不辞千里远，独步五云轻。
自有琴书乐，应无世俗萦。我惭阻追逐，回首谩驰情。

和元规拂云轩韵

疏翠拥高轩，虚徐欲出云。两楹清荫共，一阵好风分。
偏映琴书席，难栖燕雀群。主人怜直节，孰敢巧操斤。

答和元规

元规道人览予《心说》，作颂见寄，次韵奉答。

新文博不繁，披诵已清魂。意在诸缘外，心为万法源。

犹龙谁可测，牧马自微言。三复难穷处，重来得细论。

听元规琴

万物纷然在，浑沦声不流。昔人弦上取，今我意中求。
水激崖边石，风高岛上秋。相看得真乐，天地共优游。

喜晴

芍药都零落，山泉遂有声。尽知春去晚，深喜夜来晴。
高柳拂檐今，闲花照坞明。松间携好酒，今日思方清。

赠邓程二子

邓程二子传法于予，清坛事毕，赋诗以遗之。

不闭三天道，难回二子诚。露章招有感，裂帛喜为盟。
神剑一日试，法灯千古明。内观当自悟，至理本无情。

送正之法师

道貌古昂藏，声名万里香。紫霞衣缥缈，丹佩玉琳琅。
寂寞居岩馆，殷勤咏洞章。伫看功行满，飞盖上寥阳。

晒经

迟日满高台，书囊云锦开。梅蒸阳气透，林隐景光回。
洞究千神恍，高吟万恶摧。殷勤能启秘，须仗出群材。

晚步山间有作

宿鸟频来语，寻巢未得问。小星明更近，高桂冷初攀。
拂露松都在，因风信未还。岂无虚歇处，青及谢家山。

和元规寄杨子寓真岩韵

应到最高处，翘思上古人。风来多柏子，云去净嚣尘。
溽暑不到处，天花自在春。仙踪欲无着，流俗谩寻津。

次韵上勉元规

优游且消遣，认取本来人。痛苦边是妄，杳冥中有真。
煎烦徒自累，恬惔即长春。君岂知予念，予身非子身。

题度仪堂四首

屡赏中秋月，山堂亦怅哉。暂居行百日，常觉近三台。
大木声深夜，修篁荫静阶。倘非能自度，何以见归来。

近户皆林杪，元非妆点成。山中行不遍，雨后看尤清。
桃向天边种，云从岭上生。不通鸡犬到，时听度鸾笙。
骤尔升堂者，同乎白日仙。崇深邻圣像，超卓愧吾年。
微月兼寒露，乔松问野田。宫成方数载，犹使扣锺钱。
正向西窗处，两峰苍翠排。白云清画入，玄鹤几时回。
剪厌如毛竹，锄嫌绕砌苔。有时不开户，烟雨蔽阳台。

联句

翛然元规夜坐，酌余德儒所惠酒。因成。

共饮名家酒，三杯亦未辞。（张）摅怀谈道妙，举笔赋新诗。（石）虽病仍牵率，为欢信渺弥。（张）疏星联远汉，绿水湛前池。（石）未及裴君句，惭教乐所知。（张）翛然清且慧，泰定默如痴。（石）有美新荷近，无尘皓月随。（张）山风来细细，银烛耿离离。（石）青眼便为览，朱帘莫下垂。（张）睡魔浑散释，吟思愈清奇。（石）万态付一笑，千春总片时。（张）此情能共适，得志任人嗤。（石）道重皆相契，心机独耻为。（张）瞿昙作良友，老圣是真师。（石）四海无余事，诸公足自怡。（张）仙岩拏钓艇，云锦种丹芝。（石）世俗为无谓，吾人还有宜。（张）红尘聊应迹，紫府去非迟。（石）终始怀观子，友持愧伯慈。（张）功成当并驾，六合恣傲嬉。（石）

又

酒厌高阳价，人怀中古情。（张）把杯聊共乐，对景发新声。（石）十二分清气，三千外世荣。（张）天真聊所适，俗礼莫相婴。（石）蝉韵微微近，松声宛宛生。（张）林风侵坐冷，山月照人明。（石）籁静神尤爽，宵分气尚横。（张）星文玉烛焕，虎力紫毫轻。（石）得志非轩冕，游神必海瀛。（张）中元聊醉此，寓意笑虚名。（石）

七言再咏

醉倒尚夸云液美，吟看尤觉羽毛轻。（张）松轩怅望情何限，竹槛留连兴愈清。（石）水草远含青翠色，野花仍吐细微英。（张）风来画榻消残暑，雨过秋蝉送晚声。（石）仙境每看天路近，风骚不许世纷萦。（张）饶君先驾云间鹤，顾我还骑海上鲸。（石）白帝气刚群动肃，道人心正百魔惊。（张）共欣淡泊居林石，翻笑驱驰到市城。（石）溪上且同三笑乐，饮中要与八仙争。（张）莫言酒量全输我，会是诗名数石卿。（石）

同游栖真联句

兴为栖真来，情因昔人动。(张)昔人道非孤，今人心乃共。(石)静有物外乐，清无世间梦。(恭定)至论超形神，谈歌彻岩洞。(张)野色杂茶瓯，松声入琴弄。(石)未可赋归欤，更揭流霞瓮。(恭定)

祷雨应时喜而联句

何以慰黎民，山川朝出云。精诚动天地，丹悫在词文。(张)南亩苗初槁，西郊雨已纷。林峦添郁郁，草木共欣欣。(石)休怪芝田茂，其如羽服勤。穹苍岂私曲，流俗足妖氛。(张)途路尘埃息，轩窗暑气分。丰年慰农叟，盛德谢吾君。(石)枝润惊林鸟，厨清绝楚蚊。(张)上真何以报，惟把宝香焚。

浑沦庵成翛然子亲庆因以何字为韵共酌联句

作室观灵境，功成事若何。(张)琴书消日月，耕钓老烟萝。(石)为羡云踪远，时将酒共过。(张)东岩开玉洞，西涧泻银河。(石)整佩思天柱，观棋悟烂柯。(张)真情敦澹薄，世业信蹉跎。(石)绝迹求无累，澄心到不波。(张)浑沦甘宴息，真率谢浇讹。(石)尘秽千峰隔，风流万气和。(张)乾坤堪比寿，乌兔任如梭。(石)仙至不无谶，鹤来信有他。(张)

正月上旬，白鹤数十群飞至此，盘旋移时乃去。

煮茶留客话，种药救民痾。(石)竹露延清荫，兰风动妙歌。(张)闲寻仙传读，静把玉经科。(石)大道犹衣袂，嚣尘自网罗。(张)有生如石火，移世似灯蛾。(石)欲入高仙调，毋教下鬼唆。(张)茅檐无一事，时复动吟哦。

饮罢联西江月

此夜月华如昼，东池不让西江。月明人静满庭芳，酒兴诗情贪长。(张)未忍茅堂归去，濡毫且趁吟狂。灯前高咏对幽窗，却笑青春流宕。(石)

(四)张继先的七言律诗

七言律诗是律诗的一种。律诗是中国近体诗的一种，因其格律严密，故名。起源于南北朝，成熟于唐初。八句，四韵或五韵。中间两联必须对仗。第二、四、六、八句押韵。

京师夜坐怀浑沦庵有作寄之

独坐空庐静可知，江城意味岂如斯。君看风实初成处，自称蟾华欲妙时。酒兴愿同云叟乐，风尘无取庆宗诗。山中林壑虚明境，不得归吟有所思。

次韵答赵尚书

炎蒸时节别家山，霜雪如今却渐寒。恨我虚名徒涉世，忆君高语共凭栏。比因厌客连朝卧，长是援琴终夜弹。已得明春归去旨，预惊灵鹤整翎翰。

送于真人

仰慕清声实积时，前朝因幸拜彤闱。稍瞻风致频相见，又恨霜天遽告归。至德谩劳中下笑，高才须信古来稀。自惭功行亏杨许，安得南真试太微。

新荷

败荷已尽小荷圆，照眼含香尚忍怜。月帝来寻青玉匣，金童立认碧铜钱。已凝重露资清气，何幸轻风扫淡烟。远有华峰全美在，花开般捧烂红鲜。

钱塘

几万人家水绕城，白云开处见丹青。地连金色三千界，山映瑶峰六尺屏。晓凭阑干披宿露，夜收帘幕透寒星。浙江风物端无赛，半拟蓬莱半洞庭。

恒甫以新茶战胜因咏歌之

人言青白胜黄白，子有新芽赛旧芽。龙舌急收金鼎火，羽衣争认雪瓯花。蓬瀛高驾应须发，分武微芳不足夸。更重主公能事者，蔡君须入陆生家。

题皇仙宝积观

仙去仙人往结庐，我来自喜驻云车。秋阳今日七月九，花蕊长春千载余。一孤松前流水出，数行沈约戏题书。围棋注酒餐莲实，聊复有无谈太初。

京师七夕率赋

七夕风光岂易阑，一年一度巧相干。不惊高处流星过，尽向今宵仰面看。花月有情天阙冷，胭山随分酒杯寒。从兹肃肃秋阴后，却恐衣衾未复单。

自京还始来龙变轩觅故年幽致闲成长句粗写虚心

寻得故年香翠团，共将真赏倚阑干。几随白日飞仙变，半为今朝宝黑乾。
光冷未粘春物笑，影疏来趁月华看。江南秋景犹繁剧，赖此一襟风月寒。

还山

长年京国甚羁囚，丘壑归来始自由。流水有声如共语，闲云无迹可同游。
猿依松影看丹灶，鹤与芦花入钓舟。如此栖迟良不恶，红尘何事辱鸣驺。

答太守虞察院游仙岩诗

累年林下意何长，岩谷风霜亦备尝。俗客不曾交得到，达人应未以为狂。
江亭昔造怀宁海，石屋今居似濑乡。谁拟上饶新太守，却因朝谒到山阳。

玩月翛然堂

密林崇岫往留连，十载官非上士班。赤帝御龙行末伏，嫦娥分月入深山。
关津洞远干戈后，食息将安州里间。今也柳堤真吏隐，清流华薄地宽闲。

题冲虚堂

养其冲气以全生，柄息虚堂只数楹。南浦道高坊号美，太微风暖木兰清。
百章为爱青林密，三体应书老子成。未有紫宸朝觐日，两余几处白云轻。

赠项先生

琴斋乃予旧居，以琴名斋，吾为之也。项先生与诸生居之，谈庄讲老有佳趣。向尝造焉，而忆往事，乃亦有分胜多拣之处。成诗呈项先生者，书其实耳。

琴斋高致有真风，山閤延宾未折中。来问死生非碌碌，为谈庄老肯匆匆。
喜今可与君还往，惜昨曾留客许同。处士或将方寸比，斯人为不殢焦桐。

浑沦庵庆成

高斋忽已庆成功，赤石苍崖入眼中。贞节由来拘世业，稚川随处是家风。
红金柜隐书尤秘，碧玉壶清酒不空。崑阆归期应可展，我来时欲笑歌同。

仙岩寺

依然仙迹倚岩开，真馆何年竟草莱。今日梵宫方得到，旧时玄鹤也飞来。

一条涧水琉璃合，万迭云山紫翠堆。禅客夜深能共坐，满窗明月正徘徊。

汪务玄降睡有作

万籁沉沉月满空，一枰初胜务玄翁。金壶饮罢前村酒，玉轸闲歌太古风。
羡我无眠神已爽，笑渠贪睡意何浓。回头为报孤云道，清浊由来自不同。

和答周提刑

试于闲处寻闲境，松竹无言绿满秋。方外每烦勤下谕，山隅何幸偶来游。
一帘芳草庭前长，千载遗书圯上求。得请南还乐居此，清谈深感圣恩优。

本竹治

有兴来登最上山，真风长在可跻攀。世间浊质能相信，云外清游岂肯闲。
怪石欲飞明落落，惊湍直下响潺潺。寻常众目应难见，云拥真人暗往还。

蒙秦治

紫垣佳客有灵踪，独木为桥处处同。一自浑家参太极，更谁连步上青空。
槛前怪木冬长碧，岩下灵光夜久红。真泽不随时世斩，出尘人世入神功。

平盖治

昔人已去附龙鳞，神所犹存录籍真。洞口记曾三拜日，云间别是一家春。
钓丝无迹龟鱼静，樵客忘机虎豹驯。金井未经新汲引，已无胸次一纤尘。

云台治

汉朝人与道翱翔，是处遗踪属静方。烟外桃花非俗种，风前柏实有余香。
杖穿翠霭通深窅，舟驾洪波入渺茫。千八百年三十代，云台空碧佩琳琅。

烬口治

真真相袭养真材，万木深沉一水回。珠逞夜明秋浪定，磬含霜韵晓霞开。
二仙已远教谁遇，三粒还能待我来。若遣青童验轮迹，断烟无影落苍苔。

后城治

近枕长河即化坛，拟超坛侧到河干。丹砂在地经冬暖，玉竹成林入夜寒。
水鹤应思冥象外，山翁愁不到眉端。杖头已指丹霞景，密有尘罗络我难。

公慕治

一坛幽占万松阴，意为寻真特地深。翳翳野云披绿岸，时时疏雨洒青林。真图未落前朝手，短褐堪求古圣心。鹤辇近过游息处，桃花流水尚堪寻。

平冈治

千松万竹荫真祠，多少寻真不记归。枕石池台全似古，穿云溪涧一如飞。玄猿夜久鸣寥阒，黄鹤风高入太微。直自六天浑屏静，圣功何代不皈依。

主簿治

映尽朝阳与暮霞，苦无轩冕送尘沙。旧闻灵草千年种，近有幽人一两家。彩凤每来寻竹实，灵禽时复啄仙花。伟哉往昔轻腾客，岂有心贪五马车。

玉局治

座隅依约有余香，威丧如存动悚惶。笋石并抽擎天关，金泉一带自汪洋。因谈妙有开迷径，直指无何入故乡。季世孰能稽万一，日随诸境愈忙忙。

北邙治

满坛明月化宫春，千古依依杨柳津。碧沼不容生俗物，玉毫宁复示俦人。幽寻已与三玄约，静乐谁知一点亲。世外清游堪准拟，轮蹄无迹辗香尘。

(五)张继先的词

张宇初编纂的《三十代天师虚靖真人语录》卷之六中，共收录词作 55 阕。[①]近人朱孝臧编纂的大型词苑总集《强村丛书》(广陵刻印社影印清宣统刻本)中收录了张继先的《虚靖真君词》一卷，词作共 45 阕，其版本来源为知圣道斋藏明钞本。[②]此外，唐圭璋编纂，中华书局 1999 年出版的《全宋词》收录张继先词最多，共 56 阕，其版本来源为八千卷楼旧藏明钞九家本张继先《虚靖真君词》和紫芝漫钞本《虚靖词》。[③] 张继先在词作方面也取得了一定的成就，首先，他不仅能

① 《三十代天师虚靖真人语录》卷之六，参见《中华道藏》第 26 册第 146 页—152 页。

② 朱孝臧：《强村丛书》广陵书社，2005 年版，该书第二册收录张继先《虚靖真君词》共 45 首词作，第 398 页。

③ 唐圭璋编：《全宋词》，中华书局出版社，1999 年版，第 977 页—990 页。

轻松驾驭为数众多的词牌，词作直抒胸臆、风格绮丽。此外，他还自创词牌《雪夜渔舟》，风格独特，别具一格，被收录《御定词谱》中。清代江顺诒《词学集成》称："张虚靖之《雪夜渔舟》，即《绣停针》。……欲辨词体，定词律，必先自考同调异名始。"《御定词谱》则称："此调只有此词，无别首可校。"就是对张继先独创词牌的最大肯定和褒奖。该词牌如下：

虚靖真人《雪夜渔舟》

调见《虚靖真人词》，因词中有自棹孤舟，顺流观雪句，取以为名。

雪夜渔舟

双调一百字，前后段各十一句，六仄韵。

晚风歇（韵），漫自棹孤舟（句），顺流观雪（韵），山耸瑶琴（句），林森玉树（句），高下尽无分别（韵），襟怀澄彻（韵），更没个（读），故人堪说（韵）。恍然尘世（句），如居天上（句），水晶宫阙（韵）。

万尘声影绝（韵），莹虚空无外（句），水天相接（韵）。一叶身轻（句），三花顶聚（句），永夜不愁寒冽（韵），漫怜薄劣（韵），但只解（读），附炎趋热（韵），停棹失笑（句），知心都付（句），野梅江月（韵）。

此调只有此词，无别首可校。[①]

《三十代天师虚靖真人语录》卷之六中也收录了该词，但是跟《御定词谱》上的词，在文字上有一定的出入。如：把《绣停针》写作"绣定针"，"愧伶鄙劣"和"漫怜薄劣"等文字上的不同。

点绛唇

祐陵问：所带葫芦如何不开口？对御作。

小小葫芦，生来不大身材矮。子儿在内。无口如何怪。藏得乾坤，此理谁人会。腰间带，臣今偏爱。胜挂金鱼袋。

忆桃源(二首)

蔡师元疑予及神翁、侍宸。师元发问予：如何是修炼之术？予走笔成小词

① 见《御定词谱》卷二十八，《四库全书》集部。

以答之。

长生之话口相传，求丹金液全。混成一物作神仙，丁宁说与贤。休咽气，莫胡言，岂知造化玄。用铅投汞汞投铅，分明颠倒颠。

白云堆里采芙蓉，枝枝香艳浓。灵龟岸畔起祥风，楼高十二重。黄金殿，碧云笼，丹砂透顶红。神机运处鬼神通，清真达上宫。

临江仙

邓恒甫画六鹤于浑沦庵，请予题。遂作。

莫怪精神都素淡，全谙千载松头。羽人幽意苦相投。殷勤争点写，展转动吟酬。况有咸阳兄弟事，教人闻见忘忧。我生曾是眷仙标。一从挥洒后，相继未能休。

沁园春(三首)

降魔立治

劫运将新，天书降恩，圣师命魔。正阴阳错忤，鬼神淆混，依凭城市，绵亘山河。杀气闭空，阴容夺昼，万姓罹殃日已多。青城上，现琉璃高座，忽起巍峨。群妖忿怒扬戈。竞奔走、攻山若舞梭。感神光一瞬，龙摧虎陷，威音一动，电掣霆呵。立活化民，摄邪归正，生息熙熙享太和。风云静，见天连碧汉，月浸澄波。

又

真一长存，太虚同体，妙门自开。既混元初判，两仪布景，复还根本，全藉灵台。浩气冲开，谷神滋化，渐觉神光空际来。幽绝处，听龙吟虎啸，蓦地风雷。奇哉，妙道难精解，点化愚还成大材。试与君说破，分明状蚌含渊月，秋兔怀胎。壮志男女，当年高士，莫把身心惹世埃。功成后，任身居紫府，名列仙阶。

又

急急修行，细算人生，能有几时。任万般千种风流好，奈一朝身死，不免抛离。蓦地思量，死生事大，使我心如刀剑挥。难留住，那金乌箭疾，玉兔梭飞。早觉悟、莫教迟，我清净谁能婚少妻。便假饶月裹，姮娥见在，从他越国，有貌西施。此个风流，更无心恋，且放宽怀免是非。蓬莱路，仗三千行满，独跨鸾归。

临江仙(和元规)

蠢动含灵天赋与，逍遥性分元均。莫生异见乱吾真。只今中有主，浑与化为人。那更徽词清澈底，轻埃欲染无因。惟应得此便凝神。百魔咸息战，六道永停轮。

满庭芳

闲裹工夫，无中妙用，切休拟议参详。龙降虎伏，真土自中黄。行动起居寝食，随缘度、莫动真阳。归根处，神凝脉住，玉界发天光。风，高鹏翼远，水深舟运物，理昭彰。但明心是道，专役天罡。信口呼神召鬼，和旸谷是颠狂。痴迷者，风霆在手，应用反乖。（张）

临江仙（和元规览杨羲传）

自古清真灵妙降，安妃来就杨君。因缘冥会异常伦。仙风聊设相，真道本无亲。惟有元规能访问，深将此意相闻。大家宜赏缀新文。免教尘秽士，诮笑上天人。

满庭芳（用于真人韵和元规）

心境双清，古今同乐，胜缘休道无媒。天门高妙，应伏至人开。岂比寻常意绪，方寸地、不贮纤埃。仍须信，金坚石确，一志断无回。真元，真可爱，真师真友，且喜无猜。就中更脱洒，不顾形骸。可是正容而悟，凭真趣、改易凡胎。神明会，尘婴世网，莫共话由来。

洞仙歌

孤峰绝顶，更无人能到。万里虚空没边徼。正秋高景静，雾卷云收，风露裹、惟有月华高照。浮生纷过客，好天良夜，醉舞狂歌错昏晓。有谁知、一性圆满恒河，亘万古、光明不老。竟对月、论利与谈名，全不想驹阴，暗催年少。

渔家傲·对酒成呈介辅

草草开樽资一笑，生病苦随缘了。友义交情如地厚。心相照。今人莫遣前人诮。灯火荧荧山悄悄。芝兰佳气松筠茂。得便盘桓尘世表。香初透。邻鸡且莫催清晓。

更漏子·和元规天和堂

固元精，收听视，物外身无此地。接子谬，季真非，无为翻有为。但心虚，教腹实，密与寥天为一。华阳洞，广寒宫，人人方寸中。

喜迁莺（二首）

题郭南仲庵壁

深源密坞。问牧竖樵童，俱迷方所。蓬藋纵横，龙蛇出没，玉峡搀空无路。不恋雁塔荣名，解守鱼渊寒素。这勤苦。但坚心自有，神灵呵护。猛悟。无回顾。一点虚明，万劫无今古。胎息根深，灵泉穴秘，静裹运调阳火。莫问地久天长，管取收因结果。休轻负。把天谷真基，与君说破。

又

情缠识缚。叹时人不悟，酒中真乐。从口招愆，迷心失行，却道为他狂药。须信醉舞狂歌，也有良知真觉。无依泊，任暖气同流，三关三络。落魄。清闲客、醉乡深处，风月长酬酢。空花消息，光明显露，人我自皆忘却。不问市酤村醪，尽可浅斟低酌。从鄙薄。竞口口谈醒，言言成错。

春从天上来（鹤鸣奉旨）

玉土平平。正海息波澜，岳敛云烟。三景虚明，八表澄清，一月普照诸天。有流霞洞焕，映黍珠、徐下空玄。绝形言。见千真拱极，万气朝元。当时鹤鸣夜半，感真符宝篆，特地亲传。碧湛龙文，红凝龟篆，绛衣无鬣蝙跹。计功成果就，垂真教、廓景飞仙。已千年，亘灯灯续焰，光朗无边。

更漏子（用于真人韵）

是和非，双打过，免共相魔生火。谈有相，损顽空。齐居看望中。圣贤风，行处在。巧智争如休卖。诗与酒，且乘闲，随缘发笑颜。

瑶台月·元宵庆寿

天开景运。记建武中兴，炎刘重盛。明良际会，八表风雨调顺。甚一时、岳降生申，正千载、河清诞圣。祥云拥，流霞映。飞仙拱，魁星炯。佳应是、师真毓瑞，人天交庆。蔷薇香满元宵景。耀天目、神光如镜。现龙章凤质，降伏群魔归正。禀玄元、立教开先，悟至道、心空神领。昌元嗣，明真境。同无有，怡清净。绵永度，三途六道，神仙同证。

风入松(用介辅韵赋)

深耕易耨寸田中，看真个英雄。夜来犹上星台望，全不厌、水绿云红。便是清交素友，频相视、笑晴空。玉阶瑶梵翠重重，带萱草葱葱。流霞尽饮何辞醉，更休数、尘裹千锺。晓夜朝元去也，怎忍舍、大夫松。

惜时芳(对竹赋)

虚心劲节争萧散，无冬夏、钩栏侧畔。霜风雪色沉沉晚。残不了、细枝纤干。情中意里尘沙恨。试与聆、弦歌急慢。无嫌青翠开青眼，相看似、太原家惯。

清平乐

天先天后，真土藏灵秀。妙用自然循火候，节节薰蒸教透。不分龙麝檀沉。都能入鼻通心。待得烟消息住，浑身变见真金。

苏幕遮·用伍先生韵和元规

先天生，后天久，道有真诠，谛听当时受。恰是迷天迷望斗，只恐微躯，薄幸随枯朽。

西江月(又和前人)

蓬户横开寥寂，寒窗侧映清晖。竹风偷入五香帏，还有好音相惠。须信毫芒可入，明珠胎裹忘机。宵狂夜宴是和非，月府仙人无愧。

南乡子二首(和元规)

无奈这群迷，味色声中若系羁。尽任改头兼换面，何悲。不染伊时不管伊。春去又秋兮，莫遣空逾十二时。好把自然真妙旨，修为。尘事劳仍道甚夷。

又

久不上春台，直待将身跨九垓。懒向人问深有谓，氛埃。难趁邪风触圣胎。水槛映山斋，赏遍从容首自回。长谢故人书曲意，微哉。赢得腰琴拂袂来。

望江南(观棋作)

秋枰静,黑白两奁匀。山水最宜情共乐,琴书赢得道相亲。一局一番新。松影裹,经度几回春。随分也曾施手段,争先还恐费精神。长是暗饶人。

西源好十二首(次元规韵并序)

某一喜西源,壁立峻峙,无一俗状,疏松密竹,四通九达,青玉交辉。天作高山,地灵若此。常相谓曰:身处真人之墟,而不知也。登戏珠峰,以见虎蹲龙跃,远壁遥岑,皆在其下。考室在靖,建名榜之。水中花,圃中蔬,山光竹新,白屋逾静,得其居矣。昔之思归,见十二篇之曲。同声相应,故和之。

西源好,仙构占仙峰。一鹤性灵清我宇,万龙风雨乱霜空。高静太疏慵。天地乐,山水静流通。行坐卧怜尘外景,虚空寂是道家风。非细乐相从。

西源好,龙首虎头高。风雨每掀清宇宙,林峦长似涌波涛。吟詠有诗豪。成大乐,美称适相遭。醮斗清筵投羽札,启元喜会执金刀。身净隔纷骚。

西源好,岩馆凿松崖。五斗洞前斟玉斝,半酣窗外抚金杯。无累自悠哉。青翠色,玉竹自新栽。风到莫来摇老木,雨霖时复洗苍苔。如此恼诗才。

西源好,春日日初长。不看人间三月景,常思天上万花乡。幽赏一时狂。歌笑也,空洞大歌章。千业净来风谷秀,三云归后月林光。沉麝似兰香。

西源好,迎夏洒炎风。红锦石边怜一派,老张岩上恋群峰。时得化龙筇。琴振玉,晓色倚梧桐。黼黻文章朝内盛,山川林木野亭空。朱火焕明中。

西源好,秋景道人怜。时至自然天气肃,夜深犹喜月华圆。长啸碧压巅。须信酒,难别咏歌边。是处伐薪为炭后,此时尝稻庆丰年。童子舞胎仙。

西源好,冬日雪中松。携手石坛承爱景,静观天地入清宫。恰似大茅峰。襟袂冷,琴裹意浓浓。吹月洞箫含碧玉,动人佳趣转黄钟。情绪发于中。

西源好,幽径不成斜。山谷隐连无改色,池塘空静默无瑕。人钓水之涯。仙舫小,人欲盼君家。归棹日回如览镜,放船星落似乘搓。风雨乱寒沙。

西源好,神洞自相求。傍水垦田流涧急,斫山开径小花浮。踪迹旧人留。忘万物,爽气白云收。司命暂曾寻寝静,紫阳真是步条幽。思继此公游。

西源好,人在水晶宫。长愿玉津名濯鼎,恰如龙井到天峰。的的好遗风。清澈底,岂忤李唐隆。自浸岩前压石洁,不笼天外岭云浓。澄澈莹怀中。

西源好,雨霁敛红纱。碧水静摇招钓叟,绿岩寒迫起渔家。携驾会春茶。

风浩浩，锦荫石屏华。濯鼎上方敲翠竹，辘轳西去碎丹砂。休问乐津涯。

西源好，还向观庭西。弃晚菊明方丈外，傍寒梅放六花飞。三鹤会同时。清净宇，处一贵无为。戴月夜中仍是别，御香原上不须迷。于此振衣归。

更漏子（再次韵于真人）

诵真经，期万过，未灭无明心火。宜回首，探真空，融怡淡寞中。自古人，何处在，谩记声名沽卖。抛尘累，养清闲，琼浆自驻颜。

苏幕遮

抱孤琴，弹小操。独坐幽轩，尽日无人到。唯乐烟霞长啸傲，明月清风，今古长为道。识乾坤，知牝牡，懒共尘劳，汩汩争奔走。爱杀高眠消白昼，一任他家、玉兔金乌走。

减字木兰花（呈鉴义王介辅）

严寒冬月。前日阳生几降雪。松柏凌霄，森耸庭中叹后凋。昔人犹豫，身入山林深静处。今古同符。好趁笙歌且自娱。

满庭芳（呈鉴义王介辅）

调理三关，安和四体，静无忧挠相煎。太微冥契，元始语诸仙。玉宇重修妙典，西台南、岳题篇篇。偏崇好，身田在世，心向太清天。云边。曾降圣，金坛夜拜，高驾留连。论琼华灵液，形与神全。形体须凭妙气，神来舍、黄阙丹田。真精旨，明光辅相，天地保长年。

望江南（寄明权）

秋夜事，月裹竹亭亭。清籁与谁喧池水，微风遣我下檐楹。圆缺若为情。终南道，累寄笑歌声。丹阙夜凉通马去，黄河天晓照舟横。联辔去还成。

江神子

彩云楼阁瑞烟平。雨初晴，月笼明。夜静天风，吹下步虚声。何处朝元归去晚，双凤小，五云轻。落花流水两关情。恨无凭，梦难成。倚遍阑干，依旧楚风清。露滴松梢人静也，开宝篆，诵黄庭。

鹊桥仙(寄明权)

神清心妙，山长水远，有分何年瞻望。晴空一月彩云飞，又起我、无穷想象。一易门径，九华恩露，唯愿分明指向。竹风频起紫微烟，似有意，许归吾乡。

水调歌头

师于泗州尸解，后化身青城，作付萨守坚真人。

高真留妙诀，达士济群迷。心清行洁，天人凡圣尽皈依。不在般精运气，不在飞罡蹑斗，心乱转狐疑。但要除邪妄，心地合神祇。悟真空，离世網，绝关机。养吾浩气，驱雷役电震天威。混合百神归一，一念通天彻地，方始了无为。叱咤生风雨，挟世佐明时。

度清霄六首

一更一点一更初，城门半掩行人疏。茅庵潇洒一事无，孤灯相对光清虚。蒲团安稳身不拘，跏趺大坐心如如。月轮微出天东隅，空中露出无名珠。

二更二点二更深，官钟声绝夜沉沉。明月满天如写金，同光共影无昏沉。起来闲操无弦琴，声高调古惊人心。琴罢独歌还独吟，松风涧水俱知音。

三更三点三更中，烟开雾敛静无风。月华迸入水晶宫，四方上下同一空。光明遍转华胥同，千古万古无初终。铁蛇飞舞如流虹，倒骑白凤游崆峒。

四更四点四更长，伏牛送鼠心不忙。丹炉伏火生新香，群阴剥尽回真阳。金娥木父欢相当，醍醐次进无停觞。主宾倒置情不伤，更阑别去还相忘。

五更五点五更残，青冥风露逼人寒。扶桑推出红银盘。城门依旧声尘喧。明暗二景交相转，生来死去纷易换。道人室中天宇宽，日出三竿方启关。

独自行兮独自坐，独自歌兮独自和。日日街头走一过。我不识吾谁识我。人间旦暮自四时。玄中消息一不推移。观面相呈知不知，知时自唱啰啰哩。

沁园春(用伍先生韵呈元规)

况有夷途，正透元关，众所共传。愿万魔披散，诸尘荡尽；琴心和雅，天性清圆。未信凡流，可回高步，留恋形声情更延。真消息，定如何唤醒，聊证言诠。虽由宿命因缘，达士何曾无慨然。算尽专为妙，闲多乐少；一成潇洒，永绝忧煎。

影照澄潭，声流虚谷，业火消亡睹瑞莲。安平泰，看坚完如地，长久如天。

泗洲尸解颂(靖康丙午冬)

一面青铜镜，数重苍玉山。恍然船夜发，移迹洞天间。宝殿香云合，无人万象闲。西山下红日，烟雨落潸潸。

(六)张继先的五言绝句、六言绝句和七言绝句

1. 张继先的五言绝句

鸡

鸡德灵居五，峨冠凤彩新。五更大张口，唤醒梦中人。

炼丹岩留题

鹤来松有客，苔去石无衣。黄金浮世在，白发故人稀。

戏吟

落魄正当年，人皆笑我颠。乾坤时运动，沧海渺无边。

竹

雨过江皋净，风来庭槛清。此君故人好，入夜听秋声。

书林管辖扇

九鸾陪玉兽，八凤荐金芝。青童歌妙曲，玄女唱清词。

青城洞阳大人

青城老洞翁，名籍丹台上。日日诵黄庭，感得祥云降。

野轩偶书

日日双萤火，乾坤一鹊巢。野轩有凉户，谁敢等闲敲。

2. 张继先的六言绝句

题崇仙观知足轩

此性本无一物，涓水亦自圆明。借问先生足处，轩前月白风清。

静室偶书

贫有清风明月，富无红粉膏脂。子午凤朝元始，去来雷电相随。

3. 张继先的七言绝句

钟

金晶铸就斗星悬，挂向琼楼知几年。好是五更残梦裹，一声敲透白云天。

咏窗

无意殷勤遮皓月，有心特地隔红尘。从兹虚室长生白，占得桃源洞裹春。

白菊

陶家篱下未开时，曾得西风借力吹。月影夜深笼素艳，分明残雪两三枝。

题濯鼎泉

演法观崇真之院一方池，清泉不竭。昔汉天师尝濯鼎于此池，故得名焉。比即池傍作小轩，书名以揭之，庶几幽光不泯，灵景常清，故申之以颂。

几千年浪碧澄澄，对景难忘我祖情。

乐就也知曾借力，轩成方见不辜名。

浩然子观节竹杖

本是子猷园裹枝，今朝分取手中携。自怜高节虚无物，野外山行得共伊。

赠青城洞翁二首

神仙抱一养玄微，九载功成白日飞。道在当人须顺授，今朝何必秘天机。

人间久矣喜相倍，道术参同岂吝哉。他日功成果轻举，为吾天上作梯媒。

妙应大师往钱塘欲予赠行

太真宫室上方新，归去先垂紫诏人。天目洞霄期过处，星冠应不冒风尘。

庵居榫咏九首

甓瓦完齐土壁坚，藩篱周匝没疏穿。人来僈笑无华旆，风雨须教安稳眠。

庵前桃李春争开，雪裹见花惟有梅。莫谓枝梢有分别，根本自异非人栽。

春蚕丝尽即生蛾，秋燕雏成不泥窠。山雉经时藏窟穴，也能龙化入烟波。

长松偃蹇不依林，枝条高盘千亩阴。昨夜酒醒风雨急，半空仿佛听龙吟。

南山雨过北山出，昨夜月明今日晴。云气自舒还自卷，太虚万古常清明。

莫羡庵居景物清，须知乐自苦中生。山前尽日幽寻客，多说荒蹊不可行。

柴门虽谩不曾关，宾客从他自往还。连日山寒声影绝，蒲团危坐更安闲。

晴日暖风时出游，冷烟凄雨便归林。云还樵斧溪边牧，不似畸人得自由。

钟声鼓声朝夕鸣，茶烟炊烟先后生。云衣霞珮栖山客，兀兀穷年无一营。

寄元规

白日未中气色明，玉壶兴入西源行。草堂羡我不共往，竹风为汝致幽清。

莲花

淡淡红生细细香，半开人折寄山房。只缘清净超尘垢，须似风流压众芳。

勉弟子还山颂

昔劫因缘今劫会，昨日颜容今日改。世间沧海尽桑田，慎勿重来呈傀儡。

示汤弟子

子欲济民非为己，我贪修道不忧贫。直须勉强方成业，只恐因循易老人。

传庆后作

道人愿力如天溥，度尽众生方自度。若还纤芥未蒙恩，我终不舍升天路。

送九龙徐正之归麻姑

步冲晴雪过前滩，鹤迹云踪孰可攀。也似来时无一物，却凝归去是三山。

对月分韵得清字

碧霄澄澈素芒清，一片多情四海明。花院空庭冷香裹，羽人心胆欲寒生。

访友不遇题

庵裹人行庵外路，庵外人来庵裹坐。遮头茅草欠坚牢，年年风雨年年破。

四、张继先天师撰写的文献

张继先天师留下的文章不多，在《三十代天师虚靖真君语录》中仅收录了九篇，除了《心说》、《开坛法语》和《谢官职表》之外，大都是跟当时官员和高道的书信往来。这些书信反映出，张继先天师当时已经声名远播，跟当朝官员的交游极广，其中不少官员已拜他为师，向他学道。

开坛法语

君不见千丈梯，倚于峻岭，蹑之可至颠峰，临于陆地，则数尺墙不可越。梯非不及，所立者非。万斛之舟，安于大川，济之可涉江海，委于湫水，则数步溪不可渡。舟非不能，所安者非。吾家法箓，上可以动天地，下可以撼山川，明可以役龙虎，幽可以摄鬼神，功可以起朽骸，修可以脱生死，大可以镇邦家，小可以却灾祸。然得之在修，失之在堕。故匠者与规绳，不能使必巧；师者与模范，不能使必行。但人之恩情魔阻，名利障难，罪衅日增，未尝少息。生形无父母，身外谁亲？度日不过衣粮，积之何用？荣华富贵，秉烛当风，恩爱妻儿，同枝宿鸟。高车大马，难将长夜之游。美妾艳妻，宁救九幽之苦。雕墙峻宇，白玉黄金，偶尔属君，不可长守。茫茫三界，碌碌四生，一逐逝波，永沉苦海。莫待酆都使至，黑簿勾名，到此悔之何及？今日汝去父母国，来亲师匠门，蹑蹻担簦，冲霜冒雨，倾肝涤胆，来瞻太上之真风，赍信投名，拜受天师之秘箓。从兹已去，革故日新，名虽奏于高穹，身尚拘于世网。从前恩爱，割绝渐休，日后冤憎，相逢莫结。惟是解纷挫锐，济物救人，养性安恬，存神静虑。攀缘既断，火必息于心猿；妄想不生，内自停于意马。知身是患，见命为真，阳不煦生，阴不幽死。自是大风不动，劫火难烧，念既绝于三尸，性岂着于五欲。瑶台阆苑，为自己之家乡；爱海恩山，是他人之活计。人生何定，白首难期，日月迅速，下手犹迟，若更蹉跎，空成潦倒。此生幸到宝山，不得回时空手。伏愿皇基永固，圣寿延长，四夷不战，来王万国。无私自化，然后十方三界，六道四生，一切有情，俱登道岸。今则玄坛已就，开度俄临，不敢久立学人。伏惟珍重。

答池州太守书

马休粮来，特承附书，复审已移成都，虽跋涉少劳，所履泰定。法箓且竢盟申，谨须躬临盟珮，以全仪式。因风聊布手诚，休粮去别奉状。六月十三日，某上望之太守。

答真定府太守书

久违冰表，遽损琼缄，喜闻起居，克臻冲适。欣惟安府侍郎，结发从道，奋身守儒，浩乎学海之巨波，卓尔文林之伟杰。伫看大用，以副群心，即遂参承，但深欣怿。某上真定府太守。

答汤明权启

某启：久服徽名，阻亲玄论，仰斗每劳于梦寐，披风远隔于烟霞，云会未遑，琼缄首辱，荷至诚之尤甚，顾鄙野以何堪。共惟明权，玉阙高仙，瑶台上客，弃利名之缰锁，务道德之枢机。罔象存神，探玄珠于赤水。恬和养性，合至理于华胥。更宜拯济难危，提引愚下，全尽真人之德，发挥太上之风。庶几羽盖龙鳞，共访华阳之境。云旌霓辇，同游太极之天。

答太守林公书

曩者所授功法，乃得圣师口诀，更在勤行。虽然不白日轻举，亦得身色无遗，在世延年，长生不死矣。奉祝，奉祝。某上林公道友。

答林灵素书

瓢笠无情，云烟奚取。金门红雾，漫为天上之游。白石清泉，方保山中之适。萍梗偶成于会合，云泥各致其逍遥。一隔江山，屡移寒暑，闲名日起，浪迹时睽。靖惟道本自然，神非别有，明月周流碧汉，光本无形；白云来去青山，色非有踪。蚕入茧而蛾去，雀赴水而蛤生。变化斯须，循环影响，趋向不干于模拟，浮沉自得于方圆。万象有杀有生，春花秋落；一气互消互息，夜露朝晞。五湖放浪于扁舟，三岛翱翔于玄鹤。升高须远，就下无难，不昧先机，方为达者。远承梅驿，径复华笺，幸阕冲和，适符欸记。

传天师与弟青词

昔三天之后，父往而子来，今诸箓之师，兄辞而弟受。当小臣之披戴，祈太极以鉴知，将储福于微躬，实难忘于大赐。臣无任。

谢官职表

时不迨人，恨蒙天眷，恩沾同气，庆洽私门。自愧宠惊实增，欣抃诚惶诚恐。伏念臣顷当总角，获奉清光，七换岁华，三颁诏节，构漏窠云眉之宇，以便焚修；赐宣和御礼之经，俾成功行。俄下漏泉之泽，及臣同产之兄，遭遇逾涯，报称何地。兹盖伏遇特崇，教范无问，黼蒙义重天伦，推及臣子。虽缘故例，实骇当时。犬马之心，所当自竭，凤鸾之宇，何极其荣。中殚香火之诚，上祝冈陵之寿，臣瞻天望圣，激切屏营之至。谨言。

张继先"混元一炁八卦洞神天医五雷大法"《洞神后序》，见录于《道法会元》：

夫八卦自然之法，乃乾坤奠位，坎离生焉。结郁于太虚，而成龙章凤篆，散于入隅，以应八卦。是以伏羲画八卦爻象，谓太极生两仪，两仪生四象，四象生八卦，此八卦自然之法也。夫八卦洞神自然如意之法，乃观天之道。盖道生一，一生二，二生三，三生万物，三才定而生四象，四象定而具五行，五行具而八卦生焉，八卦备而设九宫，九宫既备列，其神而司之。故八将直其八卦乃八天丁也。二帅镇据中宫谓之主帅，故运使八卦大神。其神各守宫，分所主之职，亦各有兵将从吏。盖意者，不出乎八卦四象五行也。乃包含万象，通幽玄之理。达造化之机，探鬼神不测之妙，幽微显奥，有脱死超生之要道，祛邪守正，自然变化之妙门，运动自然，故有目前报应。历代神仙修炼金丹，祛遣内外之魔障，至于脱质升仙。摄邪皈正，禹步超神，安危定乱，亦无出于斯文也。吾家大法，上可以动天地，下可以撼山河，明可以伏龙虎，晦可以伏鬼神，大可以助国家，小可以驱灾患。此灵验难量。亘古亘今以来，虽出斯文，未尝有人得继先之显著者，今子既得斯文，切宜珍惜之，苟或妄授非人，轻泄漏慢，自有八卦大神，日夜随身，抄录功过。子宜敬之。经云：保之者福隆，修之者神仙。倘能保而修之，岂不伟欤。嗣汉三十代天师虚靖先生张继先后序。[①]

原阳子赵宜真集《仙传外科集验方》卷之十一有《翛然子大风论》。赵宜真曾经师从龙虎山的金蓬头，娄近垣在《龙虎山志》中则将赵宜真视为正一系的道士。因此，如果发现赵宜真道法传统跟虚靖天师有任何联系，亦属正常。“翛然子”乃是专属张继先天师的号，故《翛然子大风论》中的翛然子很可能就是张继先本人。不过，由于所有跟张继先有关的文献都未曾提到他善医术，也未提及他有任何的医学著作，目前缺乏足够的材料可以证明该文为张继先所作。聊录于后以备将来详考。

翛然子大风论

夫大风者，所犯异证多端，或因嗜欲无度，劳伤血气；或蓄太怒忧愁，惊恐抑郁不伸；或体虚肤空；或酌酒当风；或热解脱，汗出入水；或浴后迎风；或醉卧露地；或手足破伤，引入风毒；或卒风暴雨，寒水湿障，侵入肌肤，当时感受，以至大风之患。病因以流注经络，传于脏腑，发于四肢，内外熏蒸，而成泡癣。夫病之源，有三证五死，一种者水风，二种者传变，三种者自不调摄。五死者，一曰皮死，麻木不仁；二曰肉死，割切不痛；三曰血死，溃烂成脓；四曰筋死，手足脱落；五曰骨死，鼻梁崩塌，眼断唇番，以至声哑，不能救治。一风者，肺经受证，先落眉毛；二风者，肝经受证，面起紫泡；三风者，肾经受证，脚底先穿；四风者，脾经受证，遍身如癣；五风者，心经受证，先损其目。或有坟墓居址祖宗，父母、夫妻、家人等递相传者。或在外不谨，粪坑房室，床铺衣被，桥上树下歇息，去处命值，委死凶星，遭此恶疾，缠污其间，形状所以不同，痛苦难忍，欲求治之，不可得济。或一年半载而死者有之。大凡感此疾者，宜早救疗，则易痊可，当详审区别，治疗或差，则毫厘千里矣。奈明医达士。且畏其鄙猥，多不留心。一等无学之人，乱传手法，纵意刀针放血，烧砒艾熏取涎，诸毒草药用油浸身，从其医者，百无一效。亦或有少减，久而再发，若不遇良方妙药，以至病死。欲求医治，不别居静室，断酒戒色，涤虑洗心，皈告神医，真诚忏悔，仍忌发风动气、荤腥盐酱、生冷之

① 《道法会元》卷之一百九十六，“混元一炁八卦洞神天医五雷大法”。

物勿食，切须耐性宽心，然后可服众药，随意加减，修制圆散，依法服之，治无不痊。先用泻恶血圆药服饵，如脓溃烂，洗汤熏洗，旬日之内，皆是好肉。旧有疮疾，渐消不发，耳鼻通气，皮肤觉快，眉须再生，颜色悦泽，安和五脏，其功效岂能尽笔乎。方具如后。

消风散（第一日服）

香白芷一两　全蝎一两，去尖　人参一两

右为末，每服二钱重，午间止吃粥。忌生姜、胡椒、一切性热之物。晚间不吃夜饭，次日空心温酒调下，早饭放迟吃，身上微燥为妙。

追风散（泻血药第二日服）

大黄六两　川蝉肛即郁金，一两八钱重，用小者妙　皂角刺一两

右为末，初服六钱，或七钱，或五钱重，入大枫油二钱半重，净朴硝少许，用好煮酒一碗调化，不可热，微温服，晚粥不食，直待戌时，放温水一碗于桌上盆内，更以糖煎或蜜煎少许，安放盘中，不得令患者先见药。服药了，放碗即用水盥嗽毕，以蜜煎过口，切不可卧，令人伴坐良久，肚腹大痛最妙，泻十数次不妨，过毕用薄粥补之。此过药，大凡老弱不可治矣，五十以下可治。精壮者十日内三服，谓如正月初一日服消风散，初二日服追风散，初三日服磨风丸，初四日又服清风散，初五日又服追风散，初六日又服磨风丸。瘦弱者十日内一服，稍痊如壮健人十日内一服，服到两月后，二十日一服，切须记其日数。

磨风圆（第三日服，日进二服）

川当归　羌活独活　川芎小者　明天麻　细辛　防风　荆芥　蕨灵仙　麻黄去节　何首乌　石京子　牛旁子　虾蟆叶　苍耳草　皱面草即地松

右十六味，各一两重，晒干为末，不可见火，好酒煮米糊为丸，如梧桐子大。每服三十丸，食前食后皆可，日二服。

洗药

地骨皮　荆芥　苦参　细辛各三两重

右锉碎和匀，每次用二两，以河水煎，熏洗遍身，出血为效。如洗必用大浴桶或缸，内要汤宽，浸通身良久妙。

敷药，治疮大烂，遍身涂之第四日传。

黑狗脊即杜仲，坚者二两重　硫黄六钱　白矾枯，二两重　蛇床子四两　寒水石二两　朴消少许，付入

右为细末，用腊猪油或香油调傅妙。如疮未烂，不必傅洗。

增添别本，治一切风疾，肌肉顽麻，皮肤痛痒，遍身疥癞风癣，诸般疮疾瘾疹，面上游风或如虫行，紫白癜风或肾脏风，攻注腿脚生疮，并皆治之。

光乌二两　当归一两　何首乌三两　白芷二两　苦参二两　蕨灵仙去芦头，二两　蔓京子一两半　独活一两　芎须一两　防风二两　荆芥穗二两　羌活一两　赤芍药一两　白蒺藜去刺炒，一两　地龙去土，三两　白附子一两　山栀子一两　乌蛇一条，用好酒浸，煮干，去骨取肉，晒干或焙

右前件俱为末，却入后二味。

胡麻炒，二两　大风子去壳，三两

二味一处为末，同前和匀，以酒煮米糊为丸，如梧桐子大，每服三四十丸，茶酒任下。

又方

葳灵仙　何首乌　地松　防风　蔓京子　荆芥　虾蟆草　细辛　牛旁子　猪牙皂　当归　苍耳草　天麻　甘草炙　羌活独活　麻黄去节　泽兰　川芎　苦参

右等分为末，同煎，糊为丸，梧子大，每服四五十丸，茶酒任下。

又生眉毛药，皂角刺焙干、鹿角烧灰存性，各等分，为细末，生姜汁调涂眉上，一日一次，则眉毛自然生矣。

灸法断根，于脚尖拇指筋骨缝间，手指节约半寸长，各灸三壮，以出毒气。[1]

五、张继先的书法

由于道教视文字为天上道炁结成，故有“天书云篆”“龙章凤文”之说，对文字的崇拜无以复加。因此，书法对道士来说，抄经画符不仅是必须具备的技能，也是修道的重要途径。故而在道教中有这样的传统——“道家写经及画符必以能书者任之。”[2]历代的高道，大都是精通书法，如陶弘景、杨羲等人皆是当时的书法家。王羲之与山阴道士“写经换鹅”故事被传为佳话，就是因为王羲之高超

① 原阳子赵宜真集《仙传外科集验方》卷之十一，《翛然子大风论》。见《中华道藏》第22册，第766页—767页。

② 陈寅恪：《金明馆丛稿初编》，三联书店2001年版，第43页。

的书法艺术，被山阴道士视为抄写道经的不二人选。宋代是中国书法史上名家辈出的一个时代，宋人书法“尚意”，一变唐以来“尚法”的传统书风，注重个人风格与个性的表现。这一时代造就了北宋四大家，人们称为“蔡苏黄米”——即蔡襄、苏轼、黄庭坚、米芾四大家。四家之外，宋徽宗赵佶的瘦金体独树一帜，这一时期的《瘦金书千文》、《草书千文》、《夏日诗帖》、《诗帖》、《欧阳询张翰帖跋》、《御书临写兰亭绢本》、《欲借、风霜二诗帖》、《大观圣作之碑》、《宣和御制化道文碑》亦堪称经典。张继先亦是当时的一位书法大家，除了《汉天师世家》记载了他将自己书法作品《道德经》献给徽宗外，还题写了茅山宣和御化道文碑。

子部，艺术类，书画之属，《六艺之一录》，卷九十二：

宣和御制化道文碑，政和二年嗣汉三十代天师张继先书。《茅山志》

子部，艺术类，书画之属，《书史会要》，补遗：

天师张继先封嗣汉三十代天师，亦能书，所书有宣和御制化道文在茅山。

子部，艺术类，书画之属，《御定佩文斋书画谱》，卷三十六：

张继先
天师张继先，封嗣汉三十代天师，能书。《书史会要》
宣和御制化道文碑，政和二年，嗣汉三十代天师张继先书。《茅山志》

《龙虎山志》卷六，记载了张继先天师进京后，因书法精湛，受到了众人的追捧，“(真君)雅善书法，尝书《道德经》以进御。一日，侍徽宗入寝殿宫，宫嫔竞以扇求书，真君以经语书之，皆密契其意，中举一握，稽首书曰：保镇国祚，与天长存。乃帝所御也。奉敕书茅山宣和御化导碑，时称其工。”

张继先书写的《宣和御制化道文碑》全文如下：

大道无方，微妙莫测，包含造化，陶育乾坤，是以国家虔奉上天，钦崇至道，恢阐化元，咸归正教。眷惟厥初生民以来，皆未知其向道之方者，日固久矣。每念至此，则恻然兴叹，以谓道者圣人体之以为用，百姓日用而不知，由是存心秘检，思有笃厚人伦，订正讹俗。故发谆谆之诲，俾其来者，皆得向明归道也。今夫扰扰群动，不知妙道之生育，而反事象教之殊风，既习其风，复师其法，雷同以寂灭为真乐，使暗识之民动甘死地，乃为常理，可不悯此沉迷乎？且人生天地之间，处最灵之首，当受生于胞胎之中，三元育养，九气结形，戴天履地，莫不本乎道者也。其有上智之人，夙禀灵秀，不待学而自然向道者，千万之中或三数人而已；逮夫中智以上者，区区于名教利禄之间，虽知道之慈育，姑徇亲爱之累，尚滞声色之娱，故若亡若存也；其下智之民，甘食美服，安居乐俗，悉皆懵然冥其向，伪背真殊，不知我之形气，皆道之所生也。且人在道，犹鱼之在水，鱼失水则死，人失道当何如哉！凡百群伦，固宜守道也。夫道也者，虚无之总，造化之源，浩旷莫得其端，杳冥莫穷其奥，万象以之而生，五音以之而成，故六合虽巨，未离其内，秋毫虽小，待之成体，其杳邈也，不可阶升，其应感也，不疾而速，谓之浑沦。浑沦太极之宗也，故太极生两仪，两仪者，天地也。清气升而天，浊气降而地，冲和结而为人。故五纬宣精，三光下济，而成三才也。其施化也，则有炎凉燥湿之候，有方圆形器之名，有盈亏消息之度。故日月丽乎天，星辰行其纪，鼓之以雷霆，润之以风雨，播时百谷，以养民人，蕃殖孳育，以阜常产，然后人各成材，物遂其性，故得耕而食，织而衣，欣乐乎太平之世者，一皆妙道生成养育之所致也。观夫伏羲三代而降，虽称号不同，其于尊道事天则一也。今夫蔽蒙倒置之民，宜究其理，钦而奉之，不亦善乎！况昭昭然在上者，可畏也。今发明训谕，宣救积习之讹，弘益天下之福，庶使迁善贵生，粲然晓悟，一新其志，归奉道真。上以协天心之享，下以副膺乾绍述之意，如此则皇极休光之美，绵亘乎道德之乡，浃洽乎仁寿之域，岂不伟欤？大观庚寅先天节日，宣和殿制。

【政和二年（公元1112）十一月己未，守静凝和法师笞净之立石，嗣汉三十代天师张继先书。】[①]

《三十代天师虚靖真君语录》中有一首记录张继先天师给林管辖题写扇面的诗作如下：

书林管辖扇

九鸾陪玉兽，八凤荐金芝。青童歌妙曲，玄女唱清词。

① 《茅山志》卷之二十五，《道藏》第5册，第663—664页。

六、张继先与酒

道教认为酒是“五谷之华，味之至也”。[①] 具有养生祛病的功效，因此道教不反对饮酒，但是也不主张酗酒，以酒伤身败德，而是主张有节制地饮酒。因此，不乏善于饮酒的道人，如李白是位受过道箓的“道士”，却以善饮酒而被世人称为“饮中八仙”之一：“李白斗酒诗百篇，长安市上酒家眠。天子呼来不上船，自称臣是酒中仙。”张继先天师善琴弈、工诗书、嗜酒茶，堪称“诗酒中人”，因此，留下了不少与酒有关的诗歌：其中既有“醉舞狂歌错昏晓”的狂放；亦有“饮中要与八仙争，莫言酒量全输我”的豪爽；亦有“昨夜酒醒风雨急，半空仿佛听龙吟”的沉静；更有“叹时人不悟，酒中真乐”的玄奥。读张继先天师与吟酒诗，触摸到的是一位性情率真、有血有肉、真实不虚的真人。张继先的吟酒诗，感情真挚、文学价值较高，亦记录了其修道参玄的感悟，值得后世文学爱好者和修道者仔细品味学习。

又

情缠识缚。叹时人不悟，酒中真乐。纵口招愆，迷心失行，却道为他狂药。须信醉舞狂歌，也有良知真觉。无依泊，任暖气周流，三关三络。落魄，清闲客、醉乡深处，风月长酬酢。空花消息，光明显露，人我事皆忘却。不问市酝村醪，尽可浅斟低酌。从鄙薄，竞口口谈醒，言言成错。

更漏子(用于真人韵)

是和非，双打过，免共相魔生火。谈有相，损顽空，齐居看望中。圣贤风，行处在，巧智争如休卖。诗与酒，且乘闲，随缘发笑颜。

联句

儵然、元规夜坐，酌余德儒所惠酒。因成。

共饮名家酒，三杯亦未辞。(张)摅怀谈道妙，举笔赋新诗。(石)虽病仍牵率，为欢信渺瀰。(张)疏星联远汉，绿水湛前池。(石)未及裴君句，惭教乐所

① 见《养性命延录》。

知。(张)翛然清且慧,泰定默如痴。(石)有美新荷近,无尘皓月随。(张)山风来细细,银烛耿离离。(石)青眼便为览,朱帘莫下垂。(张)睡魔浑散释,吟思愈清奇。(石)万态付一笑,千春总片时。(张)此情能共适,得志任人嗤。(石)道重皆相契,心机独耻为。(张)瞿昙作良友,老圣是真师。(石)四海无余事,诸公足自怡。(张)仙岩拏钓艇,云锦种丹芝。(石)世俗为无谓,吾人还有宜。(张)红尘聊应迹,紫府去非迟。(石)终始怀观子,友持愧伯慈。(张)功成当并驾,六合恣傲嬉。

又

酒厌高阳价,人怀中古情。(张)把杯聊共乐,对景发新声。(石)十二分清气,三千外世荣。(张)天真聊所适,俗礼莫相婴(石)。蝉韵微微近,松声宛宛生。(张)林风侵坐冷,山月照人明。(石)籁静神尤爽,宵分气尚横。(张)星文玉烛焕,虎力紫毫轻。(石)得志非轩冕,游神必海瀛。中元聊醉此,寓意笑虚名。

七言再咏

醉倒尚夸云液美,吟看尤觉羽毛轻。(张)松轩怅望情何限,竹槛留连兴愈清。(石)水草远含青翠色,野花仍吐细微英。(张)风来画榻消残暑,雨过秋蝉送晚声。(石)仙境每看天路近,风骚不许世纷萦。(张)饶君先驾云间鹤,顾我还骑海上鲸。(石)白帝气刚群动肃,道人心正百魔惊。(张)共欣淡泊居林石,翻笑驱驰到市城。(石)溪上且同三笑乐,饮中要与八仙争。莫言酒量全输我,会是诗名数石卿。

秋夕

立秋之夕,对酒成章,粗遣清景,以招佳咏。

闪闪秋光好,行行万宝成。松高孤鹤唳,竹密一蝉鸣。大醉衣襟湿,空歌风度清。腰琴宜更作,楚泽有余情。

喜晴

芍药都零落,山泉遂有声。尽知春去晚,深喜夜来晴。高柳拂檐净,闲花照坞明。松间携好酒,今日思方清。

浑沦庵成，翛然子亲庆，因以何字为韵，共酌联句

作室观灵境，功成事若何。(张)琴书消日月，耕钓老烟萝。(石)为羡云踪远，时将酒共过。(张)东岩开玉洞，西涧泻银河。(石)整佩思天柱，观棋悟烂柯。(张)

饮罢联西江月

此夜月华如昼，东池不让西江。月明人静满庭芳，酒兴诗情贪长。(张)未忍茅堂归去，濡毫且趁吟狂。灯前高咏对幽窗，却笑青春流宕。(石)

京师夜坐怀浑沦庵有作寄之

独坐空庐静可知，江城意味岂如斯。君看风实初成处，自称蟾华欲妙时。酒兴愿同云叟乐，风尘无取庆宗诗。山中林壑虚明境，不得归吟有所思。

京师七夕率赋

七夕风光岂易阑，一年一度巧相干。不惊高处流星过，尽向今宵仰面看。花月有情天阙冷，胭山随分酒杯寒。从兹肃肃秋阴后，却恐衣衾未复单。

浑沦庵庆成

高斋忽已庆成功，赤石苍崖入眼中。贞节由来拘世业，稚川随处是家风。红金柜隐书尤秘，碧玉壶清酒不空。昆闹归期应可展，我来时欲笑歌同。

汪精玄降睡有作

万籁沉沉月满空，一枰初胜务玄翁。金壶饮罢前村酒，玉轸闲歌太古风。羡我无眠神已爽，笑渠贪睡意何浓。回头为报孤云道，清浊由来自不同。

金丹诗四十八首

鼎中宝物时添火，腹内婴儿貌转丰。善女善男寻此语，莫贪花酒堕迷中。

渔家傲(对酒成呈介辅)

草草开樽资一笑，微生病苦随缘了。友义交情如地厚。心相照，今人莫遣前人诮。灯火荧荧山悄悄，芝兰佳气松筠茂。得便盘桓尘世表。香初透，邻鸡且莫催清晓。

西源好，秋景道人怜。时至自然天气肃，夜深犹喜月华圆。长啸碧压巅。须信酒，难别咏歌边。是处伐薪为炭后，此时尝稻庆丰年。童子舞胎仙。

庵居榫咏九首

长松偃蹇不依林，枝条高盘千亩阴。昨夜酒醒风雨急，半空彷佛听龙吟。

洞仙歌

孤峰绝顶，更无人能到。万里虚空没边彻。正秋高景静，雾卷云收，风露裹，惟有月华高照。浮生纷过客，好天良夜，醉舞狂歌错昏晓。有谁知一性，圆满恒河，亘万古、光明不老。竞对月，论利与谈名，全不想驹阴，暗催年少。

风入松(用介辅韵赋)

深耕易耨寸田中，看真个英雄。夜来犹上星台望，全不厌、水绿云红。便是清交素友，频相视笑晴空。玉阶瑶梵翠重重，带萱草葱葱。流霞尽饮何辞醉，休更数、尘裹千锺。晓夜朝元去也，怎忍舍大夫松。

七、张继先与茶

茶，集山川之灵气，吸日月之精华，乃是大自然恩赐的“珍木灵芽”。在道门中，茶素有“草木之仙骨”之说，被视为“养生之仙药，延龄之妙术”。明朝隐士罗廪《茶解》称：“茶通仙灵，久服能令升举。然蕴有妙理，非深知笃好不能得其当。”陶弘景在《茶录》云：“苦茶轻身换骨，昔丹丘子，黄山君服之。”茶的学问很深，在道教修道体系中，茶可以归属于服食类，有自己独特的传统和专门的方法。张继先的作品中亦留下了一些品茶、咏茶的诗。

恒甫以新茶战胜因咏歌之

人言青白胜黄白，子有新芽赛旧芽。龙舌急收金鼎火，羽衣争认雪瓯花。
蓬瀛高驾应须发，分武微芳不足夸。更重主公能事者，蔡君须入陆生家。

西源好

西源好，雨霁敛红纱。碧水静招摇钓叟，绿岩寒迫起渔家。拥驾会春茶。风浩浩，锦荫石屏华。濯鼎上方敲翠竹，挽鲈西去碎丹砂。休问乐津涯。

内史来访

运使徐中奉，寻李隐者于本部，因临访上清，遂得煮茶款话，至夜分乃散。明自悦耳，信有瑰伟崇高，变通之论，山川之秀亦有增。明日分袂。时宣和五年，其略于是篇也。

西风初飘飘，白露仍瀼瀼。有人浮大川，东巡抵饶阳。实受九重书，因之访丹房。山气龙虎明，青林云表长。与予适相值，议论清冰霜。已暮更秉烛，坐偶新月凉。玉蟾翳烟景，金飚扇天香。影落如乡云，斓然献奇祥。六合无异色，五峰同秋光。锦袍谪尘世，骑鲸隔川梁。君期践玄约，缈缈空中翔。

同游栖真

兴为栖真来，情因昔人动。(张)昔人道非孤，今人心乃共。(石)静有物外乐，清无世间梦。(恭定)至论超形神，谈歌彻岩洞。(张)野色杂茶瓯，松声入琴弄。(石)未可赋归欤，更揭流霞瓮。(恭定)

浑沦庵成，翛然子亲庆，因以何字为韵，共酌联句。

煮茶留客话，种药救民疴。(石)竹露延清荫，兰风动妙歌。(张)闲寻仙传读，静把玉经科。(石)大道犹衣袂，嚣尘自网罗。(张)有生如石火，移世似灯蛾。(石)欲入高仙调，毋教下鬼峻。(张)茅檐无一事，时复动吟哦。

第五节　名师高徒　法脉流长

张继先天师除了才华过人、道法高妙外，还培养了大批道教人才，这些人才为道教的发扬光大作出了自己的贡献。张继先天师高徒中知名的有王道坚、石自方、祝永祐、萨守坚、卢野，李德光、吴真阳等人。

一、编纂《政和万寿道藏》——王道坚

王道坚的事迹在《汉天师世家》、元明善编纂的《龙虎山志》、娄近垣编纂的《重修龙虎山志》、张宇初《岘泉集》中均有记载。王道坚，信州贵溪人，上清宫道士，乃张继先天师的高足。在元明善编纂的《龙虎山志》以及娄近垣编纂的《重

修龙虎山志》记载的宋代“高士”中，王道坚均排名第一，足以见得他的重要性。宋政和年间，徽宗征召张继先进京，张继先称病推辞，推荐自己的高徒王道坚代自己进京面圣，这可以看出王道坚在道法修行方面非常优秀，以及虚靖天师对他的器重。王道坚进京后，受到高规格的礼遇，被安排在太乙馆居住。之后，王道坚得到徽宗皇帝的召见，徽宗问：“什么才是轻举延年之术?”孰料王道坚久居山野，方正质朴，不懂得官场上的迂回含蓄，他的回答却让徽宗大吃一惊。他说：“清静无为，是黄帝之所以能够治理天下的根由；而多欲求仙，是汉武帝劳而无功的原因。轻举延年之术，不应该成为天子您追求的事业。”毫无掩饰，丝毫没有给徽宗面子，徽宗虽碰了个软钉子，心中却暗暗赞同他的观点，也喜欢上了这位憨厚迂直，敢于直来直去的道人。

宋政和年间，由于宋徽宗对道教的全面推崇，道士的地位得到了极大的提高，朝廷专门设置了道阶二十六品等(即封号，不给俸禄)，另外，又设置了道官十六等，跟朝廷的官员一样，由国家提供俸禄。受封的道士根据职务的大小，或者主管一座道观，或者主管一方道教，或者统领天下道教。徽宗同时授予王道坚道阶和道官职位：道阶为“太素大夫”，道官职位为“凝神殿校经”，“校经”的职位相当于当时“直阁”的阁职(地位非常荣耀，进士才能担当，“一经此职，遂为名流”)，号凝妙感通法师。徽宗重用王道坚就是希望他为自己编纂一部名传千古的《道藏》。

众所周知，徽宗真不愧是“道教皇帝”，即位伊始就开始不遗余力搜罗天下的仙经道书，将这些书交到书艺局令道士校定，并汇编成《道藏》。由于宋徽宗搜求道经的心情非常急迫，甚至下令将搜访到的道经，投放到急递铺(相当于今天的快递)，像紧急公文和情报一样快速传递。宋开国后，曾先后多次收集整理道经，编纂《道藏》。宋真宗大中祥符初年，宰相王若钦统领道士编成《宝文统录》4359卷；此后，张君房校修，编成《大宋天宫宝藏》共4565卷；后来就是徽宗时期，搜访天下道书，编成的《政和万寿道藏》共5481卷。此次的《政和万寿道藏》就是由张继先的高徒王道坚和另一名道士元妙宗详加校订编成，后送龙图阁直学士中大夫福州郡守黄裳役工镂板，成为道藏的木刻本的开始。

且说，王道坚初次面圣时，徽宗隐隐感觉到国家将会遇到麻烦，于是请王道坚在京城举行法会来帮助他消灾解厄。王道坚同样不改其迂直本色，他答道：“修德可以回天，禬禳之事，不敢误国。”并力请皇上恩准他返回龙虎山。他的看法跟虚靖天师是一样的，德能禳灾，徽宗到了这个时候，只有靠自己修德行善了，到了这个时候斋醮科仪已经为时已晚。

宋绍兴初年(1131)宋高宗闻王道坚之大名，派遣使者召他进京，就在京城使者抵达的头一日，王道坚击鼓召集大众，当众吟了一首诗：

无心曾出岫，倦翼早知还。为报长安使，休寻海上山。

诗的内容大概是总结了自己的一生，并厌倦了为皇帝驱使。似乎是告别道众，说自己要先行一步，并借此劝勉高宗，不要学秦始皇和汉武帝，过于追求长生不老，而忘记了皇帝自己以天下苍生为念的本分。等到京城的使者抵达的时候，王道坚已经坐化了。王道坚真不愧是张继先天师的高徒，两人不仅劝谏皇帝的方式一致，甚至连离世的方式几乎都一模一样。

明代全祖望在《宋龙虎山门道正王道坚牒跋》中对王道坚拒绝为徽宗斋醮禳灾之事发出了感叹："道君之好道甚矣，此三敕皆蔡京所奉行也。当是时天降魔君，无以禳之，而反昵于魔，沦胥及溺，自贼之不暇，何以度人？岂知上清世界，盖在五国城边，待君久矣。"[①]认为"道君"宋徽宗乃是天降魔君，遇到这样的魔鬼君王，就算是张继先、王道坚这样的高人亦无法禳解，可见靖康之难根本就是人祸，宋徽宗本人才是自己和大宋国的掘墓人。

龙虎山有三派三十六院，三派分别为紫微派、灵阳派、虚靖派。王道坚虽然师从张继先天师，得到朝廷的赏识，然而若从他刚入道的法派师承关系来看，他并不属于龙虎山的虚靖派，而是属于紫微派。第四十三代天师张宇初的《诒善亭记》涉及紫微派的传承情况：

吾山上清宫之寮院，凡三十有六，其源同而支异，故毁而复兴者，有先后焉。至正、辛卯宫灾，越数年，延焰而毁者，更新之。紫微李君仲冶，作旷逸堂于丁巳冬，己巳岁复构亭堂之南，友人周君孟启，为额曰：诒善。仲冶揭扁于上，请记于予曰：吾鼻祖都监洪公，始得于浙之紫微阁，因号曰微叟。宋天圣间(1023—1031)入道于吾山。嘉祐间(1056—1063)，知上清观事，度弟子王太素等。时徽

① 全祖望撰，朱铸禹汇校集注：《全祖望集汇校集注》，上海古籍出版社2000年版，第731页。

庙崇道益笃，太素尝侍天师虚靖君，领祠事于朝，宠赉有加。及易观为宫，赐田亩、蠲赋税，筑圜靖通，庵成而院亦就，因曰紫微者，示不忘也。派火益盛，五传为冲靖刘公，道著孝光宁理间，官赖以显重。[①]

据张宇初的记载，龙虎山紫微派始于洪公（微叟），洪公传王道坚（太素）。王道坚得到朝廷的重用后，协助张继先天师修筑靖通庵，同时建好了紫微院，以此来纪念自己的老师洪公（微叟）。后来龙虎山紫微派越来越兴盛，经历宋孝宗、宋光宗、宋宁宗和宋理宗四朝皇帝（约 1162—1264）大约一百年时间的发展，高道辈出，第五代传人为刘冲靖，龙虎山紫微派成为当时非常著名的法派，到了明代亦传承不绝，请张宇初作记的李仲冶亦是龙虎山紫微派的传人。

二、骂贼以死——石自方

一直以来石自方的身世不明，人们对石自方的了解，主要依据《汉天师世家》、娄近垣编纂的《重修龙虎山志》“石自方”条，以及《三十代天师虚靖真君语录》中收录的石自方跟虚靖天师的诗歌酬唱。笔者从《洞霄图志》和《嘉庆余杭县志》发现的史料中才真正揭开了石自方的身世之谜。此外，日本《如不及斋别号录》卷十二“道士：浑沦道人”条，引用了《洞霄图志》上介绍石自方的内容。

据《洞霄图志》的记载，石自方，字元矩（《三十代天师虚靖真君语录》中称“元规”），自号浑沦道人，饶州番阳人，身材高大魁梧，浓眉毛、大眼睛、大耳朵、高颧骨、胡须飘逸秀美、声如洪钟、风度翩翩、仪表堂堂，用今天的标准来衡量也称得上是美男子了。石自方不仅外美，而且内秀，称得上是博览群书、饱学之士，尤其酷爱老庄之类的道家书籍；除了会读书，石自方还善思考。更重要的是他才华横溢，琴棋诗文无不精通，堪称百年难得一遇的道才。石自方性情淳朴，自号浑沦道人，所谓“浑沦”是指气形质具而未相离，万物相浑沦而未相离也。用今天的话来讲就是追求返璞归真，回到最原始最本真的状态，也就是“道”的状态。这种浑沦的状态是天生的，不是通过学习就能得到的，这也是张继先非常喜欢和欣赏他的一个重要原因。由于欣赏石自方，张继先天师甚至将自己在

① 见《岘泉集》。

龙虎山戏珠峰修建的一处靖室，命名为“浑沦庵”，并在浑沦庵写下不少诗篇，其中《西源好》十二首就生动描绘了此处宛若仙境般的风光。石自方的一生既传奇又悲壮，宛如一道划破夜空的流星，炫人眼目，他是美男、才子和烈士的混合体，他杰出的才华和悲壮的故事不禁让人扼腕叹息。

如果说孔子最喜欢的学生是颜渊的话，那么，张继先最钟爱的学生就是元规（石自方）了。翻开《三十代天师虚靖真君语录》，几乎处处可以看到元规的影子。虚靖天师跟石自方的关系，很难说仅仅止于师徒关系，他们趣味相投，相互欣赏，亦师亦友。虚靖天师不仅跟石自方一起论道、弹琴、下棋、吟诗、饮酒，甚至虚靖天师从京城归来，首先想到的就是石自方。石自方（元规）和张继先天师均在浑沦庵下榻，并吟诗论道。张继先天师在他诗作中毫不掩饰对石自方的欣赏：“喜见石浑沦，忘言意独真。”“倬哉元规翁，斯言迨尽矣。”“莫言酒量全输我，会是诗名数石卿。”“惟有元规能访问，深将此意相闻。”“新文博不繁，披诵已清魂。”此外，《三十代天师虚靖真君语录》还收录了大量以张继先天师所作的，以元规名字命名的诗题：《同石元规讲鲲鹏偶书》、《和元规拜违》、《和元规见勉》、《和元规任从他歌》、《简元规泰定二公》、《送元规游麻姑》、《和元规拂云轩韵》、《元规道人览予心说作颂见寄次韵奉答》、《听元规琴》、《和元规寄杨子寓真岩韵》、《次韵上勉元规》、《翛然元规夜坐酌余德儒所惠酒因成》、《和元规临江仙》、《和元规览杨羲传临江仙》、《用于真人满庭芳韵和元规》、《和元规天和堂更漏子》、《和元规南乡子》等等。《汉天师世家》还记载了石自方跟张继先关于生死的对话：

时石自方从鄱阳来，与之游。一日，语以死生之变。自方曰：吾得全于天，不知好生，不知恶死，奈何得以死哉。答曰：不然，尔谓得全于天，天复得全于何？真宰不明，性识交炽，一真独露，万劫皆空，则天亦无所全。自方有省。

石自方曾经师从冲寂大师孔守容，并被度为道士；后从眉山陆惟忠学丹诀，最后从虚靖天师张继先学道法。张继先天师对石自方极为欣赏和喜爱，宋徽宗第一次召见的时候，张继先天师就带着石自方一同进京面圣。随着张继先天师解州降妖大获成功，名动天下，石自方也随之出名。后来，他返回故居之后，朝廷访求岩穴奇士，再次将他召至京城。由于他身材高大，仪表堂堂，站在人群中如鹤立鸡群。这次宋徽宗接见岩穴之士时，石自方引起了宋徽宗的注意。徽宗问：

“你从哪里来啊？”

“回皇上，我从民间来。我并无什么特殊的技能，是使者们让我来这里的。”

徽宗觉得他的回答十分幽默，又十分憨厚老实，不禁哈哈大笑，当天就封他为金坛郎，让他去杭州主管洞宵庵。洞宵庵在宋朝是一座非常重要的道观。宋真宗时，由杭州天柱宫改为洞霄宫；宋仁宗时，杭州洞霄宫排名为天下名山洞府第五位。南宋时，洞霄宫和嵩山崇福宫一道成为“天下宫观之首”。尤其是洞霄宫建筑的内部建制，成为天下宫观的榜样。陆游《洞霄宫碑》称：“临安府洞霄宫，旧名天柱观，在大涤洞天之下，盖学黄老者之所庐，其来久矣。至我宋，遂与嵩山崇福宫独为天下道观之首，以宠辅相大臣之去位者，亦有以提举洞宵召拜左相者，则其地望之重，殆与昭应、景灵、醴泉、万寿、太一、神霄宝箓为比，它莫敢望。”[①]由此可见，宋徽宗派其主管杭州洞宵庵，实际上是对他委以重任。

宣和元年(1119)冬天获封，第二年七月才抵达杭州任职，石自方一抵达杭州的洞宵庵就受到了当地道众的欢迎，大家久仰他多才多艺、博学深思，加上他又是当时高道张继先天师的高徒，一时间跟随他学道的人如过江之鲫，使得洞宵庵非常热闹。可惜好景不长，宣和元年三年(1121)，也就在石自方到达杭州洞宵庵任职的第二年，当地的匪盗聚众抢掠，十分猖獗，当地官民震动，纷纷带着家小细软，逃离杭州。石自方在杭州的弟子，考虑到石自方的安危，专门为他安排了一艘船，请求他离开洞宵庵。石自方却拒绝了学生的好意，他说：

“我是天子任命来管理洞宵庵的，为洞宵庵而死，也是我的职责。你们走吧，不用等我了。”当时，匪徒已经逼近，学生们无奈只得离去。待盗匪杀进洞宵庵时，石自方正襟危坐大骂匪徒，最终惨遭匪徒杀害。呜呼！一代旷世道才就此陨落，悲乎！

兹引《洞霄图志》“石正素先生”条如下：

石自方，字元矩，饶州番阳人。师冲寂大师孔守容为道士，长七尺余，庞眉秀髯，大耳高颧，音声如钟，庄静淡泊，有深沈之思，经史百氏无不通，尤嗜庄列

① 陈垣：《道家金石略》，文物出版社 1988 年版，第 373 页。

书。眉山陆惟忠授丹诀，往来西山庐阜，與方外隐逸，以琴酒自适，尝自号浑沦道人。

时虚靖先生作庵于龙虎戏珠峰，先生至即下榻，榜曰：浑沦庵。虚靖先生被召，拉先生偕行，居无何，返故庐。朝廷方求岩穴奇士，部使者以先生闻，强起至京师。徽宗幸宝箓宫讲所，先生在焉。上望见仪状魁伟，召前问：从何来？对曰：草野，臣无他技能，江东使者以臣应诏。即日授金坛郎，主杭州洞宵庵，宣和元年冬也。明年七月至宫，四方学道者翕然从之。冬十月盗起严徽间，明年正月破临安县，官吏散走，其徒亦治舟请行。先生曰：吾被天子命，主此宫守，死吾职也。公等第去。已而贼至，先生正色叱之，遂遇害。门人程用光叩阍，言死事状，上闵其忠，赙钱三十万，赠正素大夫。

制书云：敕故金坛郎石自方，顷者盗啸浙东，侵犯邻壤，而居官任职者往往惊遁，尔典司真馆，秉志不回，叱骂凶徒，遂致蹈难。赐颁赙赉，超进道阶，非独劝死节者之荣，而亦为偷生者之愧。

时东南死事者，财三数人，士大夫以此高之。平生有诗文数百篇，以先生死节洞宵，号石洞宵。曲肱先生熊彦诗作《石洞宵传》。

赞曰：

舍生取义，名教所美。山林闲人，人不望此。宣和东南，啸聚蜂起。望风逃遁，守土犹尔。元矩正色，骂贼以死。玺书褒嘉，永耀青史。

此外，日本的《如不及斋别号录》卷十二的“浑沦道人”条，亦转录《洞霄图志》，但是误把石自方当作了“曲肱先生”。

道士：浑沦道人

石自方，字符矩，饶州番阳人。庄静淡泊，有深沈之思，经史百氏无不通，往来西山庐阜，与方外隐逸，以琴酒自适，尝自号，平生有诗文数百篇。以先生死节洞宵，号石洞宵，曲肱先生。《洞宵图志》。[①]

《洞霄图志》称石自方撰有《石洞霄诗集》其中诗文有几百篇，另外，曲肱先

① 《如不及斋别号录》卷十二，第706页。

生熊彦诗还为他作了《石洞宵传》。可惜《石洞霄诗集》和《石洞宵传》均已遗失，否则，我们可以从中找到更多有关石自方和虚靖天师的史料。南宋的汪应辰还专门为曲肱先生熊彦诗题写了《跋石洞宵传》，他说："刘歆叙《七略》以道家为诸子，神仙为方技。至道家者流有所谓黄帝力牧之书。盖非特不以道家为神仙，亦不以黄帝为道家也。自崔浩清颁寇谦之之说于天下，是后，道家、方技遂合为一。以黄帝为道家且不可，况又变而为方技乎？"

三、龙虎山三华道院传人——吴真阳

有关吴真阳少许的文献在《四明洞天丹山间咏集》中，其中曾坚的《四明洞天丹山图咏集序》、危素的《白水观记》和鲁坚的《石田山房诗序》中均提到了吴真阳和龙虎山三华院的道脉传承。吴真阳，号混朴子，乃张继先天师的高足之一，先在龙虎山的三华院受道，后游访四明山，被四明山的仙道传统、秀美风光深深吸引。四明山乃东南名山，列道教洞天福地之第九洞天，为道家圣地，神仙窟宅，灵迹仙踪不可胜数。唐代木玄虚撰诗云："四明山名赤水天，灵踪圣迹自天然。二百八十峰相接，其间窟宅多神仙。""周乃盘广八百里，古来灵瑞难遍纪。梅福为仙居此山，刘纲作宰妻樊氏。"[①]唐朝杜光庭《洞天福地岳渎名山记》载："四明山，丹山赤水洞天，在越州余姚县，刘樊得道。"梅福曾经在四明山发现了仙人益昌的遗骨，并将其掩埋。汉代上虞令刘纲，字伯经，夫人樊氏云翘，曾在此修道，后刘纲跟夫人辞别亲友，一起登上大兰丘的大杉木上，飞升成仙。传说樊夫人的鞋子不小心掉到树下，随即化为斑斓大虎。据说四明山白水观就是刘纲夫妇飞升成仙的地方。唐玄宗时著名诗人陆龟蒙、皮日休于四明山访道唱和，留下佳句。

吴真阳留了下来，并将张继先天师一系的龙虎山三华院道法传统传到四明山，使之发扬光大。《四明洞天丹山间咏集》称"其先处于龙虎山三华道院，故广信"。可见，张继先天师一系的龙虎山三华院道法传统在宋元时代有极高的威望和信众基础。南宋高道白玉蟾曾撰有《三华院还丹诗》："绛宫无事绝尘埃，坎虎离龙战几回。白雪飞空铅苍绽，黄云覆鼎汞花开。龟蛇抱一成丹药，乌兔凝

① 《四明洞天丹山间咏集》，见《中华道藏》第48册，第155页，第156页。

真结望胎。夜半瀛洲寒月落,冷风吹鹤上蓬莱。"[1]由于是虚靖天师的高徒,吴真阳到四明山之后,学道者翕然从之。吴真阳传法弘道极为出色,为四明山增色不少,他的名声传到了宋徽宗的耳中。宋徽宗以凝神殿校籍的职位,征召他进京,但吴真阳一心向道,不为名利所动,拒绝进京。政和六年(1116),宋徽宗下诏扩建"祠宇观",下令增建玉皇殿,于四明山投金龙玉简,并亲自御书"丹山赤水洞天"六个大字,封刘纲升玄明议真君,樊氏升真妙化元君;授混朴子吴真阳为丹林郎,免除四明山道观的赋税,禁止当地百姓入山砍柴。此后,四明山更是大显于天下。

四明山祠宇观就是模仿龙虎山三华院的建筑风格建成的,"祠宇之系出于三华,而三华世视祠宇则其所处之馆也。"祠宇观(后称"白水宫")的旁边有座建筑叫"石田山房",为毛永贞尊师(亦是三华院传人)修建。吴真阳之后,由宋入元,脉络清晰。据《四明洞天丹山间咏集》,龙虎山三华院道脉的传承,张继先传吴真阳,吴真阳传孔容,孔容之后,朝廷批准每年准度道士一名,此后传承不明。到了元代,朱思本(字本初,号贞一)[2]传毛永贞(字善钦)、薛毅夫(字茂弘),毛永贞和薛毅夫传吴国珙、潘文信、盛元朴、许用和等人。

《四明洞天丹山间咏集》中有关吴真阳和三华院传承的资料如下:

曾坚《四明洞天丹山图咏集序》

宋龙虎山三华院吴君真阳号混朴子,从虚静张天师学,游历至此止焉。徽宗以凝神殿校籍召,不起。政和六年诏大其观,建玉皇殿,书其榜,而门曰"丹山赤水洞天",封刘纲升玄明义真君,樊氏升真妙化元君,而混朴子授丹林郎。禁樵采、蠲租赋。高宗丞相张魏公知其徒孔容,因表混朴子为真人,许岁度道士一人,以甲乙传次。嘉熙初元,理宗祷嗣于会稽之龙瑞宫,竣事分金龙玉简藏焉。今毛尊师永贞由三华嗣主之。

危素《白水观记》

《四明郡志》则云:东北百三十里,涌为二百八十峰,中有三十六峰,东西南

① 白玉蟾,"三华院还丹诗",见《全宋诗》。

② 《元诗纪事》卷三十三"道流"。朱思本,字本初,临川人。出家上清宫三华院。有贞一斋杂着。案:贞一斋杂着游庐山记有"奉诏茈卫玄教,乘传播告江南"云云。

北各有门，由余姚言之，为西四明，则叙所未书者。宋虚静天师张公之门人吴真阳，学于龙虎之三华道院，号曰混朴子，来游是山，徽宗以丹林郎、凝神殿校籍召之，不起。封刘纲升玄明义真君，其配樊夫人封升真妙化元君。丞相张魏公与吴君门人朱孔容交，表为真人。孔容之后世以甲乙传次。

鲁坚《石田山房诗序》

余姚州南百里，曰"四明山"，神仙家丹山赤水洞天在焉。后汉上虞令刘纲尝修炼飞升于是。有观曰"祠宇观"，傍屋曰"石田山房"，则毛尊师永贞之所筑也。初三十代虚静张天师以道术授上清宫三华院混朴吴真人，既得其传，居是山。宋徽宗闻贤召之，不起，即所居斥而广之大，故祠宇之系出于三华，而三华世视祠宇则其所处之馆也。我仁皇时天下无事，玄教张吴二大宗师相继在朝，三华院有贞一先生朱本初，亦以博洽文雅见称于卿相间，毛君寔从之游。先生固爱之，二宗师尤器重焉，以教檄归领祠宇观事。[1]

吴真阳以后，龙虎山三华派传人中，最为杰出的要数毛永贞（亦称毛尊师）了。毛永贞诗文造诣颇深，苦心经营四明山达四十年，名动士林，当时曾经结集发行《〈石田山房诗〉序》，风靡天下，更将龙虎山三华院的传统发扬光大。黄宗羲称"元有道士，名居石田。折骨穷山，垂四十年。文人皆曰，地胜人贤。清词妙句，贲其林泉"[2]。元代陈祖仁《毛尊师石田山房》称"四明有神人，遗世宅崇峰。飞游凌倒景，余垢亦奇踪。流风被三华，有士振其宗。诛茅宇峰下，迥若御鸿蒙。琅玕四时秀，灵泉左右通。晨游揖王父，夕驾命青童。惟兹二顷田，苦辛资岁功。南东不尽亩，荦确溢其中。由来仙圣居，服食世非同。白英坚过玉，烹饪奉朝饔。非阙耕与锄，箪瓢糜不充。大盗睨而去，天灾无匮空。虞芮昔已争，干餱咎在躬。宁知不食地，东华早发朦。超摇乐玄虚，宛若因曈昽。绿发方瞳子，长身比赤松"就是赞颂毛永贞在四明山为传播三华院道法作出的巨大贡献。

---

① 《四明洞天丹山间咏集》，《道藏》第十一册。

② 《四明山志》，见《黄宗羲全集》第二册，浙江古籍出版社，1986 年版，第 284 页。

四、道法高强——祝永祐

祝永祐是张继先天师学生中以道法见称的一位。祝永祐跟王道坚一样，都是贵溪人，于龙虎山出家，在当时两人的名气亦不相上下。祝永祐之所以出名，是由于他侍从张继先天师去解州盐池治妖，张继先天师治妖法力高妙，手到擒来，名震天下。据《汉天师世家》记载，命下即书铁符，令弟子祝永祐同中官，投解池岸圮处。顷，雷电昼晦，有蛟蟹磔死水裔。

祝永祐作为张继先天师的得力助手，灭妖有功，政和间（1111—1117），赐号冲应大师，知神霄宫事，一时声名鹊起。神霄宫乃北宋时期徽宗朝非常特殊的新兴宫观，当时，徽宗听信了林灵素神霄之说，认为天有九霄，神霄最高，神霄玉清王乃上帝之长子，号长生大帝君，而徽宗本人就是长生大帝转世。于是徽宗大喜，下诏令"天下建神霄玉清万寿宫"供奉长生大帝君、青华大帝君。据统计，当时全国的神霄宫至少有四百座。每座神霄宫，"初通拨赐产千亩，已而（道士们）豪夺无涯。西京（洛阳）以崇宁院为宫，据其产一万二千亩"。神霄宫宫内陈设和法式全国统一，地位极为崇高，远远超过了同一时期的其他宫观和寺庙。南宋陆游《护国天王院故神霄玉清万寿宫也废圮略尽而规》写道，"太霄帝君神霄府，一日玺书行海寓。筑宫奔走谁敢后，万牛挽材山作础。步虚夜半落云间，玉磬漻漻鸾鹤舞。帝师丞相领使名，侍晨校籍纷如雨。洛阳临淮小睥睨，御史立奏投裔土。从来桑门喜嘲竞，举国冠巾噤无语。古传东海会扬尘，君看此地亦荆榛。霓旌仙仗空遗堵，甃缺台倾知几春！牧儿驱牛啮庭草，谁记剑佩来朝真？斜阳却上笋舆去，沟水泠泠愁杀人！"陆游对徽宗过度崇道给百姓和国家带来的伤痛进行了鞭挞。不过，让祝永祐管理神霄宫，从侧面反映了其出众的能力，以及徽宗皇帝对他的看重。

此外，《龙虎山志》还记载了祝永祐暗中使用道法调动天兵天将，助信州郡守退盗贼的事迹。《龙虎山志》卷七中称：

祝永祐，贵溪人，本宫道士。与王道坚齐名。政和间，赐号冲应大师，知神霄宫事。时浙东盗起，将及信境，郡守请檄神兵备御。永祐曰："无庸，盗逾常山当自还。"顷之，盗至草坪，大风昼晦，若有旗幡戈戟出没山谷间，乃宵遁。郡守以闻，加号通妙。后复召，叹曰：“太素公且将归矣，吾何往为？”称疾不赴。

祝永祐退贼有功，朝廷又在原来的封号“冲应大师”上加号“通妙”，全称“通妙冲应大师”。后来，朝廷再次征召祝永祐进京，此时，已经预感到他的师兄太素大夫王道坚即将离世，这也反映出祝永祐修为不浅，他已经能预知未来发生的事情。后来，王道坚尸解成仙，应验了他的预言。受到师兄成仙的影响，祝永祐决意追随虚靖天师和师兄王道坚脚步，故而称病拒绝了朝廷的征召。

此外，张继先和祝永祐解州灭妖的事迹，在《史纂左编》、《日涉编》[①]和《古今类传》[②]均有收录，可供参考。

五、修道壁鲁洞——李德光

娄近垣《重修龙虎山志》有明确载述。其书曰：“李德光，安仁人。礼虚靖真君为师，修炼于壁鲁洞，创崇禧观。随真君北觐。徽宗问道称旨，敕掌河南路道教，改崇禧观为宫，升本宫提点，兼诸宫观事。”[③]显然，李德光师从张继先确有此事。壁鲁洞是位于西源山的一个天然形成的洞穴，洞高有三十多丈，能遮风避雨，是古人修道的好去处。壁鲁洞亦称驻仙岩，自古留下了很多仙踪灵迹，至今仍有丹井、丹灶、飞升台等遗址。历代不少文人骚客对壁鲁洞大加赞咏，唐代诗人皮日休曾有诗云：

刘根昔成道，兹坞数千年。毵毵被玉体，号曰绿毛仙。

---

① 《日知编》：张继先，入见徽宗，微宗曰：“澥池水溢，民罹其害，故召卿治之。”命下，即书铁符，令弟子祝永祐同中官投澥池。顷，雷雨昼暝，有蛟鼍死于水上。（继先，字嘉闻，号翛然子，此三十代天师也。宋徽宗崇宁二年，澥州奏盐池水溢，上以问道士，徐神翁对曰：“蛟鼍为害，宜宣张天师。”命有司聘之，十二月十五日，天师入见，即书铁符投澥池，后奏盐课复常出。《史纂左编》）。

② “铁符”：《史纂》张继先，字嘉闻，号翛然子，三十代天师也。宋徽宗崇宁二年，澥州奏盐池水溢，上以问，道士徐神翁对曰：蛟鼍为害，宜宣张天师。命有司聘之。十二月十五日，张继先入见，上曰澥池水溢，民罹其害，故召卿治之。命下即书令，弟子祝永佑同中官，投澥池。顷，雷雨昼暝，有蛟鼍死于水上，后奏盐课复常。

③ 娄近垣：《重修龙虎山志》第 238 页。

(清)顾嗣立《元诗选》"壁鲁洞二绝":

南山采药北山棋,把断阆风天不知。试问龛中二三子,烂柯人是向来谁?

万古仙岩两羽衣,一瓢秋水送将归。欲知后夜相思梦,月满空山鹤与飞。

从这些诗中可以看出,最早到壁鲁洞修道的是西汉末年时的西山真人刘根。刘根道法高深却十分古怪:冬夏不衣,不食五谷,身生绿毛二三尺,人称"绿毛仙"。壁鲁洞内有石灶、石床、石几,墙壁上有四句铭文:"天乙北祚神虎书,太乙紫文玉章符,北魁元范在龙虎,得者当寻西壁鲁。"祖天师张道陵就是受白真人指点,在壁鲁洞精思修道,获得了刘根留下的制命五岳摄召万灵和神虎秘文,遂道法大增。[①] 张岱《夜航船》称龙虎山,"在贵溪。两石峙,如龙昂虎踞,即上清宫也。世为张道陵所居,上有壁鲁洞,即天师得异书处。"

作为张继先弟子的李德光,他不在道观进行修炼,而是选择壁鲁洞,可以看出他羡仙慕道的追求与决心,避开条件较好的宫观,道野外山洞修行,生活虽然艰苦,但是环境清静,有利于道法的精进,同时也秉承龙虎山高真的修道传统。正因此,李德光修道有成,得到张继先天师的青睐,张天师北山觐见徽宗时,也带上他同行。后来,李德光果然受到朝廷的重用,任崇禧宫提点,并敕掌河南路道教,统辖一方。

此外,蒋抱玄《民权素诗话》和《日涉编》中都提到李德光在宋绍兴九年(1139)四月二十五日,向皇上进献《五帝功臣绘象图》一事,但不知道,这里提到

① 据《四库全书》史部,地理类,都会郡县之属,《江西通志》卷十一记载:"壁鲁洞在贵溪县南八十里,又名西源洞,居绝壁之上,内有小洞,不可入。世传白真人授张天师降虎之法于此,唐皮日休诗:刘根昔成道,兹坞数千年。毵毵被玉体,号曰绿毛仙。按壁鲁洞在西源山半,洞高三十余丈,内有石灶、石几、石床。明永乐时,胡潑梯板而上,得绿蓑衣,以献神仙。不知有无?其事殊幻,亦博闻之一助也。"

此外,《江西通志》,卷一百四还记载:"(张道陵)永平二年中,直言极谏科,拜巴部江州令。弃官隐洛阳北邙山,修炼形术。章帝以博士征,和帝召为太傅,封冀侯,俱不就。杖策游淮,入鄱阳上龙虎山,合九天神丹;访西仙源获制命五岳摄召万灵,及神虎秘文于壁鲁洞。复往嵩山石室,得黄帝九鼎书,及道成闻巴蜀沴气为害,遂入蜀。"

的李德光跟我们所说的张继先的弟子李德光是不是同一个人。[1]

六、张继先一系法脉传承

张继先是法脉传承，除了对上述弟子之传承之外，法脉传承还见诸《重修龙虎山志》、《诸真宗派总簿》和玉溪子李简易《混元仙派之图》。

娄近垣《重修龙虎山志》中专门提到了龙虎山的“三派三十六院”。三派分别为紫微派、灵阳派和虚靖派，三十六院为东十五院和西二十一院。

东十五院

东栖真、精思院、华阳院、洞元院、元隐院（以上为紫微派）。

东隐院、崇东院、内十华、外十华、崇元院（以上为灵阳派）。

玉华东、玉华西、三华院、仙隐院、中和院（以上为虚靖派）。

西二十一院

紫微东、紫微西、西栖真、清富院、迎华院、郁和院、洞观院、混成院、养素院（以上为紫微派）。

达观院、高深院、凤栖院、明远院、深秀院、太素院（以上为灵阳派）。

崇禧院、内繁禧、外繁禧、崇清院、佑圣院、真庆院（以上为虚靖派）。

其中，张继先的虚靖派在三十六道院中共占了十一个道院。龙虎山虚靖派以“三华道院”派最为著名。

东十五院中，虚靖派为玉华东、玉华西、三华院、仙隐院、中和院五院。

西二十一院中，虚靖派为崇禧院、内繁禧、外繁禧、崇清院、佑圣院、真庆院六院。

此外，《诸真宗派总簿》中有四个字派的法脉传承跟张继先天师有关系，分列如下：

---

① 蒋抱玄《民权素诗话》：“按《玉海》：宋绍兴九年四月二十五日，李德光上《五帝功臣绘象图》。”日涉编卷四称：“李德光上五帝功臣绘像图（宋高宗绍兴九年玉海）。”

天师张虚静真人，系江西龙虎山信州人。留传天师，宣统元年仲春，重续二十字。

第卅二、正乙派

远近资元运　久长保巨浮　道惟诚可宝　德用信为珍

秉教宏丹箓　葆真启世人　鸿图辇景祚　圣泽振昌辰

玉局受经后　贵永传灵根　青城垂氏派　妙法继洪钧

第卅七、天师张真人正乙派

守道明仁德　全真复太和　志诚宣玉典　忠正演金科

冲汉通玄蕴　高宏鼎大罗　三山扬妙法　四海涌洪波

第七十、萨真君西河派

守道明仁德　全真复太和　志诚宣玉典　中正演金科

冲汉通圆满　高宗居大罗　武当兴法派　福海起洪波

第八十七、三山滴血派辈运玄根长（明末清初，华山、龙虎山、茅山等三派合一）

守道明仁德　全真复太和　至诚宣玉典　忠正演金科

冲汉通元蕴　高弘鼎大罗　三山愈兴振　福海涌洪波

玉溪子李简易《混元仙派之图》[1]将张继先归入混元仙派，认为张继先分别传道给林房州、周教授和济阳子。由于材料的限制，以上是否属实，笔者很难考实，姑且列于此。

第六节　笔记小说　文艺演绎

张继先天师的巨大名声和影响，吸引了大量的文学家以张继先为题材进行文艺的再创作。文以人传，人以文传，文学家的创作和演绎，更加扩大了张继先天师的影响力。在宋以来的文学作品和笔记小说中，演绎张继先天师比较有代

① 《玉溪子丹经指要》上卷有混元仙派之图，见《道藏》第4册，第404—405页。

表性的有施耐庵的《水浒传》，邓志谟的《咒枣记》，洪迈的《夷坚志》、《大宋宣和遗事》和《三教源流搜神大全》。按照时代的先后来排列的话，洪迈的《夷坚志》、《大宋宣和遗事》和《三教源流搜神大全》是宋元时期的作品，时间稍早，而施耐庵的《水浒传》、邓志谟的《咒枣记》则时间靠后，为明代时期的作品。从影响来说，施耐庵的《水浒传》是四大名著之一，故影响最大，而邓志谟的《咒枣记》被列为禁书，难以流传，影响力大打折扣。

施耐庵的《水浒传》有关“虚靖天师”的描写，主要集中于“张天师祈禳瘟疫，洪太尉误走妖魔”，描写了太尉洪信奉圣旨前往信州龙虎山礼请虚靖天师张继先下山治瘟疫，小说中将龙虎山描写成充满奇幻的仙山，而“虚靖天师”宛若仙人，千呼万唤，不显真身，显得万分神秘。兹摘录片段如下：

且说太尉洪信赍擎御诏，一行人从，上了路途，不止一日，来到江西信州。大小官员，出郭迎接；随即差人报知龙虎山上清宫住持道众，准备接诏。次日，众位官同送太尉到于龙虎山下，只见上清宫许多道众，鸣钟击鼓，香花灯烛，幢幡宝盖，一派仙乐，都下山来迎接丹诏，直至上清宫前下马。太尉看那官殿时，端的是好座上清宫！但见：

青松屈曲，翠柏阴森。门悬敕额金书，户列灵符玉篆。虚皇坛畔，依稀垂柳名花；炼药炉边，掩映苍松老桧。左壁厢天丁力士，参随着太乙真君；右势下玉女金童，簇捧定紫微大帝。披发仗剑，北方真武踏龟蛇；趿履顶冠，南极老人伏龙虎。前排二十八宿星君，后列三十二帝天子。阶砌下流水潺湲，墙院后好山环绕。鹤生丹顶，龟长绿毛。树梢头献果苍猿，莎草内衔芝白鹿。三清殿上，击金钟道士步虚；四圣堂前，敲玉罄真人礼斗。献香台砌，彩霞光射碧琉璃；召将瑶坛，赤日影摇红玛瑙。早来门外祥云现，疑是天师送老君。

当下上自住持真人，下及道童侍从，前迎后引，接至三清殿上，请将诏书，居中供养着。洪太尉便问监宫真人道：“天师今在何处？”住持真人向前禀道：“好教太尉得知：这代祖师，号曰虚靖天师，性好清高，倦于迎送，自向龙虎山顶，结一茅庵，修真养性，因此不住本宫。”太尉道：“目今天子宣诏，如何得见？”真人答道：“容禀：诏敕权供在殿上，贫道等亦不敢开读；且请太尉到方丈献茶，再烦计议。”当时将丹诏供养在三清殿上，与众官都到方丈。太尉居中坐下，执事人等献茶，就进斋供，水陆俱备。斋罢，太尉再问真人道：“既然天师在山顶庵中，何不着人请将下来相见，开宣丹诏。”真人禀道：“这代祖师，虽在山顶，其实道行非常，能驾雾兴云，踪迹不定。贫道等如常亦难得见，怎生教人请得下来？”太尉道：“似此如何得见！目今京师瘟疫盛行，今上天子特遣下官赍捧御书丹诏，亲奉龙香，来请天师，要做三千六百分罗天大醮，以禳天灾，救济万民。似此怎生奈何？”真人禀道：“天子要救万民，只除是太尉办一点志诚心，斋戒沐浴，更换布衣，休带从人，自背诏书，焚烧御香，步行上山礼拜，叩请天师，方许得见。如若心不志诚，空走一遭，亦难得见。”太尉听说，便道：“俺从京师食素到此，如何心不志诚。既然恁地，依着你说，明日绝早上山。”当晚各自权歇。次日五更时分，众道士起来，备下香汤，请太尉起来沐浴，换了一身新鲜布衣，脚下穿上麻鞋草履，吃了素斋，取过丹诏，用黄罗包袱背在脊梁上，手里提着银手炉，降降地烧着御香。许多道众人等，送到后山，指与路径。真人又禀道：“太尉要救万民，休生退悔之心，只顾志诚上去。”

太尉别了众人，口诵天尊宝号，纵步上山来，将至半山，望见大顶直侵霄汉，果然好座大山！正是：

根盘地角，顶接天心。远观磨断乱云痕，近看平吞明月魄。高低不等谓之山，侧石通道谓之岫，孤岭崎岖谓之路，上面平极谓之顶，头圆下壮谓之峦，藏虎藏豹谓之穴，隐风隐云谓之岩，高人隐居谓之洞，有境有界谓之府，樵人出没谓之径，能通车马谓之道，流水有声谓之涧，古渡源头谓之溪，岩崖滴水谓之泉。左壁为掩，右壁为映。出的是云，纳的是雾。锥尖象小，崎峻似峭，悬空似险，削儠如平。千峰竞秀，万壑争流，瀑布斜飞，藤萝倒挂。虎啸时风生谷口，猿啼时月坠山腰。恰似青黛染成千块玉，碧纱笼罩万堆烟。

这洪太尉独自一个行了一回，盘坡转径，揽葛攀藤。约莫走过了数个山头，三二里多路，看看脚酸腿软，正走不动，口里不说，肚里踌躇，心中想道：“我是朝廷贵官，在京师时，重裀而卧，列鼎而食，尚兀自倦怠，何曾穿草鞋，走这般山路！知他天师在那里，却教下官受这般苦！”又行不到三五十步，掇着肩气喘。只见山凹里起一阵风，风过处，向那松树背后，奔雷也似吼一声，扑地跳出一个吊睛白额锦毛大虫来，洪太尉吃了一惊，叫声：“啊呀！”扑地望后便倒。偷眼看那大虫时，但见：

毛披一带黄金色，爪露银钩十八只。睛如闪电尾如鞭，口似血盆牙似戟。

伸腰展臂势狰狞，摆尾摇头声霹雳。山中狐兔尽潜藏，涧下獐鹿皆敛迹。

那大虫望着洪太尉，左盘右旋，咆哮了一回，托地望后山坡下跳了去。洪太尉倒在树根底下，諕的三十六个牙齿捉对儿厮打，那心头一似十五个吊桶，七上八落的响，浑身却如重风麻木，两腿一似斗败公鸡，口里连声叫苦。

大虫去了一盏茶时，方才爬将起来，再收拾地上香炉，还把龙香烧着，再上山来，务要寻见天师。

又行过三五十步，口里叹了数口气，怨道："皇帝御限差俺来这里，教我受这场惊恐。"说犹未了，只觉得那里又一阵风，吹得毒气直冲将来。太尉定睛看时，山边竹藤里簌簌地响，抢出一条吊桶大小雪花也似蛇来。太尉见了，又吃一惊，撇了手炉，叫一声："我今番死也。"往后便倒在盘陀石边。微闪开眼来看那蛇时，但见：

昂首惊飙起，掣目电光生。动荡则折峡倒冈，呼吸则吹云吐雾。鳞甲乱分千片玉，尾梢斜卷一堆银。

那条大蛇，径抢到盘陀石边，朝着洪太尉盘做一堆，两只眼迸出金光，张开巨口，吐出舌头，喷那毒气在洪太尉脸上，惊得太尉三魂荡荡，七魄悠悠。那蛇看了洪太尉一回，望山下一溜，却早不见了。太尉方才爬得起来，说道："惭愧！惊杀下官！"看身上时，寒栗子比馉饳儿大小，口里骂那道士："叵耐无礼，戏弄下官，教俺受这般惊恐！若山上寻不见天师，下去和他别有话说。"再拿了银提炉，整顿身上诏敕，并衣服巾帻，却待再要上山去。正欲移步，只听得松树背后隐隐地笛声吹响，渐渐近来。太尉定睛看时，只见那一个道童，倒骑着一头黄牛，横吹着一管铁笛，转出山凹来。太尉看那道童时：

头绾两枚丫髻，身穿一领青衣，腰间绦结草来编，脚下芒鞋麻间隔。明眸皓齿，飘飘并不染尘埃；绿鬓朱颜，耿耿全然无俗态。

昔日吕洞宾有首牧童诗道得好：

草铺横野六七里，笛弄晚风三四声。归来饱饭黄昏后，不脱蓑衣卧月明。

但见那个道童笑吟吟地骑着黄牛，横吹着那管铁笛，正过山来。洪太尉见了，便唤那个道童："你从哪里来？认得我么？"道童不睬，只顾吹笛。太尉连问数声，道童呵呵大笑，拿着铁笛，指着洪太尉说道："你来此间，莫非要见天师么？"太尉大惊，便道："你是牧童，如何得知？"道童笑道："我早间在草庵中伏侍天师，听得天师说道：'今上皇帝差个洪太尉赍擎丹诏御香，到来山中，宣我往东京做三千六百分罗天大醮，祈禳天下瘟疫，我如今乘鹤驾云去也。'这早晚想是去了，不在庵中。你休上去。山内毒虫猛兽极多，恐伤害了你性命。”太尉再问道：“你不要说谎。”道童笑了一声，也不回应；又吹着铁笛，转过山坡去了。太尉寻思道：“这小的如何尽知此事？想是天师分付他，一定是了。”欲待再上山去，方才惊諕的苦，争些儿送了性命，不如下山去罢。

邓志谟的《咒枣记》在第五回“至上清见张天师 参符录奏名真人”中写了虚靖天师委托萨守坚向龙虎山的现任天师带信的，并描写了龙虎山的瑰丽景色。不过，《咒枣记》跟《水浒传》相比较，其情节就显得逊色多了。兹节录如下：

却说萨君治了魍魉之精，迤逦而行，来到江西广信府贵溪龙虎山。这一座龙虎山，果是一所福地。但见：

山脉是迢迢递递的峰峦，流水是弯弯曲曲的河道。左边列的是蜿蜿蜒蜒的青龙，右边绕的是端端正正的白虎。山上腾起的是缥缥缈缈的祥云，洞前凝结的是氤氤氲氲的瑞霞。栽的松是苍苍翠翠的古松，种的竹是猗猗森森的劲节。飞的飞，舞的舞，是烨烨采采的紫莺；唳的唳，叫的叫，是昂昂藏藏的白鹤。芳的芳，菲的菲，是奇奇异异的琪花；柔的柔，软的软，是萋萋茸茸的瑶草。有三十六宫，宫宫的焚着馥馥芬芬麝脑龙涎；又有七十二观，观观的吹着咿咿哑哑凤笙象管。有诗为证，诗曰：

云拥芝房绝俗氛，琪花瑶草四时春。结庐高处无人到，夜半新鸾栖绿筠。

上清宫的景致，今且不提。萨君乃袖着靖道人一纸书札，迳来拜叩天师府。只见这天师府景致尤妙尤妙。门外有几湾流河，清清湛湛，地生成罗带；河外有数叠好山，嵯嵯峨俄，天开的画图。朱楼突突兀兀，高逼云霄；画阁虚虚明明，平分日月。萨君进着头门，只见头门上有对联云：

麒麟殿上神仙客，龙虎山中宰相家。

萨君进了头门又到二门，只见二门之上亦有对联云：

红云拥白鹤归来，即此地便是人间洞府。

瑶草并琪花生出，更何方别求海上蓬莱。

萨君既进了此门，连登了几个阶级，遂至天师府堂之上。一见天师就叩头下拜，说道：“贫道自西蜀而来，途中遇有一个靖道人，言与真人爷爷有旧，寄有一纸书在此，伏望收下。”天师叫当直的接过了那书，命萨君退于廊下。遂拆书一看，只见是父亲虚靖的笔迹，遂放声大哭，不觉地就惊动了母亲元君。元君慌忙地走将出来，问道："我儿何为恸哭？"天师乃将父亲之书递与元君，元君惊道："此汝父之笔也。"亦放声而哭，既而问于天师："此书从何处得来？"天师道："适才一道人寄来。"元君道："道人今在何处？"天师道："今退在廊庑之下。"遂命人呼出问之。

萨君见了元君，遂拜伏于地。元君问道："尔从何处得此纸书来？"萨君道："贫道蜀西河人氏，慕虚靖天师的高风，兼慕建昌王方平、江州葛仙翁三仙的道法，远来相叩。来至峡口亭，遇着三位道人，一人是靖道人，一人是平道人，一人是翁道人，言虚靖天师及王葛二先生皆死，三位先生各传贫道法术。此一封书，正是靖道人所寄来的。"元君道："据尔所言，平道人乃王方平，翁道人乃葛仙翁，靖道人乃虚靖天师也。"

萨君一闻此言，始骇悟，说道："信然，信然。假若不是三师，焉得所受之法，咒枣枣来，救死死起，驱邪邪灭。"元君又与天师道："且看尔父书中之语何如？"天师乃细念一遍，其书云：

父字达吾儿知之。吾尸解矣，遨游玉京，非死也。尔不必恸焉。尔袭天师之印，须尽乃职，克继尔祖仙风，不坠法教，吾所深望，勉之，勉之。蜀西河萨君，远叩于吾，吾与王方平、葛仙翁二仙，各以一法授之矣。尔当复与之佩参宝箓，奏名真人，使其法愈显扬，此仙派之光也。吾所遗宝剑，可将一剑付之。来书无有别语，吾儿休念。

天师读罢父书，元君与天师曰："尔父既然有命，为萨君奏名真人，尔可遵而行之。"天师谓元君道："敢不如命。"元君遂退归香阁，萨君拜而谢之，此不在话下。

在笔记小说《夷坚志》、《大宋宣和遗事》和《三教源流搜神大全》三篇对张继先天师的描写中，当数《夷坚志》的《同州白蛇》和《蔡京孙妇》的影响最大。明代沈德符《万历野获编》也论及《同州白蛇》和《蔡京孙妇》："洪迈云：徽宗政和间，张氏三十代孙虚静天师，治同州白蛇事最异；至宣和二年，又治蔡京孙媳被魅，更为灵怪。后知汴京将乱，潜归乡尸解去，复隐峨眉山，蜀人时见之。虚静平生不娶，遂无嗣，以族绍其后。盖其嫡派自北宋已绝，宜其法之无传也。"这两篇小说，文笔精彩，对张继先天师剪灭妖魔的高强道法描写，十分引人入胜。兹转录如下。

宋代洪迈撰《夷坚志》戊卷九《同州白蛇》全文：

同州自元符以后，常有妖物出为人害，皆言白蛇之精。官民多被祸，至于郡守亦时陨于怪中，知之者不敢以作牧为请。政和间，宰相之婿某必欲得之，盖贪俸入优厚之故，相君谕之曰：冯翊妖蛇甚恶，无以身试祸，婿意不可抑，竟拜命往焉。交印之三日，大张乐，会官僚，忽顾诸倡曰：我方视事置宴，汝曹当华饰展庆，顾乃着白衣何也？倡知其故不敢答，宴罢即病。明日，询于客，将对曰：使君得非乍到，眼妄有所睹邪？实无此人。其家走骑报于相君，相君白于徽宗，诏虚静张天师往治，至则婿不知所之矣。到郡才十日，张召内外诸神问蛇所在，皆莫对。继呼城隍扣之，亦辞曰不知。张怒责甚峻，敕阴兵行棰挞，楚毒备极，诉云：彼物之灵，上与天通，言脱于口，大祸立至。张曰：吾之法力，诛之有余，今但欲得其窟穴，汝若不告，当先受戮。于是神俯首密白其处。张择日诣之，去穴三里结坛五层，其广数十丈，坛成悉集一城吏民，使居于其上，而领众道士作法。初飞一白符，寂然无闻，次飞赤符，继以黄符，良久风云勃兴，雷电四起，青氛黑烟，蔽满山谷，见者危惧，少顷烟散，张持法如初，俄白气滃于天际，或黄或紫如是者四五变，坛上人尽颠仆怖哭，立待吞噬。张使人人口衔土一块，以御邪沴，遣取州印，置前语众曰：白蛇之神，尽于是矣。必将自出，如越过五坛，虽吾亦不复有生理，苟不吾敌，则止于三层，邪不胜正，此当无忧也。已而烈火从穴中发，渐及坛侧，大蛇呀然张口，势欲吞坛，矫首傣空，高出望表，迤逦且近，引其身绕下层四五匝，张左手执州印，右手执玉印，端立对之，蛇缩栗挫沮，进退不可，躯干渐低，摧若为一山所压，冲第三级而止，即飞剑杀之。其后累累而出小者，犹如柱，几数万条。张曰：首恶盖牝者，种实繁此，难悉诛，然亦不可恕，择其为孽者去之，足矣。顾父老壮勇者，解所赍刀剑斩其如柱、如楹者、二十余条皆为法力所束，帖帖受剑，自余以符付神将，驱出外境。又数日，率郡民视其穴，有石床正中，盖其蟠憩之处，白骨山积。皆前后所啖食之人，臭闻百里，经月方息。虚静为汉天师三十代孙，平生不娶，京师将乱，潜出城，还乡尸解，复隐于峨眉山，蜀人或见之。天师嫡派遂绝，今以族人绍厥后云。

《夷坚志》戊卷九《蔡京孙妇》全文：

宣和二年，太师蔡京府，有奇祟染着其孙妇。每以黄昏时，艳装盛服，端坐户外若有所待，已则入房昵昵与人语欢笑。彻旦然后昏困熟睡。视骨肉如胡越，然饮食尽废。蔡甚忧恚，招宝录宫道士治之，及京城名术道流前后数十辈，皆痛遭折辱，狼狈乞命而退。时张虚静在京师，密奏召之，财及堂上，鬼啸于梁。张曰：此妖怪力绝大，盖生于混沌初分之际，恐未易遽除，容以两日密行法，若不能去，决非同辈所能施功，吾亦末如之何矣。蔡问所欲何物，但令瓣香花茶果，他一切弗用。三日后，诣蔡府坐未定，有大飞石自梁而坠，几败张面。俄，梁上一物如猿猱，笑谓张曰：都下法师无数，并出手不得，汝何等小鬼，敢来相抗？张弗顾但焚香作法，猱忽自左手第一指出火，下烧灼之，张凝然不动。就火中加持，良久而灭。又自第二指出火如初，五指既遍，复用右手，暨两眼。最后，举体发烈焰，满堂炽然，不可向迩。张略无所伤。喜曰：祟技止尔，叱之使下，缩栗震慑，张纳诸袖中。将起，蔡曰：可使其形大乎？曰：大则首在空中，虑不无惊怖。蔡固欲验之，乃出而再叱。声未绝口，已高数十丈，蔡惧，请急收之，遂复故形。蔡谕使致诛，不可。曰：此妖上通于天，杀之将有大祸，今窜之海外，如人间之沙门岛，永无还期，谴罚如是，足矣。遂舍去，孙妇即日平愈，时此老七十四岁，稔恶误国，家祸将及矣，故变异如是。

《大宋宣和遗事》为最早的长篇历史话本之一，以下记叙可能是今存“关羽斩蚩尤”的最早版本之一，其中特别描写了张继先天师启用神将关羽降服解州盐池妖怪。

崇宁五年夏，解州有蛟在盐池作祟，布炁十余里，人畜在炁中者，辄皆嚼啮，伤人甚众。诏命嗣汉三十代天师张继先治之。不旬日间，蛟祟已平。继先入见，帝抚劳再三，且问曰：“卿此翦除，是何妖魅？”继先答曰：“昔轩辕斩蚩尤，后人立祠于池侧以祀焉。今其祠宇顿弊，故变为蛟，以妖是境，欲求祀典。臣赖圣威，幸已除灭。”帝曰：“卿用何神？愿获一见，少劳神庥。”继先曰：“神即当起居圣驾。”忽有二神现于殿庭：一神绛衣金甲，青刀美须髯；一神乃介胄之士。继先指示金甲者曰：“此即蜀将关羽也。”又指介胄者曰：“此乃信上自鸣山神石氏也。”言迄不见。帝遂褒加封赠，仍赐张继先为视秩大夫，虚靖真人。

《三教源流搜神大全》卷三“义勇武安王”篇记载的内容跟《大宋宣和遗事》

中的内容大同小异。

盐池自古生盐，收办宣课。自去岁以来，盐池减水，有亏课程。此系灾变，敢不闻奏。帝遣使持诏至解州城隍庙祈祷焉。使夜梦一神告曰："吾城隍也，盐之患乃蚩尤也。往昔蚩尤与轩辕帝争战，帝杀之于此地盐池之侧，至今尚有近(遗)迹。近闻朝廷创立圣祖殿，蚩尤大怒，攻竭盐池之水。"飒然而觉，得此报应，回奏于帝。帝与群臣议之。王钦若奏曰："地神见报，当投祭以祷之。"帝遣吕夷简持诏就盐池祷之。祭毕，是夜梦一神人戎服金甲持剑，怒而言曰："吾乃蚩尤神也。奉上帝命来此盐池，于民有功，以国有益。今朝廷崇以轩辕，立庙于天下，吾乃一世之仇也。此上不平，故竭盐池水，朝廷若能除毁轩辕之殿，吾令盐池如故。若不从，竭绝盐池，五谷不收，又使西戎为边境之患。"言讫而去。夷简飒然而觉，(将)其梦中之事回奏于帝。帝亦梦之。王钦若奏曰："蚩尤乃邪神也。陛下可遣使信州龙虎山诏张天师，可收复此怪。"帝从之，乃遣使召天师至阙下。帝曰："昨因立圣祖轩辕殿致蚩尤怒，涸绝盐池之水，即今之患，召卿断之。"天师奏曰："臣举一将最英勇者，蜀关将军也。臣当召之，可讨蚩尤，必成其功。"言讫，师召关将军至矣，现行于帝前。帝云："蚩尤竟绝盐池之水。"将军奏曰："陛下圣命，敢不从之！臣乞会五岳四渎名山大川所有阴兵，尽往解州，讨此妖鬼。若臣与蚩尤对战，必待七日，方剿除得。伏愿陛下先令解州管内户民，三百里内，尽闭户不出；三百里外，尽示告行人，勿得往来，待七日之期，必成其功，然后开门如往。恐触犯神鬼，多致死亡。"帝从之。关将军乃受命而退。遂下诏，解州居民悉知。忽一日，大风阴暗，白昼如夜，阴云四起，雷奔电走，似有铁马金戈之声，闻空中叫噪。如此五日，方且云收雾散，天晴日朗，盐池水如故，皆关将军力也。其护国祚民如此。

张继先解州除妖的故事在南宋李焘《续资治通鉴长编》、钱曾《读书求敏记》、王世贞《弇州续藁》等书中均有类似的记载。总之，以上的文学作品的传播极大地扩大了张继先天师在普通民众心目中的影响，反过来也促进了他在道门中的地位和影响力。

第七节　历代封号　后世影响

整个唐宋时期，除了威望极高的祖天师张道陵于大观二年(1108)被册封为“真君”外，其他的嗣教天师的赐号都是“先生”，他们死后也并未获得“真君”称号。在古代“真君”乃是对神仙的封号，男称“真君”，女称“元君”，是一种很高的政治待遇。到了元代，由于龙虎山天师道政治地位得到了很大的提高，那些离世天师也陆续得到“真君”的封号，而张继先就是这些天师中较早得到“真君”封号的一位，这也从一个侧面反映了他极大的名气和影响力。据娄近垣《重修龙虎山志》的记载，元代第一位得到真君称号的已故天师为张可大。元至元二十八年(1291)，元世祖忽必烈册封第三十五代天师张可大为“通元应化观妙真君”。四年之后，张宗演是第二位获得真君称号的天师。元成宗元贞元年(1295)册封第三十六代天师张宗演为“演道灵应冲和元静真君”。又过了十三年，在第三批册封时，张继先获得了“真君”称号。元武宗至大元年(1308)，册封第二代天师(嗣师)张衡为“太清演教妙道真君”，第三代天师(系师)张鲁为“太清昭化广德真君”，第三十代天师张继先为“虚靖元通宏悟真君”。三十六年之后，元惠宗至正四年(1344)，未被册封的已故第四代天师至第三十四代天师全部被册封为“真君”。

徽宗崇宁四年(1105)封赐张继先号虚靖先生：

制曰：敕汉天师三十代孙张继先。天师在汉，玄功著闻。汝为裔孙，不替远业，传袭祖法，符水有功，虚靖恬和，道行高洁，宜加显锡，昭尚真风。赐号虚靖先生。①

《宋史》卷十四“宋徽宗”条，记载了同样的事实：

五月丙午，月犯氐。汉天师三十代孙继先赐号虚靖先生，与免本户田产租徭。寻召赴阙。又诏信州龙虎山张氏自今相袭为山主，传授法箓者即度为道

① 娄近垣：《重修龙虎山志》第308页。

士，仍赐紫衣师号，著为令。

两百年后，元武宗至大元年(1308)赠张继先虚靖元通宏悟真君：

封三十代真君

上天眷命

皇帝圣旨

元武宗皇帝制曰：朕惟广成子在崆峒，言契形神之妙；亢桑楚居畏垒，礼膺尸祝之荣；矧奕叶振迈于真风，宜锡号优崇于昭代。嗣汉三十代天师虚靖先生，潜心冲默，缮性粹和，道集虚而悟玄玄，行履常而安止止。尝因宋主燕闲之问，极陈老氏清净之宗。神得一以灵，故祷祠而辄应；物归根曰静，惟精气之长存。是用增宠秩于仙阶，衮嘉名于祖牒。仍羽人濯暘谷，岂徒想于高踪；乘白云归故乡，尚祗承于先命。可封三十代天师虚靖玄通弘悟真君。主者施行，至大元年五月日。①

张继先无疑是唐宋时期天师道的一位标志性人物，不仅如此，他也是所有天师中最为响当当的人物。在历代天师中，除了祖天师张道陵之外，似乎很难有人比得上他的名气和影响力。汉末以后，天师道声名隐沦、影响日衰。随着张继先天师的横空出世，其天才的表现、渊博的学识、高妙的道法，折服了世人，扭转了当时天师道发展的颓势，龙虎山天师道从此一举走向中兴。由于张继先是天师道走向中兴的关键人物，因此人们不吝用仙姿绝人、灵悟宿植、道术惊世、神功妙应、天师复生等这些极尽赞誉的词语来描绘他。明代第四十三代天师张宇初《汉天师世家序》称："汉末而下，居龙虎山者，岩栖谷隐，修炼以自寿。宋初，渐以道行称于时，暨大观崇宁间，虚靖真君出焉，其神功妙应，一发于御气炼形之实，而后益振，足以方驾于前矣。"又说："此吾道之盛由真君(张继先)而特著也。"②元代刘埙《隐居通议》卷十六称："自昌意以来，号称神明之胄者，既无不历乱磨灭，独汉天师张氏祖讳良，以剑印传如禹鼎。延至魏晋六朝隋唐五季，逾久而著其承家，至此必亦有尤异取信不惑者，然犹未至益人国也。入宋祥符，冠褐始召，崇观符箓始盛，其时有虚靖先生，道始显。"③南宋资政殿大学士楼钥

① 元明善：《龙虎山志》第130页，参见娄近垣《重修龙虎山志》第322页。

② 《岘泉集》。

③ 刘埙《隐居通议》卷十六，《钦定四库全书》子部。

《恭题徽宗赐张继先御诗》称："窃惟汉天师道成于蜀，而教传于龙虎山，至三十代而虚靖出，仙姿绝人，道术惊世，人谓天师复生不为过。"[①]明代王世贞《弇州四部稿》续稿卷一百五十八说："至宣政而虚静先生继先出，其倜傥变幻，君臣各相竞为文彩。"

正是由于张继先的杰出贡献，龙虎山的地位得到了极大的提升。就在张继先嗣教期间，龙虎山已经一跃而跟当时的著名的茅山、阁皂山的地位持平，形成三山鼎峙的局面。

《茅山志》卷十一载宋哲宗绍圣四年（1097）：

敕江宁府，即所居潜神庵为元符观。别敕江宁府句容县三茅山经箓宗坛，与信州龙虎山、临江军閤皂山，三山鼎峙，辅化皇图。[②]

南宋道士金允中《上清灵宝大法》卷十说：

金陵之三茅山，大洞之宗坛也；临江之閤皂山，灵宝之宗坛也；信州之龙虎山，正一之宗坛也。[③]

南宋岳珂《桯史》卷八说：

今茅山、龙虎、閤皂，实有三坛，符箓遍天下，受之者亦各著称谓，或者帝王之号，又有其别，殆未可知也。[④]

南宋周必大于乾道癸巳春（1173）《记閤皂登览》中称：

盖天下授箓，惟许金陵之茅山，信州之龙虎山与此山（閤皂山）为三院管辖。[⑤]

此后，龙虎山的发展势头不减。到南宋理宗时，敕三十五代天师张可大提举三山符箓。此时的龙虎山已经极为鼎盛，成为"宫观压东南"的天下第一福

① 《攻媿集》。

② 刘大彬《茅山志》卷之十一，《道藏》第5册第605页。

③ 《道藏》第31册第400页。

④ 《宋元笔记小说大观》，上海古籍出版社，2001年，第4册4401页。

⑤ 周必大：《记阁阜登览》，见《文忠集》卷一百八十三，《钦定四库全书》。

地。四面八方、各个阶层的老百姓向龙虎山涌来，他们“膝行而踵至”，顶礼膜拜已经到了无以复加的地步。[①] 元世祖时，命第三十六代天师张宗演主江南道教事。元大德八年(1304)，元成宗特加第三十八代天师张与材正一教主，兼主领三山符箓。正是由于第三十代天师张继先所奠定的坚实基础，龙虎山天师道从衰弱走向中兴，并一跃而成为江南道教的领袖，成为大名鼎鼎的万法宗坛。

张继先天师崇高的地位和巨大的影响，还可以从三个方面得到印证：第一是正一道龙虎宗的晚课中“虚靖天师宝诰”和“祖天师宝诰”并列为本派祖师宝诰。第二是青城山天师洞的天师殿内供奉着隋代石刻张道陵像，旁边同时供奉着第三十代虚靖天师张继先的塑像。除张继先天师外，没有任何一位天师获此配祀殊荣。第三是龙虎山天师祖庭留侯家庙中，内有祖天师殿、三十代天师殿和四十三代天师殿。唯有祖先留侯张良、祖天师张道陵、第三十代虚靖天师张继先，以及人称“列仙之儒”的第四十三代天师张宇初待遇极高，拥有塑像，其余的天师仅有牌位而无塑像。

最值得一提的是，在历代天师中，唯有祖天师张道陵和第三十代天师张继先拥有本派祖师的宝诰，而其他天师并未获此待遇。1994年张金涛、曾广亮辑录的《龙虎山正一日诵早晚课》。早课包括：《澄清韵》、《八神咒》、《开经偈》、《太上老君说常清静经》、《高上玉皇心印妙经》、《玉清诰》、《上清诰》、《太清诰》、《玉帝诰》、《天皇诰》、《星主诰》、《后土诰》、《南极诰》、《救苦诰》、《斗姥诰》、《三官诰》、《玄天诰》、《老祖天师诰》、《葛仙翁宝诰》、《许真君宝诰》、《虚靖天师宝诰》、《东岳宝诰》、《普化宝诰》、《雷霆总诰》、《社司咒》、《土地咒》。晚课主要持诵《道德经》。

这里所谓的龙虎山正一早晚课中的“祖天师宝诰”和“虚靖天师宝诰”，乃是道门的一种文体，为骈体短文，是道教徒每天早晚必须虔诚诵习的功课。道教早晚课的内容包括经、诰、咒三大类。其中诰即宝诰，即告，乃仙真教诫告示之真言。清代全真道士柳守元《清微宏范道门功课》的《序》中称：“金书玉笈为入道之门，宝诰丹经乃修仙之路。得其门，可以复元真之性；由是路，可以炼不坏之身。”意思就是说持诵经、诰、咒乃是道士每日修行的主要内容。持诵宝诰看

① 《钦定四库全书》子部，刘埙《隐居通议》卷十六记载：“至穆陵(宋理宗)赐号观妙先生，可大甫三十五代，其退潮拯旱尤信。由是，龙虎山宫观压东南，为福地第一。化人之蒙袂四出者、致方物修士之赢粮访道者、贾挚币祈者、谢者、不宁令者，膝行而踵至。居如市，市如邑，儿童下走，顺风而呼膺而售者，滋富至莫辨。于是用物宏矣。”

似简单，实则玄奥。首先，宝诰中常常阐述仙真祖师的生平伟绩，因此持诵宝诰产生敬慕之心。对初入道门的人来说，还是一次道教历史和教义的普及教育。其次，早晚功课实际上是一种“内斋”法，早晚的诵读宝诰既可以养生，又可以检束人的身心，使人心地清净。再次，道门中人相信仙真的宝诰中愿力广大，时常虔诚念诵不懈，即能与仙真感应交通。此外，他们还相信持诵宝诰能灭罪消衍、禳灾祈福，获得不可估量的功德。因此，道教持诵宝诰有严格的礼仪和规定，必须凝神静气、庄严肃穆。

虚靖天师诰

志心皈命礼

白雪丹消，黄芽旧积。文章星斗，老君授三五飞步之玄；玉局篆符，汉祖传正一斩邪之旨。于以登名于紫府，于以掌握于雷霆。伐疵疠于青城，灭妖氛于下界。巍巍荡荡，妙妙玄玄。去太极登紫微，聚三华朝五炁。随机格物，闲邪存神。祖师三十代天师虚靖冲弘悟道真君，玄风演化天尊。[1]

此外，文人骚客、高道等对张继先的仰慕和赞叹，更体现出他道行卓著，泽被后人的一面。

白玉蟾《赞历代天师》，第三十代讳继先，字遵正。

筑著成都人姓刘，丹成蜕迹入罗浮。琼楼数纸御书在，虚静先生已掉头。

白玉蟾《虚靖先生像赞》

七返还丹阿谁无，先生归去谁识渠。时人要见真虚靖，北斗西边一点如。

倪昭卿赋赠叶神童《修真十书武夷集》卷之五十二，海南白玉蟾

神童天纵何聪明，十幅一息增荣名。若非唐朝李太白，靖通真人当复生。
击石轰雷惊四座，宝卷拈出安群情。八卦五行有妙用，金丹大药自然成。
布袖蝙历贱罗绮，银钩婉娩鬼神惊。仙山便好留仙佩，何必蓬莱顶上行。

张宇初《元夕后喜晴登靖通庵》(岘泉集卷之九)

春阳蔼微和，扶疾释余息。真馆肃虚寥，幽寻修逾载。

① 《诸师真诰》“虚靖天师诰”，《道藏》第5册，第762页。

小径迷积叶，云萝递空籁。飘梅散轻扬，竹柏纷映带。
澹寂每清神，晴岑列窗黛。灯宵杂市喧，鹄伫凌空界。
抚心倍仰止，素托抱深赖。丛阴支倦还，由兹悟悬解。

白玉蟾《靖通庵》

靖通菴外锁晴云，壁莹飞琼瓦叠鳞。野鸟无心一声晓，岩花有意四时春。
凿开风月长生地，占断烟霞不老身。虚靖当年仙去后，不知丹诀付何人。

夏元鼎《和张虚靖》

太极才分，鸿濛凿破，云收雾开。见曦魂蟾魄，升沉昼夜，光含万象，机应丹台。火里栽莲，水中捉月，两个人人暗去来。鹊桥畔，任传神送气，巽户轰雷。

微哉。火候休猜。无师授徒劳颜闵材。问从头下手，收因结果，争魂夺命，何处胚胎。小法旁门，幸勤一世，谩道修真不惹埃。争如我，水晶宫里，独步琼阶。[①]

元代赵孟頫《靖通庵题张虚静真人》

一庵里外巢青云，辟莹飞琼瓦叠鳞。野鸟无心一声磬，岩花有意四时春。
凿开风月长生地，占却烟霞不老身。虚靖当年仙去后，不知丹诀付何人。
旧志上载下半首为江万里作，今照松雪集改正。
娄近垣《重修龙虎山志》第612页。

元代郑元祐《侨吴集》卷三“长短句诗”：

虚靖天师大道歌

千峰秀攒龙虎山，学仙之人住其间。时乘飞驭下人寰，主掌符箓尸神奸。虚靖维出千载后，道风契天高莫攀。如网有纲枢有环，足以立懦而廉顽。岂徒风霆走禀命？政使仙圣皆承颜。大道甚夷民自艰，大道甚经民自孱。天师兴歌一哀唱，只在身中无往还。吁此血肉块，成坏等草菅。气归元海便无极，箭射虚空真等闲。无何虞赵二公辩方始，无乃七圣皆迷、所见才一斑。[②]

《式古堂书画汇考》卷五十三：

---

① 《全宋词》。

② 元代郑元祐《侨吴集》卷三。

巍巍龙虎山，融结自太古。笃生虚靖君，道独继祖武。
真人坐岩穴，萧然一环堵。蓬首目光炯，燕坐阅众父。
奚契虚靖心，天风桧杉舞。
遂昌郑元佑赞

送谢铁崖游龙虎山

有美人兮怀远游，逍遥九州复九州。暂来淮楚与吴越，五云飞上千金裘。
八公山在淝水上，草木尚若森戈矛。澄江如练谁解道，况闻好鸟喧春洲。
东山蔷薇几回落，昔人何处青苔稠。钱唐故宫尽禾黍，帝子一去江空流。
客儿亭前高兴发，便欲着屐穷深幽。天鸡三鸣更五点，海日涌出黄金虬。
瑶笙声断白鹤远，知有子晋从浮丘。蟠桃开花今已实，似许方朔重来偷。
如何去作龙虎客，远慕汉代张留侯。我闻仙翁号虚靖，草庵宛在山之陬。
长乘丹光翳彩凤，或有紫气随青牛。子能候之问至道，黄庭内景非难求。
四方上下游已遍，归来十二仙人楼。楼中长啸弄明月，握手一笑三千秋。

朱思本《闻蝉》

绿槐高柳护溪阴，尽日新蝉嘒嘒吟。却忆靖通深竹里，熏风时复听瑶琴。[1]

张宇初在《岘泉集》卷四中有一段对张继先的概括非常之精到，他说：

真君生有异征，长而敏悟。以髫龀袭教，而遭际徽庙（宋徽宗）崇道之至。若治蛟解水，馘祟内庭，暨祷禳呵禁之神，已非有道者所不能。而其忠君爱国之实，且累形于辞，数验于兆，使徽庙具造道之见，度祸于未萌，亦岂不于宋朝运祚有所裨益者乎？而乃使耳闻面觌之言，卒成虚遇，岂不深可感哉？然真君之道行卓卓，垂之后世不泯，非国之存亡可得而系焉。[2]

从这段文字可以看出，张继先之所以能够成为龙虎山天师道走向中兴的关键人物，是因为他占尽了天时地利人和的各方面有利因素。一方面，张继先绝顶聪明、幼年嗣教、道法高妙，作为一位道士和一位天师，他的优秀是无与伦比

① 《贞一斋诗文稿》卷下，宛委别藏本。
② 张宇初：《应化录跋》。见《岘泉集》卷四。

的。另外一方面，张继先又是极为幸运的，在他嗣教的期间，恰逢有史以来极其推崇道教的道君皇帝宋徽宗，张继先抓住了这一有利时机，在正确的时间、正确的地点，展示了他高妙的道法，从而一举抓住了促使龙虎山天师道发展的绝佳机会。

人们在总结张继先时，往往关注其在道教方面的成就和影响，而忽略了他在政治上的远见卓识和忠君爱国的一面。张继先在“元祐党人碑”的问题上，反对蔡京等对元祐党人所采用的打击报复的手段，朝野上下一派噤若寒蝉的情势下，张继先敢于直言，为元祐党人鸣冤叫屈，对一位方外之人来说，需要极大的政治智慧和勇气。此外，当张继先预感到北宋即将到来的“红羊赤马”之厄，多次想方设法，或当面告知，或委托自己的弟子王道坚告知，可惜宋徽宗充耳不闻，最终大难降临。由此，张继先忠君爱国的拳拳之心可见一斑。正如张宇初所认为的那样，虽然国家难免会灭亡，但是张继先卓越的道法和影响，不会随着国家的灭亡而灭亡，会永远流传下去。

主要参考文献

1.《道藏》,北京:文物出版社、上海书店、天津出版社 1988 年版。

2.《中华道藏》,北京:华夏出版社 2004 年版。

3.《藏外道书》,成都:巴蜀书社 1992 年版。

4.《道藏精华》,台北:自由出版社 2000 年版。

5.《道藏要籍选刊》,上海:上海古籍出版社 1989 年版。

6.《三洞拾遗》,合肥:黄山书社 2005 年版。

7.《全唐文》,北京:中华书局 1983 年版。

8.《全唐诗》,北京:中华书局 1960 年版。

9.《旧唐书》,北京:中华书局 1975 年版。

10.《新唐书》,北京:中华书局 1975 年版。

11.《唐大诏令集》,北京:中华书局,2008 年版。

12.《四库全书》,北京:商务印书馆 2005 年版。

13.《吴中人物志》十二卷(浙江巡抚采进本)。

14.《吴郡人物志》,台北:明文书局,1991 年版。

15.《云笈七签》,北京:中华书局 2003 年版。

16.《朱子全书》,上海:上海古籍出版社 2002 年版。

17.《太平寰宇记》,北京:中华书局 2007 年版。

18.《太平广记》,北京:中华书局 1961 年版。

19. 清光绪刊本《江西通志》,台北:台湾华文书局 1967 年版。
20.《唐诗纪事》,上海:上海古籍出版社 1965 年版。
21.《唐会要》,北京:中华书局 1955 年版。
22.《唐五代宋笔记十五种》,沈阳:辽宁教育出版社 2000 年版。
23.《笔记》二卷,明代陈继儒撰〔宝颜堂秘笈〕。
24.《重修龙虎山志》十六卷,清娄近垣撰,清乾隆五年刊道光十二年修补本。
25.《耕学斋诗集》十二卷(浙江巡抚采进本)。
26.《通典》,北京:中华书局 1988 年版。
27.《唐六典》,北京:中华书局,1992 年版
28.《资治通鉴》,北京:中华书局 1956 年版。
29. 乾隆十五年版《贵溪县志》。
30.《文献通考》,北京:中华书局 1986 年版。
31.《明一统志》,台北:台湾商务印书馆,1986 年版。
32. 王钦若等《册府元龟》,凤凰出版社 2006 年版。
33.《贞观政要》,北京:中华书局 2003 年版。
34.《御定历代题画诗类》康熙内府刻本。
35.《事物纪原》,北京:中华书局 1989 年版。
36.《学蔀通辨》,台北:广文书局,1971 年版。
37.《事物纪原》,北京:中华书局 1989 年版。
38.《五杂俎》,北京:中华书局 1959 年版。
39.《读史方舆纪要》,北京:中华书局 1955 年版。
40.《礼部志稿》,《文渊阁四库全书》册 598,台北:台湾商务印书馆 1984 年版。
41.《宋史》,北京:中华书局 1977 年版。
42.《南唐书》,北京:中华书局 1985 年版。
43.《隋书》,北京:中华书局 1973 年版。
44.《事林广记续集》,北京:中华书局 1999 年版。
45.《叶八白易传》,台北:台湾商务印书馆 1972 年版。
46.《诗传旁通,直音傍训毛诗句解》,北京:北京师范大学出版社 2012 年版。

47.《谷山笔麈》,北京:中华书局1984年版。
48.《陔余丛考》,北京:中华书局1963年版。
49.《万历野获编》,北京:中华书局1959年版。
50.《册府元龟》,北京:中华书局1988年版。
51.《续资治通鉴长编》,北京:中华书局2004年版。
52.《钦定续通志》,清光绪上海图书集成局遵武英殿聚珍版校印。
53.《水浒传注略》,清道光二十五年王氏听香阁刻王开沃补注本。
54.《椒邱文集》,文渊阁四库全书本。
55.《老学庵笔记》,北京:中华书局1979年版。
56.《钦定四库全书考证》,书目文献出版社1991年版。
57.《演山集》,台北:台湾商务印书馆1986版本。
58.《延平府志》,厦门:厦门大学出版社2010年版。
59.《宋会要辑稿》,北京:中华书局1957年版。
60.《陆九渊集》,北京:中华书局1980年版。
61.《续辑均州志》,清光绪十年均州志局刻本。
62.《御定渊鉴类函》,钦定四库全书荟要。
63.《耳谈》,中州古籍出版社1990年版。
64.《元明事类钞》,上海:上海古籍出版社1993年版。
65.《续吴先贤赞》,北京:商务印书馆1937年版。
66.《五茸志逸》,钱沄录(点校本),上海市松江区地方史志编委会出版1998年版。
67.《镡津文集》,四部丛刊本。
68.《长洲县志》,明隆庆五年刻本。
69.《耻堂存稿》,影印文渊阁《四库全书》本。
70.《宋诗纪事》,上海:上海古籍出版社1983年版。
71.《水浒传》,北京:人民文学出版社1997年版。
72.《绘图三教源流搜神大全》,上海:上海古籍出版社1990年版。
73.《三宝太监西洋记通俗演义》,上海:上海古籍出版社1985年版。

74.《孤本元明杂剧》,北京:中国戏剧出版社 1958 年版。
75.《萨真人得道咒枣记》,明萃庆堂刊本。
76.《日涉编》,清康熙二十七年刻本。
77.《新刊大宋宣和遗事》,上海:上海古典文学出版社 1954 年版。
78. 白玉蟾:《白玉蟾诗集新编》,盖建民辑校,社会科学文献出版社 2013 年版。
79. 白玉蟾:《白玉蟾文集新编》,盖建民辑校,社会科学文献出版社 2013 年版。
80.《尧山堂外纪》,济南:齐鲁书社 1997 年版。
81.《容斋随笔》,上海:上海古籍出版社 1978 年版。
82.《吹剑录全编》,上海:上海古典文学出版社 1958 年版。
83.《清稗类钞》,北京:中华书局 1984 年版。
84.《宋元笔记小说大观》,上海:上海古籍出版社 2001 年版。
85.《攻愧集》,四部丛刊初编景印武英殿聚珍本。
86. 朱孝臧:《强村丛书》,广陵书社 2005 年版。
87.《嘉庆余杭县志》,清代张吉安朱文藻纂修。
88.《元诗纪事》,北京:商务印书馆 1936 年版。
89.《北梦琐言》,北京:中华书局 2002 年版。
90.《贾谊新书、杨子法言》,上海:上海古籍出版社 1989 年版。
91.《历代史纂左编》,明嘉靖四十年胡宗宪刻本。
92.《古今类传》,济南: 齐鲁书社 1997 影印本。
93.《元诗选》,北京:中华书局 1987 年版。
94.《夜航船》,成都:四川文艺出版社 1996 年版。
95. 洪迈:《夷坚志》,北京:中华书局 2006 年版。
96. 钱曾:《读书求敏记》,书目文献出版社 1984 年版。
97.《侨吴集》,弘治九年张习刊本。
98.《弇州山人四部稿》,明万历刻本。
99. 周必大:《文忠集》,影印文渊阁四库全书本。
100.《贞一斋诗文稿》,吴江沈氏世楷堂藏版。
101. 任继愈:《中国道教史》,北京:中国社会科学出版社 2001 年版。

102. 卿希泰:《中国道教史》,成都:四川人民出版社 1996 年版。
103. 陈垣编、陈智超、曾庆瑛补:《道家金石略》,文物出版社 1988 年版。
104. 盖建民:《道教金丹派南宗考论:道派、历史、文献与思想综合研究》,北京:社会科学文献出版社 2013 年版。
105. 张寅彭:《民国诗话丛编》,上海:上海书店出版社 2002 年年版。
106. 刘毓盘:《词史》,上海:上海书局 1985 年版。
107. 王国维,徐调孚校注:《人间词话》,北京:中华书局,2009 年版。
108. 邱树森:《中国历代职官辞典》,江西教育出版社 1991 年版。
109. 吴宗国:《唐代科举制度研究》,北京:北京大学出版社 2010 年版。
110. 赖瑞和:《唐代基层文官》,北京:中华书局 2008 年版。
111. 张玉兴:《唐代县官与地方社会研究》,天津:天津古籍出版社 2009 年版。
112. 王卡:《道教经史论丛》,成都:巴蜀书社 2007 年版。
113. 韩明士著,皮庆生译:《道与庶道:宋代以来的道教、民间信仰和神灵模式》,江苏人民出版社 2007 年版。
114. 巴瑞特著,曾维加译:《唐代道教:中国历史上黄金时期的宗教与帝国》,齐鲁书社 2012 年版。
115. 曹本治、刘红:《龙虎山天师道音乐研究》,文化艺术出版社 2001 年版。
116. 胡军:《当代正一与全真道乐研究》,华中师范大学出版社 2008 年版。
117. 刘守华:《张天师传说汇考》,武汉:华中师范大学出版社 2009 年版。
118. 吕鹏志:《唐前道教仪式史纲》,北京:中华书局 2008 年版。
119. 林西朗:《唐代道教管理制度研究》,成都:巴蜀书社 2006 年版。
120. 刘仲宇:《道教法术》,上海文化出版社 2002 年版。
121. 刘仲宇、吉宏忠:《正一道教研究》(第一辑),宗教文化出版社 2012 年版。
122. 刘仲宇、吉宏忠:《正一道教研究》(第二辑),宗教文化出版社 2013 年版。
123. 任宗权:《道教章表符印文化研究》,北京:宗教文化出版社 2006 年版。
124. 王永平:《道教与唐代社会》,北京:首都师范大学出版社 2002 年版。
125. 孙武昌:《道教与唐代文学》,北京:人民文学出版社 2001 年版。
126. 唐代剑:《宋代道教管理制度研究》,北京:线装书局 2003 年版。

127. 小林正美:《唐代的道教与天师道》,济南:齐鲁书社 2013 年版。
128. 张广保:《唐宋内丹道教》,上海:上海文化出版社 2001 年版。
129. 张继禹:《天师道史略》,北京:华文出版社 1990 年版。
130. 张金涛:《中国龙虎山天师道》,南昌:江西人民出版社 2000 年版。
131. 张崇富:《上清派修道思想研究》,成都:巴蜀书社 2004 年版。
132. 祝尚书:《宋代科举与文学》,北京:中华书局 2008 年版。
133. 龚延明:《宋代官制辞典》,北京:中华书局 1997 年版。
134. 李崇智:《中国历代年号考》修订本,北京:中华书局 2004 年版。
135. 王纯五:《天师道二十四治考》,成都,四川大学出版社 1996 年版。
136. 王育成:《道教法印令牌探奥》,北京:宗教文化出版社 2000 年版。
137. 张勋燎、白冰:《中国道教考古》,北京:线装书局 2005 年版。

图书在版编目(CIP)数据
中国历代张天师评传. 第2卷 / 张崇富著. -- 南昌 :
江西人民出版社, 2014.11
ISBN 978-7-210-06789-4
Ⅰ. ①中… Ⅱ. ①张… Ⅲ. ①道教-天师-列传-中国 Ⅳ. ①B959.92
中国版本图书馆CIP数据核字(2014)第251258号

中国历代张天师评传(卷二)
作　　者：张崇富 著
策划编辑：游道勤
责任编辑：吴艺文
封面设计：章 雷
出　　版：江西人民出版社
发　　行：各地新华书店
地　　址：江西省南昌市三经路47号附1号(邮编：330006)
编辑部电话：0791-86898470
发行部电话：0791-86898893
网　　址：www.jxpph.com
2014年11月第1版　2014年11月第1次印刷
开　　本：787毫米 × 1092毫米　1/16
印　　张：18.75
字　　数：320千
ISBN 978-7-210-06789-4
赣版权登字—01—2014—578

定　　价：63.00元
承 印 厂：深圳市精彩印联合印务有限公司